JN145465

入門

現代日本の経済政策

岡田知弘・岩佐和幸 編
Okada Tomohiro　Iwasa Kazuyuki

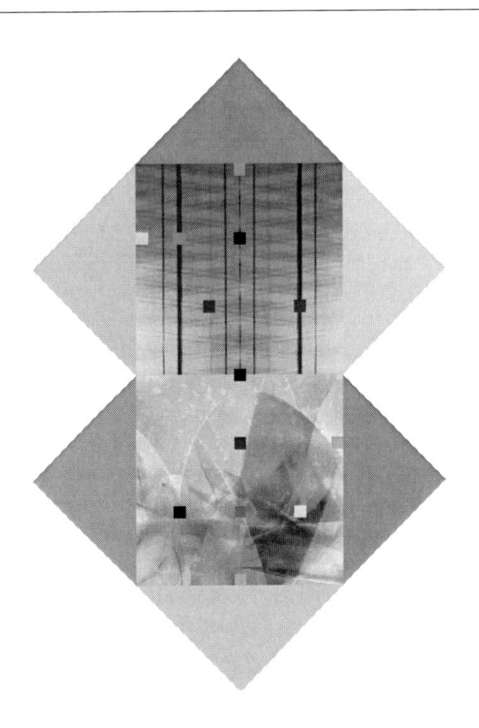

法律文化社

まえがき

日本経済は，この数十年の間に大きな変貌を遂げるとともに，希望のみえない不透明な時代に突入した感がある。1970･80年代の「一億総中流」「ジャパン・アズ・ナンバーワン」時代から，1990年代以降の「失われた20年」をへて，今では先進国有数の「格差社会」へと様変わりをみせている。実際，厚生労働省の調査によると，「生活が苦しい」世帯の割合が6割超と過去最高水準に達し，世論調査でも「日常生活での悩みや不安」を感じる人が3分の2を占めている。家計の厳しさのみならず，政府の財政状況も先進国のなかで最悪レベルであり，最近は貿易収支も赤字に転落している。「経済大国」の根幹が大きく揺らいでいるのである。

このようななか，近年，話題を集めてきたのが，グローバル競争に打ち勝つための「世界で一番企業が活躍しやすい国」づくりの政策，すなわち「アベノミクス」である。しかし，TPP推進をはじめ，華々しく打ち上げられたグローバル戦略の影に目を向けると，中小企業や農家の経営はますます厳しくなるばかりであり，学生バイトやサラリーマンは「ブラック」な働き方を一層強いられている。制度改革によって医療・介護の自己負担は年々増え，年金受給は逆に減らされるとともに，「ハウジングプア」や子ども・女性の貧困，大都市と地方との地域格差も広がっており，人々の暮らしもコミュニティも疲弊の度合いを深めている。3.11から5年たったが，被災地の再建は道半ばであり，「人間の復興」と頻発する災害に備えた国土・地域づくりの必要性をよそに，政府は原発の再稼働と海外輸出を指向している。では，なぜこのような事態を迎えるようになったのだろうか。

本書は，こうした疑問に答えるべく，現代日本の経済政策を包括的に採り上げ，産業・生活・公共・対外関係の4つの観点から多角的におさえた入門的なテキストである。と同時に，本書は，経済政策の歴史的展開と最前線の動きをフォローしながら，日本経済の歴史的な歩みと現在の到達点をイメージできる現代日本経済論の手引き書でもある。

本書の大きな特色は，まず第1に，経済政策論の定番のテーマである産業や労働，財政，金融，通商等に加えて，類書では比較的手薄な国土，住宅，コミュニティ，科学技術等のテーマも採り上げている点である。経済活動とは，本来は人間と自然との物質代謝を基礎とする社会活動の「土台」であり，人間社会や自然との関係をトータルに捉えた広義の経済活動の内部に，市場での生産・流通・消費といった狭義の経済活動が含まれている。そこで，本書では，経済政策を「広義の経済」を対象とする公共政策と捉え，多様な政策を各章にラインアップすることで，現代日本経済と経済政策の全貌を映し出している。

第2の特色は，いずれの章も，最初に経済政策の全体像と歴史的展開を俯瞰したうえで，今話題のトピックをクローズアップし，その内容とプロセス，影響について詳しく解説している点である。冒頭で述べたように，現実の経済はダイナミックに変化しており，経済政策も常に歴史的性格を帯びているため，普遍的な政策モデルを当てはめるだけでは不十分である。しかも，個々の政策のなかでも，当初の立案段階から実施へと移されるなかで予想外の結果が生じたり，政府サイドと政策現場との間で矛盾・対立が起きることも珍しくない。そこで本書では，政策が実際に登場する背景や立案・遂行されていく過程，さらには政策が及ぼす影響について，政治経済学の視点から順に追うとともに，そこでの政策対象・主体をめぐる利害・対抗関係についても具体的に説明している。

さらに，政策を論じる際に，一国経済の枠組みだけでなく，地域の階層性を踏まえながら論じているのが，第3の特色である。人間の経済活動は，生活領域としての地域が最も基礎的な空間単位であり，それらが合わさって国民経済，さらには世界経済が形づくられている。特にグローバル化が進む現在では，ファストファッションやスマートフォンのように日常生活と世界各地とが密接につながっており，リーマンショック時に経験したように，海外で発生した危機が地域の末端までダイレクトに波及するようになっている。実は，そうしたグローバル化現象は自然に発生するものではなく，自由化・規制緩和政策が示すように，米国をはじめとする海外の政府や国内外の多国籍企業，国際機関・国際協定の圧力によっても促進されている。一方，中小企業振興基本条例や公契約条例のように，自治体レベルで地域のニーズを踏まえた独自の施策も登場しており，先進地域から全国へボトムアップ的に浸透する事例もみられるようになってきた。そこで，本書では，国レベルの政策に加えて，海外からの国内政策への影響や自治体独自の政策にも視野を広げ，経済政策をめぐる自治体から国家，世界経済までの動向と階層間の相互作用にも紙幅を割いている。

なお，本書は，経済学を学び始める大学１・２年生や，今の社会情勢に関心のある一般市民の方々が，授業や学習会等で活用いただけるように編集している。例えば，各章では必要なエッセンスをわかりやすく紹介し，各テーマに付随する「コラム」を設けるとともに，もっと学習・議論したい人のための「文献ガイド」と「問題――さらに考えてみよう」を章末に配置している。また，巻末には，個別政策の推移や各政策間の比較ができるように，関連年表と索引を付している。本書を出発点に，普通の人々が現在の経済社会や政策との関わりをリアルに認識できるようになること，そして，経済政策の立案や実行をエリートの特権に留めず，自らが主権者として発言・行動できるようになることが，私たちの願いである。読者の皆さんにとって，希望のみえない今の時代を切り開く一助となれば，執筆者一同，望外の喜びである。

最後になったが，本書は，京都大学経済学研究科の岡田知弘先生の還暦を記念して企画されたものである。先生の薫陶を受けた大学院ゼミナール出身者のうち，各政策のプロパーが結集し，時代が求める経済政策論をめざして協働したものであり，無事刊行まで漕ぎ着けることができた。加えて，先生ご自身にも，総論を含む多くの章で健筆を奮っていただいた。本書を岡田先生に捧げるとともに，今後も日本経済論・地域経済論のオピニオン・リーダーとして，一層のご活躍を祈念する次第である。

また，本書成立にあたっては，実に様々な方からご支援をいただいた。静岡大学の鳥畑与一先生には，今回の企画に快く賛同いただき，ゲストライターとしてご寄稿いただいた。巻末年表の作成では，高知大学生の今中明根さんと梶原ももこさんのご助力を得た。法律文化社の前代表取締役社長である秋山泰さん，ならびに同社代表取締役社長の田靡純子さんには，本書の企画から刊行に至るまで，終始ご尽力いただいた。特に秋山さんは，今回の企画の生みの親であり，法律文化社での最後のお仕事を一緒にさせていただいた。その意味で，本書には，岡田先生の還暦記念と秋山さんの退職記念という二重の意味が込められており，執筆者一同，誇りに思う次第である。この場を借りて，御礼申し上げたい。

2016年 4 月

執筆者を代表して　**岩佐　和幸**

目　次

第Ⅲ部　生活と経済政策

執筆者紹介

（執筆順） ①所属（専門）②主要著書・論文，＊は編者

＊岡田知弘（おかだ　ともひろ） Chap. 1～3
①京都橘大学現代ビジネス学部教授・京都大学名誉教授（現代日本経済史，地域経済学）
②『日本資本主義と農村開発』法律文化社，1989年
『地域づくりの経済学入門―地域内再投資力論〔増補改訂版〕』自治体研究社，2020年

大貝健二（おおがい　けんじ） Chap. 4
①北海学園大学経済学部准教授（中小企業論，地域産業論）
②「地域内経済循環の構築と地域産業振興―北海道・十勝地域を事例として」『経済地理学年報』第58巻第4号，2012年
「地域産業政策の展開とその到達点」『地域経済学研究』第27号（共著），2014年

関根佳恵（せきね　かえ） Chap. 5
①愛知学院大学経済学部准教授（農業経済学）
②"Transition of Agriculture and Agricultural Policies in Japan: From Postwar to the Neoliberal Era," Alessandro Bonanno and Lawrence Busch (eds.), *Handbook of the International Political Economy of Agriculture and Food*, Edward Elgar, 2015.
The Contradictions of Neoliberal Agri-Food: Corporations, Resistance and Disasters in Japan (coauthored), West Virginia University Press, 2016.

＊岩佐和幸（いわさ　かずゆき） Chap. 6
①高知大学人文社会科学部教授（アジア経済論，地域経済論）
②『マレーシアにおける農業開発とアグリビジネス―輸出指向型開発の光と影』法律文化社，2005年
「近代大阪の都市形成と朝鮮人移民の構造化」高嶋修一・名武なつ紀編『都市の公共と非公共―20世紀の日本と東アジア』日本経済評論社，2013年

髙山一夫（たかやま　かずお） Chap. 7
①京都橘大学現代ビジネス学部教授（医療経済論）
②"The Affordable Care Act and its Effects on Safety Net Providers in the United States," *Ritsumeikan Social Sciences Review*, 51 (3), 2015.
『アメリカの医療政策と病院業―企業性と公益性の狭間で』法律文化社，2020年

豊福裕二（とよふく　ゆうじ） Chap. 8
①三重大学人文学部教授（産業経済論，住宅経済論）
②「国内経済情勢」「金融政策」藤木剛康編『アメリカ政治経済論』ミネルヴァ書房，2012年
『資本主義の現在―資本蓄積の変容とその社会的影響』（編著），文理閣，2015年

宇都宮千穂（うつのみや　ちほ） Chap. 9
①高知県立大学文化学部准教授（地域経済論）
②「戦後京都市における銭湯と生活空間の変化」岡田知弘編『京都経済の探究―変わる生活と産業』高菅出版，2006年
「地方都市における住民生活の再生―高知市旭『アテラーノ旭』のまちづくり活動から」湯浅良雄・崔英靖・山本修平編『地域再生学』晃洋書房，2011年

多田憲一郎（ただ　けんいちろう） Chap.10
①鳥取大学地域学部教授（地域経済学・地方財政学）
②『新しい公共性と地域の再生─持続可能な分権型社会への道』（共編著），昭和堂，2006年
『地域再生のブランド戦略─人口1000人の村の元気の秘密』イマジン出版，2012年

鳥畑与一（とりはた　よいち） Chap.11
①静岡大学人文社会科学部教授（金融論）
②『略奪的金融の暴走─金融版新自由主義がもたらしたもの』学習の友社，2009年
「グローバル資本主義下のファンド」野中郁江編『ファンド規制と労働組合』新日本出版社，2013年

森原康仁（もりはら　やすひと） Chap.12
①専修大学経済学部准教授（国際経済論，産業論）
②『アメリカIT産業のサービス化─ウィンテル支配とIBMの事業変革』日本経済評論社，2017年
『新版 図説経済の論点』（共編著），旬報社，2019年

小山大介（こやま だいすけ） Chap.13
①宮崎大学地域資源創成学部准教授（多国籍企業論，世界経済論，地域経済論）
②「多国籍企業の海外事業活動と戦略的撤退─日系多国籍企業の海外進出と撤退を事例として」『多国籍企業研究』第６号，2013年
「日米中三ヵ国における付加価値貿易構造─アジアの国際分業と日米中貿易の位置」『立命館国際地域研究』第43号，2016年

池島祥文（いけじま　よしふみ） Chap.14
①横浜国立大学大学院国際社会科学研究院准教授（国際政治経済論，地域経済論）
②『国際機関の政治経済学』京都大学学術出版会，2014年
"The Reality of Food Deserts in a Large Japanese City and Their Resolution Using Urban Agriculture," Soraj Honglandarom (ed.), *Food Security and Food Safety for the Twenty-first Century*, Springer Singapore, 2015.

第Ⅰ部　経済政策の枠組み

Chap. 1

経済のしくみと経済政策

★生活のなかの経済

「経済」とは何か。新聞記事では，日々，株価や為替レートの動きが報じられ，国の財政危機が話題となっている。自分たちの日常生活とは遠い世界の話と思っている人も多い。

しかし，私たちは，生きるために，毎日食事をしたり，買い物をしている。その時，必ずお金を支払っている。そのお金は，自分のアルバイト代であったり，親からの仕送りだったりする。さらに，大学３年生にもなると，就職活動をしなければならない。実は，これらの日常生活そのものが「経済」活動である。

一人ひとりの生産と消費という経済活動が集積することで，足元の地域経済，日本経済，世界経済ができているし，世界経済の動きが日本や地域のあり方に影響を与えている。なかでも，国際機関や国，地方自治体のルールである，条約，法律，条例に基づく様々な施策は，私たちの経済生活に大きな影響力をもつ。本章では，経済と経済政策との関係について，考えてみたい。

§Ⅰ　そもそも経済，経済政策とは何か

1　人間社会と経済活動

(1)　お金の発生の前から存在した「経済」活動

人間は，生物の１つであり，自然界の一員である。その自然史の側面からみるならば，人類の歴史は700万年前に遡ることができるという。その初発から，人間はお金（経済学用語では貨幣という）を使い，企業で働いていたかといえば，そうではない。紀元前17世紀頃に始まる中国の殷時代に貝類が貨幣として流通していることが確認されており，人類史的にみれば最近のことである。なお，「財」などお金に関わる漢字に貝がついているのは，ここに起源があるといわれている。ちなみに日本で初めて作られた金属貨幣は，奈良県明日香村の遺跡から発見された「富本銭」といわれ，紀元７世紀後半のことである。

では，貨幣をやり取りすることが経済活動かといえば，そうではない。貨幣は，モノとモノとの交換がよりスムーズにできるように，モノの価値を図る価値尺度としての役割と，いちいちモノを運んで物々交換しあう面倒を省くための流通手段の役割をもって，発明されたのである。最初は貝類などだったが，より安定性があり，価値尺度としても容易に分割可能であり，持ち運びに便利な金属へと進化し，最終的に金，銀，銅などの金属が貨幣商品として定着し，貿易の決済手段にもなっていったのである。

だとすれば，経済活動をより広く捉えることが必要になる。ウィリアム・ペティ，アダム・スミス，カール・マルクスなど経済学の創始者たちは，経済的富の源泉は，人間の労働と自然との結合にあると捉えた。人間は，生物として生きていくために，原始時代から，自然に働きかけ，そこから得られた農林水産物を直接摂取したり，あるいは加工したものを衣食住の生活手段として消費し，廃棄物を大自然に返すという，「人間と自然との物質代謝」を繰り返してきた。これが本源的な意味での経済活動であり，人間が自然界の一員として生存するための基本的条件でもある。

現代は，情報化社会といわれるが，半導体や情報，あるいは電子マネーを食べることで，生存することは不可能である。現代でも，私たちは，毎日，食事を通して，自然との物質代謝を繰り広げている。ただし，ほとんどの人は，原始時代のように自分で自然に働きかけることはしていない。農林水産物を生産したり収穫しているのは，世界中に存在している第一次産業の生産者であり，第二次産業の企業や労働者が地球上のどこかで加工したものを，第三次産業の誰かが日本国内の私たちが住む街や村に運び，販売し，それを私たちが購入し，消費するという，分業と協業の長い連鎖のなかで生きているのである。

日本の食料自給率が３割程度であるということは，私たちの身体の７割が外国の農山漁村や街の人々の生産によって支えられているということでもある。そして，大量の生産，消費や廃棄物を排出することで，世界や日本のいたる所の自然環境や社会に相互に大きな負担や影響を及ぼすようになったというのも，グローバル化が進んだ現代の大きな特徴である。

その典型が福島第一原発事故による地球規模での長期にわたる放射能汚染である。放射性廃棄物を安全に処理する技術力を人類はまだ持ち合わせていない。人類史の圧倒的多くの時代における廃棄物のほとんどは有機物であり，自然の地力を高めることで，人間社会を豊かにする「肥し」であった。ところが，重化学工業の発展，そして原子力発電所の増加による化学物質や放射性廃棄物の増大は大自然と人間との物質代謝関係を破壊し，自然の豊かさも人間の生物体としての健康も奪うようになったのである。

マルクスの『資本論』は，資本が利潤という貨幣的利益のみを追求することにより，本来あるべき自然の豊かさ（「土地自然」）と人間の肉体的・精神的健康（「人間自然」）を破壊することになると警告した。今や，これが，現実のものとなっているといえよう。同時に，現代において，「経済」や「経済政策」を捉えようとするならば，大規模な自然災害が頻発し原発事故が起きるなかで，人間社会だけでなく自然との関係も捉えた，広い視野をもつ必要がある。

(2)　人間の社会活動の土台としての「経済」活動

では，人間にとって，「経済」活動は，どのような重みをもっているのか。人間の社会活動としては，政治活動があり，人間は「政治的動物」であるといわれる。あるいは，音楽や絵画，彫刻，映画などの文化活動も，欠かすことができない人間らしい社会活動である。大学の人文・社会科学分野の学部名も，当初は文化活動を対象とする文学部や教育学部，政治活動を取り扱う法学部，経済活動を研究する経済学部や商学部などによって構成されていた。その意味で，人間社会にとって，互いに欠かすことができない活動分野であるといえる。

ただし，これらの３つの活動分野のうち，それなしには人間が生物体として生存できない活動がひとつだけ存在する。政治活動については，選挙や政治的なデモに参加しなくとも，生物体として生きていくことができる。文化活動についても，１か月間，映画をみることができなくとも，人間は生きていける。しかし，経済活動はどうか。人間と自然との物質代謝活動が遮断され，食料や水が手に入らない状態が１か月続くとなれば，生物体としての人間は確実に餓死することになろう。そのような意味で，経済活動は，マルクスがいうように，人間社会を根本から支える「土台」あるいは「下部構造」ということができる。

しかも，政治や文化は，人間が何らかの価値基準によって意識的に行う活動である。だが，経済活動は，そうではなく，生きるために誰しもが無意識的に取り組まざるをえない活動だといえる。何らかの経済活動に関わって，最終的に衣食住の生活手段を得なければ，生きていけないからである。

では，人間はどのように経済活動を行うのか。最初は，自分の頭脳，手足，そして五感の身体能力を活用しながら労働を行う。その働きかける対象が自然，土地である。労働が働きかける対象を労働対象と呼ぶ。その労働をより効率的に，それほどの力も入れずに行うために人間が生み出した道具や器具類を，労働手段という。労働対象には燃料や原料も含み，労働手段は資本主義時代に入り機械，さらに自動機械へと発展していく。そして労働対象と労働手段を合せて，生産手段と呼ぶことになる。

生産手段の発展とともに，人間の労働の能力も高度化し，精緻になる。工場制度が始まる前の工場制手工業においては，作業場内での分業が特に発達し，職人の技能や技が労働手段の発展とともに発達する。金属加工や陶磁器，織物産地において，匠と呼ばれる名人も生まれる。それが，現代でも，『下町ロケット』で描かれるような中小企業における職人の名人技に継承される。それだけではない。国民の多くが最低限の労働能力を身につけるために，学校教育が普及し，実業学校や大学では専門的な職業教育が展開されるようになる。

さらに，経済活動のための人間の社会関係も変化する。農林漁業やマニュファクチャを主体にした前資本主義の江戸時代では，家族が生産組織の主な単位であった。しかし，明治維新によって資本主義社会へと移行するなかで，会社組織や国営工場などが，生産や流通，金融取引の面で主要部分を占めるに至る。民間企業は，より多くの利潤を得るために，市場のシェアを高め，トップ企業になろうと競争しながら投資を繰り返し，次第に大きな企業（独占企業，独占体）が経済力をもつようになる。その設備投資の規模が大きくなるにつれて，金融機関からの融資だけでは足らず，株式を発行し資金調達するようになる。こうして証券市場が成長し，株式会社が大きく発展することになる。

2012年の『経済センサス』の結果をまとめた**図表1-1**で，現代日本の民間企業の構成をみよう。なお，この統計では，農家など第一次産業の家族経営は除かれている。図表からは，413万企業のうち，168万企業（41%）が株式会社，有限会社，相互会社からなる会社企業であることがわかる。ただし，個人企業

図表 1－1　日本の経営組織別・従業者規模別民間企業の構成（2012年）

（単位；社，人）

	民間企業合計		うち会社企業（株式・有限・相互会社）		うち個人企業	
	企業数	従業者数	企業数	従業者数	企業数	従業者数
合計（公務を除く）（構成比）	4,128,215（100%）	53,485,697（100%）	1,681,883（41%）	39,825,245（74%）	2,175,262（53%）	6,339,738（12%）
0～4人	3,136,695	8,555,186	975,315	3,523,359	2,005,292	4,547,693
5～9人	455,675	4,004,005	290,145	2,644,825	124,710	974,165
10～19人	258,599	4,235,064	192,646	3,206,752	36,526	531,696
20～29人	94,115	2,576,706	74,852	2,061,955	6,289	155,554
30～49人	73,561	3,130,992	61,197	2,610,187	1,818	69,581
50～99人	56,039	4,228,644	45,574	3,421,099	487	33,225
100～299人	37,636	6,561,037	29,458	5,104,439	123	20,411
300～999人	11,955	6,307,160	9,291	4,927,458	17	7,413
1,000～1,999人	2,163	3,019,493	1,826	2,545,417	－	－
2,000～4,999人	1,195	3,630,631	1,055	3,173,549	－	－
5,000人以上	582	7,236,779	524	6,606,205	－	－
（300人以上構成比）	0.4%	37.8%	0.8%	43.3%	0.0%	0.1%

出所：総務省統計局『平成24年経済センサス―活動調査』から作成。

も過半の53%を占めることに注意しておきたい。なお，表には示されていないが，このような両形態以外に，合名会社や財団法人，協同組合等の経営形態も存在している。従業者数でみると，会社企業で全体の74%にあたる3983万人の人が働き，個人企業の方は12%，455万人に留まる。これは，企業の従業者規模の違いによる。ちなみに従業者数が300人以上の大企業のシェアは合計で0.4%，会社企業で0.8%に過ぎないが，従業者数でみると前者は37.8%，後者は43.3%を占めているのである。

(3)　資本蓄積の発展と経済活動領域の深化・拡大

企業が毎年投資を繰り返すことを再投資という。再投資の源泉は，前年度の売上である。この売上額から，原材料費や機械の費用（減価償却という），そして雇用している従業員への賃金，さらに金融機関に支払う利子，工場や店舗用の土地を貸してくれている土地所有者に支払っている地代，そして税金を差し引いた残額が，企業経営者である資本家が受け取る利潤である。

この利潤をそのまま資本家の生活費や株主への配当金として使い，翌年の工場や店の拡張のための投資に使わない場合，前年度と投資規模は変わらないので単純再生産という。他方，工場の拡張や機械の新設，あるいは従業員を増やすなど新たな追加投資をするために使用した場合，これを拡大再生産という。これは，資本蓄積とも表現される。

ある広がりをもった地域経済，あるいは日本経済を１つのまとまった範囲と捉えた場合，前述したような大企業から個人経営にいたる多様かつ数多くの投資主体が，毎年再投資を行っていることがわかる。その再投資規模に変化がなければ，その社会経済が単純再生産状態にあり，縮小しておれば縮小再生産，拡大しておれば拡大再生産していると捉えることができる。

資本主義の勃興期では，資本による投資活動の範囲は狭く，人間の生活する範囲と重なり合っていた。資本主義に移行する前の封建制度の時代まで，多くの人々は，自らの足で歩ける範囲で，日常的な経済活動を送ってきた。それは，農地，山林，漁場，いずれも人々の居住する集落の範囲であった。そこで，人間は，衣食住に必要な生活手段の原材料を調達し，自給的な生活を送っていたのである。これを，「人間の生活領域としての地域」と呼ぶ。

だが，封建時代後半期から資本主義の時代に入るにつれて，貨幣経済が町場から農山漁村に浸透し，さらに産業革命が起こり，大規模な近代工場制が発展してくると，原材料の調達は綿花や鉄鉱石に象徴されるように海外にまで広がり，商品の販売市場も国外に拡大していく。それらの市場の広がりを「資本の活動領域としての地域」という。

資本主義がさらに発達すると，この資本の経済活動の領域は，人間の生活領域を越えて大きく広がり，商品だけでなく資本の活動拠点や人も本格的に国境を越える時代を迎える。とりわけ，1980年代後半から日本で始まった多国籍企業の本格的な展開にともなう「経済のグローバル化」は，経済活動の領域を地球規模にまで押し広げたのである。

こうして「人間の生活領域としての地域」と「資本の活動領域としての地域」の分離が決定的なものになる。というのも，人間の生活領域は，鉄道や自動車，航空機が開発されたといっても，日常的にはそれほど広くはない。現在急速に進行している高齢化のなかで，むしろ狭くなっているともいえる。75歳以上の人々を後期高齢者と呼ぶが，これらの人々の1日の行動範囲はせいぜい半径500m圏といわれている。市街地でいえば小学校区，農山漁村でいえば集落の範囲である。これから，1940年代後半生まれの団塊の世代が大量に後期高齢者となる時代を迎える。となれば，ますます狭い生活領域の地域社会での持続可能性が政策課題になることは明らかであろう。

他方で，多国籍企業のうち製造業については，海外に生産拠点を移してきた。これが，地方工場の閉鎖をともない，取引していた下請企業や中小企業が転廃業に追い込まれ，商店街も衰退するという「産業空洞化」現象を引き起こす。このことが，地域における雇用機会，所得機会を失わせ，人口を維持することができなくなる地域を増やすことになる。資本蓄積の活動領域が地球規模に広がることにより，国内での経済活動が低迷し，生活し続けることが困難な地域が広がるという，社会的な矛盾が拡大するのである。

⑷　地域経済から一国経済・世界経済を捉え直す

私たちは日ごろ，テレビや新聞の影響で，ニューヨーク証券取引所や東京・兜町の株価の動きや為替レートによって世界経済が動き，それに左右される形で日本経済や自分の住む地域経済のあり方も決まると考えがちである。だが，日本国内の個々の地域経済なしに，日本経済は存在しうるだろうか。同様に，各国での経済活動なしに世界経済は存在しうるだろうか。答えは否である。

人間の生活を支える個々の地域経済が最も基礎的な空間単位であり，それらが複合して一国経済が形成され，さらに各国経済が複合化して世界経済が形成されているという姿が，客観的な構造である。これを地域の階層性と呼ぶ。

そのような当たり前のことがわからないのは，情報の非対称性による。世界経済や日本経済に関する情報量と比べて，自分たちの住んでいる地域，市町村にしろ，都道府県単位にしろ，マスコミが日々発信している情報量はきわめて少ない。リアルタイムで，どれだけの事業所で何人が働き，どれだけの人が失業しているかという基本情報すら，マスコミ関係者や自治体職員も含めてほとんど知らないのである。経済センサスや国勢調査のデータは集計しなければならないので，タイムラグをおいた情報しか手に入らないからである。

さらに，地域における人間の生活過程や企業や行政機関の経済活動をみると，これまで経済学が当然のごとく研究対象としてきた農林漁業や製造業，建設業，商業や金融業，地方財政だけでなく，人々の生活や事業所活動を支える通信，教育，医療，福祉等の各種サービス業が大きな比重を占めてきていることがわかる。

一国の経済も，地域経済も，多様な業種によって成り立っており，これを社会的分業という。この分業は常に変動している。先ほどの経済のグローバル化にともなう「脱工業化」や，高齢化の進行のなかで「サービス経済化」が目立ってきているのである。これは，国鉄や電信電話公社が解体して民営化され，国や地方自治体の直営で行われていた医療，福祉，教育，交通，水道，図書館等の各種公共サービスが民営化・市場化するなかで，民間経営や第三セクター経営の経済主体が増加したことにもよる。その結果，現代日本では，図表1－2のような産業別就業構造になっている。

この図表によると，2012年時点では製造業が最大の就業人口であり16.8％を占め，以下，卸売業・小売業の15.6％，医療・福祉の11.1％が続く。しかし，旧来のサービス業分類に近い，「学術研究，専門･技術サービス業」から「サービス業（他に分類されないもの)」までを合算すると，なんと35.7％に達する。とりわけ統計上の産業分類が変更された2000年代半ば以降のサービス化の進展は，著しいものがある。その背景には，前述した経済のグローバル化，情報技術の発展，そして高齢化，医療・介護制度の改変があるといえる。

また，この図表からは，2007年と比べて，就業者数が全体として減少していること，さらに男女別にみると，就業構造や変動傾向の相違も明確に存在することがわかる。建設業や卸売業・小売業では男性の減少が大きく，医療・福祉では女性の増加が大きいというように。他方で，2000年代以降，労働規制の緩和がなされ，非正規雇用が構造改革政策の一環として増加した。この結果，2012年の就業構造基本調査結果をみると，男性の場合77.9％が正規雇用であるのに対して，女性の場合は42.5％に留まるといったジェンダーバイアスが明確に表れている。女性の方が，パート，アルバイト，派遣等の非正規雇用比率が高いということである。

以上のように，現代の経済活動は幅広い社会問題と関係している。したがっ

図表１－２　産業別・男女別就業人口の構成と推移

（単位：千人，％）

	2007年			2012年			2012年　構成比			増減数		
	総数	男	女	総数	男	女	総数	男	女	総数	男	女
総　数	65,977.5	38,174.8	27,802.7	64,420.7	36,744.5	27,676.2	100.0	100.0	100.0	−1,556.8	−1,430.3	−126.5
農業，林業	2,531.0	1,441.7	1,089.3	2,278.8	1,376.0	902.9	3.5	3.7	3.3	−252.2	−65.7	−186.4
漁業	218.4	160.1	58.3	177.8	132.6	45.2	0.3	0.4	0.2	−40.6	−27.5	−13.1
鉱業，採石業，砂利採取業	29.9	26.2	3.7	26.6	22.5	4.1	0.0	0.1	0.0	−3.3	−3.7	0.4
建設業	5,470.5	4,629.8	840.8	4,911.7	4,126.4	785.3	7.6	11.2	2.8	−558.8	−503.4	−55.5
製造業	11,623.4	7,920.9	3,702.5	10,828.9	7,557.6	3,271.2	16.8	20.6	11.8	−794.5	−363.3	−431.3
電気・ガス・熱供給・水道業	377.7	334.6	43.1	336.7	287.8	48.9	0.5	0.8	0.2	−41.0	−46.8	5.8
情報通信業	2,022.9	1,446.4	576.5	1,879.7	1,391.9	487.8	2.9	3.8	1.8	−143.2	−54.5	−88.7
運輸業，郵便業	3,521.1	2,866.0	655.1	3,448.2	2,791.1	657.1	5.4	7.6	2.4	−72.9	−74.9	2.0
卸売業，小売業	11,048.0	5,544.7	5,503.4	10,022.6	4,922.4	5,100.2	15.6	13.4	18.4	−1,025.4	−622.3	−403.2
金融業，保険業	1,714.3	798.5	915.8	1,617.2	760.9	856.4	2.5	2.1	3.1	−97.1	−37.6	−59.4
不動産業，物品賃貸業	1,325.1	815.6	509.5	1,321.4	787.0	534.4	2.1	2.1	1.9	−3.7	−28.6	24.9
学術研究，専門・技術サービス業	2,124.7	1,442.7	682.1	2,206.3	1,495.2	711.1	3.4	4.1	2.6	81.6	52.5	29.0
宿泊業，飲食サービス業	3,899.8	1,523.7	2,376.1	3,744.2	1,432.0	2,312.2	5.8	3.9	8.4	−155.6	−91.7	−63.9
生活関連サービス業，娯楽業	2,485.2	991.5	1,493.7	2,370.1	959.2	1,410.9	3.7	2.6	5.1	−115.1	−32.3	−82.8
教育，学習支援業	2,931.0	1,314.0	1,617.0	2,992.2	1,323.4	1,668.8	4.6	3.6	6.0	61.2	9.4	51.8
医療，福祉	5,957.6	1,390.7	4,566.8	7,119.4	1,699.1	5,420.3	11.1	4.6	19.6	1,161.8	308.4	853.5
複合サービス事業	497.1	309.5	187.6	519.0	312.9	206.1	0.8	0.9	0.7	21.9	3.4	18.5
サービス業（他に分類されないもの）	3,785.7	2,305.3	1,480.4	4,029.4	2,461.5	1,567.9	6.3	6.7	5.7	243.7	156.2	87.5
公務（他に分類されるものを除く）	2,184.2	1,682.6	501.6	2,187.4	1,596.8	590.6	3.4	4.3	2.1	3.2	−85.8	89.0

出所：総務省『平成24年就業構造基本調査結果』による。

て，経済政策の対象も，農林漁業や商工業を対象にした狭い範囲に留まらなくなっており，生活に関わる労働，医療，福祉，教育，さらに国土保全やエネルギー，食料分野を含む非常に広い分野にも視野を広げる必要があることを示している。

2　国家・地方自治体の成り立ちと経済政策

⑴　国家の誕生と「上部構造」

ここまで，経済活動と経済政策について述べてきたが，経済政策が立案・執行されるためには，政策主体が必要となる。この政策主体は，一般に政府と呼ばれているが，これも歴史的な形成物である。日本においては，紀元２～３世紀に存在したという邪馬台国が国家の起源であるといわれている。それまでの時代は，国家は存在せず，地域ごとに血縁家族を中心にした部族共同体が存在し，相互に助け合いながら生産・消費活動を行う原始共産制社会であったといわれている。

しかしながら，共同体内部で農業生産力が高まり，また共同体間で争いが起こるなかで，奴隷制度が発生する。奴隷階級と奴隷主階級とに社会は分化し，後者が社会を支配する国家機構を生み出すことになる。したがって，国家が形成され，存続するには，ある一定の領土があること，そして領土内の生産者から租税を徴収する徴税機構と官僚を通して政策を遂行する官僚機構，さらに外敵から領土を守り，あるいは内乱を制圧するための警察・軍事機構の存在が必要不可欠となる。古代国家の役割は，領民の統治と国土保全や水利などの共同体業務，そして対外的な主権の確立にあったといえる。

古代国家が有していた，領土，徴税機構，官僚機構，軍事機構という要素および，領民の統治と共同体業務，対外主権の確立という機能は，それらを遂行するために使われる法やイデオロギーを含めて，現代国家のそれにも引き継がれており，経済的な「土台」に対して，「上部構造」と呼ばれている。

⑵　戦後憲法・地方自治体制と経済政策の歴史性

明治憲法下でのアジア・太平洋戦争で多大な戦争被害を国内外で生み出した日本は，敗戦後，連合国の占領下に入り，1946年に日本国憲法を公布する。この憲法によって，戦争放棄と戦力不保持が宣言されるとともに，主権者は天皇から国民となり，女性も普通選挙権を得た。また，公務員は「全体の奉仕者」と位置づけられ，国会・内閣・司法の三権分立が明記され，国民の幸福追求権，財産権，基本的人権の尊重が謳われることになった。

さらに，地方自治に関わる第８章が独自に立てられ，地方自治法の制定もなされた。そこでは，国と地方自治体は対等な関係にあるとする団体自治と，地方自治体の意思決定は間接民主制（首長・議員選挙）と直接民主制（リコール，条例制定請求）を併用して住民が最終決定するという住民自治が明示された。こうして地方自治体は，国の法律にあたる条例を制定する権利と財源を確保することができるようになったのである。ちなみに，地方自治法によれば，地方自治体の基本的責務は，「住民の福祉の増進」にあるとされている（第１条）。

なお，日本国憲法第98条には，「条約及び確立された国際法規」を「誠実に遵守する」とあり，国内法よりも条約が優位に立つ構造となっている。このため，例えばTPP（環太平洋連携協定）に基づく基本的人権や地方自治権の侵害が危惧されている。ちなみに，米国では連邦議会が条約を批准しても，各州はそれに従う必要がないという法構造になっている。

ともあれ，戦後日本では，国民主権を前提にした国および地方自治体の政策立案と政策執行体制が確立し，現在に至っている。この体制を前提に，本書で述べる公共政策および経済政策について，定義をしておきたい。

第１に，公共政策については，国家，地方自治体による領域内の人間社会に対する意識的統治手段・方策と定義することができる。

第２に，その公共政策群のなかでも，これまで述べてきた経済活動を対象とした国や地方自治体の公共政策が，経済政策である。

第３に，その場合，経済政策の意味するところを限定しておく必要がある。経済政策は大きく広義と狭義の２つの政策に区分することができる。広義の経済政策とは，国や地方自治体等による，人間社会の経済活動全体を対象とする政策である。これに対して狭義の経済政策は，企業や農家等の経済主体の生産，流通，物流，通商，消費に直接関わる政策を指す。本書では，すでに述べてきたように，広義の経済政策を対象としている。

この広義の経済政策について，政策内容やその立案，執行過程をみるならば，その歴史的性格を理解しておく必要がある。どの時代にも普遍的に適用されるような経済政策は存在せず，単純な一般的モデル化は困難だということである。

しかし，だからといって経済政策を学び，研究する意味がないといっているわけではない。ここで重要な点は，経済活動や産業構造の歴史的変化にともなって国や地方自治体などの政策主体も，政策対象となる経済主体も変動していることを，常に念頭におく必要があるということである。したがって，国や地方自治体の経済政策を検討しようとするならば，まず，その政策が形成・立案されてくる歴史的背景を，利害関係者の対立と調整過程も含めて正確に理解することが必要である。そのうえで，政策執行・運用過程も客観的資料によって把握し，当初の政策のねらいと政策執行の実績のズレを明らかにし，その原因を探ることが求められる。このような検証の積み重ねを行うことで，国や地方自治体の経済政策を，憲法や地方自治法が定める国民の幸福追求権や基本的人権，福祉の向上に改善していくことができるのであり，そのためには憲法が述べているように，主権者としての不断の努力が必要なのである。

§Ⅱ　「アベノミクス」のねらいと帰結

1　第二次安倍晋三内閣と「アベノミクス」

(1)「アベノミクス」と「三本の矢」

本節では，第二次安倍晋三内閣で進められた「アベノミクス」を題材に，政策の形成過程と帰結について，検討してみることにしよう。

2012年末の総選挙で，「景気」と「TPP反対」を前面に押し出し，民主党政権を批判し圧勝した自民党は，公明党と連立を組み，2009年以来の政権の座についた。第二次安倍内閣の打ち出した「アベノミクス」は，政権発足間際から円安・株高局面に転じたことにより，大手マスコミによって大いに賞賛されることになった。

安倍首相は政治の「最優先課題」を〈「デフレ脱却」と日本経済の再生〉におくと表明し，以下の金融・財政・産業政策を「三本の矢」となぞらえた積極的な経済政策を展開するとした。

第1に，大幅金融緩和と日本銀行（以下，日銀）による「インフレ・ターゲット」の設定により,「円高・デフレから脱却」し,「強い経済」を取り戻す政策である。

第2に,大型経済対策を,国債の発行と日銀によるその引き受けによって実施する財政出動である。2012年度補正予算と13年度本予算を合わせて100兆円にのぼる財政支出を行うことにより景気の底割れを回避するとした。

第3に,成長戦略の実現により民間投資を喚起することである。TPPについては,政権奪取後,推進策に転じ,この政策の一環として位置づけられた。

これら「三本の矢」による経済成長政策が「アベノミクス」と呼ばれるものの全体像である。当初,「第一の矢」による金融の「量的・質的緩和」,「第二の矢」による公共事業散布による財政出動で,株価は上昇し,為替レートの円安定着で輸出企業の業績は急回復するとともに,輸入物価の上昇が名目物価を押し上げて「デフレ」からの脱出が行われるかのように喧伝された。さらに,安倍内閣は,民主党との事前合意によって2014年4月から消費税の第一段階引上げ(5%から8%へ)を実施し,その影響は軽微であると繰り返し表明していた。消費税増税直後の景気の落ち込みも「想定内」であるとマスコミを通して発信し続けてきた。

(2)「第三の矢」(成長戦略)のターゲット

2014年6月,15年度予算編成を前にして,産業競争力会議,規制改革会議,経済財政諮問会議の3つの会議体の答申類が出そろい,「第三の矢」にあたる成長戦略の骨格が明らかになる。安倍内閣での経済成長戦略の基本は,あくまでも,人件費を抑制してグローバル競争を鼓舞し,従来の新自由主義的改革の基本線である規制改革によって市場創出を行うことと,商品やサービスの輸出促進によって,企業の「収益力」を強化しようという考え方である。

これは,産業競争力会議が,『日本再興戦略』を改訂し,「稼ぐ力」を高めることを目標としたことに現れている。ここでいう「稼ぐ力」は,「収益力」とも言い換えられている。そのために,①雇用(女性,外国人労働力の活用),②福祉(公的年金資産での株式運用増〔GPIF〕),③医療(医療法人の持ち株会社制度),④農業(農林水産物輸出推進),⑤エネルギー(原発早期再稼働,発送電分離,再生可能エネルギー買取価格制度改定)が重点分野とされたのである。

さらに,このような競争力を強化するために,規制改革会議では,雇用,農業，医療を特に採り上げて，これらの「岩盤規制」に「ドリル」で「風穴をあける」必要があるとしたのである。具体的には，①雇用（労働時間規制の緩和），②農業（農協・農業委員会制度改革，農地取引の企業への開放），③医療（混合診療）が盛り込まれ，それを先行的に具体化するために，国家戦略特区制度が導入された。

最後に，経済財政諮問会議では，上記の規制改革の推進とともに，法人実効税率を数年で20%台まで引き下げることが決められた。

2　安倍内閣の政策決定システムと「アベノミクス」の帰結

(1)　官邸主導集権体制の形成

第二次安倍内閣下の重要な経済財政政策の決定は，これまで述べてきたような各種会議体によってなされており，決して与党内での議論の積み重ねや各省庁からの提案によるものではない。このような経済財政諮問会議を中心とした政策決定のしくみは，2001年の小泉純一郎内閣から開始された。中央省庁改革の一環として，首相官邸権限の強化が図られ，同会議には財界の代表者が正式な構成員として入ったのである。

民主党から政権を奪還した第二次安倍内閣は，第１に，官邸主導政治を即座に復活させ，経済財政諮問会議を再開，さらに第一次安倍内閣のときに設置したものの開店休業状態であった規制改革会議も復活，そして産業競争力会議を新設する。それらの主要政策決定機関には，小泉構造改革の参謀役として活躍した竹中平蔵慶應大学教授はじめ新自由主義改革を志向する学者，日本経済団体連合会（以下，日本経団連）役職者に加え，経済同友会のオピニオンリーダーである新浪剛史ローソン社長（当時），IT企業等が結集する新経済連盟の三木谷浩史楽天会長が入り，政官財抱合体制を拡大強化する。さらに，日本経団連は，政策評価による政治献金の再開も開始しており，政府の政策決定において重要な役割を果たしている。

第２に，官僚機構の幹部人事を官邸が掌握するために内閣人事局をおいたことも注目される。人事局構想は民主党政権時代に頓挫したが，第二次安倍内閣のもとで改めて法案を提出し，成立させたものである。これにより，官邸側は自らの政策遂行に協力してくれる幹部職員をピックアップして活用することができるようになり，各省庁とも新自由主義的思考の官僚たちが重用されていくことになった。

第３に，1999年の官民人事交流法に基づき，官僚機構と財界との人事交流が増大したことである。民主党政権下の2011年時点では震災復興事業があったものの民間企業から中央省庁への常勤職員の出向は790人であった。これが，2014年には1176人へと増えているのである。ちなみに，省庁別にみると内閣官房に44人，内閣府に27人，外務省に88人，財務省に39人，経済産業省に377人，国土交通省に181人が配置されている。また，派遣企業には，保険業や証券業を営む外資系企業やコンサルタント，広告会社，マスコミも入っており，各種の政策立案と広報・宣伝において大きな役割を果たしていることがわかる。従来の「天下り」に加え，「天上り」という太いパイプが作られているのである。

第４に，大手マスコミの報道コントロールを徹底し，世論の反発を抑えるようにしていることである。NHK会長や役員人事を通した報道管制，首相と大手マスコミトップとの会食，特定新聞・記者への事前情報のリーク，あるいは批判的コメンテーターへの降板圧力等，その手法は多様である。例えばTPPについては，ほとんどの大手マスコミは礼賛，推進姿勢をとることになり，批判的社説を掲げる地方マスコミとの対照性が明白となっている。

⑵　「アベノミクス」の帰結

2015年９月，自民党総裁に再選された安倍首相は「新・三本の矢」を新たな政策スローガンにすると表明した。すなわち，①「強い経済＝2020年のGDP600兆円に」，②「子育て支援＝合計特殊出生率を1.8に回復」，③「社会保障＝介護離職ゼロに」の「三本」であるが，「旧・三本の矢」の達成度については，触れることはなかった。

そこで，安倍政権発足時からおおよそ３年経った時点における日本経済の主要指標を，図表１-３のようにまとめてみた。

第１に，日銀の通貨発行量（ベースマネー）をみると，およそ2.62倍になっている。しかしながら，それによって企業物価指数が上昇したかといえば，そうではなく，ほとんど物価は動いていない。つまり，金融の量的・質的規制の緩和は，「デフレ」の脱却にはつながっていないということである。

図表1－3　アベノミクス下の日本経済の主要指標

	安倍内閣発足時	直近	指数	出所	比較時点
ベースマネー（億円）	1,319,837	3,463,793	262	日本銀行hp	2012年11月末～15年12月末
国債残高（億円）	8,121,519	8,945,863	110	財務省hp	2012年12月末～15年9月末
企業物価指数（2010年基準）	99.9	101.1	101	日本銀行hp	2012年11月末～15年12月末
実質実効為替レート（対1ドル）	100.84	71.68	71	日本銀行hp	2012年11月末～15年12月末
東証一部株価指数（TOPIX）	848	1292	152	日本取引所グループhp	2012年12月26日～16年1月25日
全産業法人企業純利益（億円）	305,697	498,164	163	法人企業統計調査	2012年度～14年度
金融・保険業を除く法人の内部留保（億円）	132,387	286,420	216	法人企業統計調査	2012年度～14年度
金融・保険業を除く法人の人件費（億円）	1,968,987	1,958,965	99	法人企業統計調査	2012年度～14年度

第2に，金融緩和に連動する形で大きく伸びた指標が，東証一部株価指数の1.52倍と金融・保険業を除く法人の内部留保の2.16倍，そして全産業法人企業純利益の1.63倍である。ここでの法人企業の大部分は資本金10億円以上の大企業である。

法人企業の利益が増えた要因には，為替レートが大きく円安になったことがある。安倍内閣発足時の0.7倍までになり，輸出企業は過去最高の利益を記録することになったが，原油を除く原材料や食品類など多くの輸入品が高騰して，中小企業や国民の生計費を圧迫することになった。

もうひとつの要因は大型公共事業の展開であったが，これは他方で，国債残高を，わずか3年間で1割も増やすことになり，国民の将来負担が増大した。

第3に，これに対して，図表1－3にあるように金融・保険業を除く法人の人件費は増加していない。大企業だけでなく中小企業を含む雇用者が受け取る所得や社会保障給付金を雇用者報酬というが，これが実質的に減少しているため，2014年度の国内総生産（GDP，季節調整済み）は物価変動を除いた実質で前

★コラム1-1　日本の雇用者報酬の異常

一国経済の経済力や豊かさを図る指標として，国民所得という概念がある。国民所得は，雇用者報酬，企業所得，財産所得の３つを合算したものである。このうち雇用者が受け取る雇用者報酬が，どこの国においても最大部分を占める。企業所得は大企業の法人所得に加え，中小企業や農家の所得を含む。

図表1-4は，1995年から2013年までの主要国の雇用者報酬の動向を比較したものである。指数を見ればわかるように，グローバル競争に打ち勝つために賃金を引き下げる必要があるとして非正規雇用を増やした日本だけが100を下回っているのに対して，米国や英国は２倍に，ドイツやフランスでも1.5倍前後に増加しているのである。同じグローバル競争下にあって，日本の賃金，雇用形態の異常さが浮かび上がっている。

図表1-4　各国雇用者報酬の推移（1995～2013年）

	1995年	2010年	2011年	2012年	2013年
日　本 （10億円）	268,399	243,606	245,201	245,946	247,978
	100	90.8%	91.4%	91.6%	92.4%
ドイツ （10億ユーロ）	991.8	1,282	1,337	1,388	1,426
	100	129.3%	134.8%	139.9%	143.8%
フランス （10億ユーロ）	619.209	1,040	1,069	1,091	1,104
	100	168.0%	172.6%	176.2%	178.3%
米　国 （10億USドル）	4,197.4	7,969	8,277	8,615	8,854
	100	189.9%	197.2%	205.2%	210.9%
英　国 （10億ポンド）	386.035	817	828	849	878
	100	211.6%	214.5%	219.9%	227.4%

注：（　）は単位。
出所：労働政策研究・研修機構『国際労働比較』各年版から作成。

年度比マイナス1.0％となり，15年度も低迷している状況にある。

しかも政府は，今後の財源を確保するために，国民の消費税増税負担を８％から10％へ高める一方，法人税については経済成長を図るためとして20％に削減する税制改革方針を，経済財政諮問会議の「骨太の方針2015」で決定している。

§Ⅲ　経済政策をみる目を養う

どの時代においても，為政者は自らの政策が公益にかなうものであるとし，それを裏づけるように官庁エコノミストや御用学者と呼ばれる人々が，政策の必要性と正統性をマスコミを通して繰り返し宣伝する。

しかし，これまでみてきたように，どのような経済政策も，日本内外の様々な経済主体，それと人的･組織的･金銭的関係をもった政権政党，官僚機構が，利害を調整しながら立案している。その政治経済的背景を含めて，経済政策を評価し，場合によっては主権者として意思表示を行う必要がある。

そのためには，日本の経済や経済政策をみる目を養うことが大切である。本書の各章では，これまでの日本における経済政策の歴史や現状を分野ごとに考察しており，その一助になると考える。

また，経済政策をみる場合，世界経済や日本経済という大きな視点だけでなく，自分たちが生活している地域に視点をおき，そこでの生活，産業活動，自治体のあり方，国の政策のあり方を検証することも大事なことである。地域で研究会をつくり，自分たちで市町村合併の検証をしてみたり，行財政の分析をしている人たちも少なくない。

このような調査を基に，新たな政策を地方自治体や国に要求したり，あるいは現状の政策や制度の改善・改革を求めることもできる。よく，「調査無くして政策なし」といわれる。具体的根拠に基づく政策であれば，住民に身近な地方自治体で中小企業振興基本条例のように住民要求で具体化されていくものが多い。それが，国や地方自治体の主権者としての責任と役割であるといえる。

【文献ガイド】

宮本憲一『公共政策のすすめ―現代的公共性とは何か』有斐閣，1998年

公共政策や経済政策を，「公共性」を問う視点から，国際比較も入れて，理論的，歴史的，そして経済学的に明らかにした著作である。

デヴィッド・ハーヴェイ（渡辺治監訳）『新自由主義』作品社，2007年（原著は，Harvey, David, *A Brief History of Neoliberalism*, Oxford University Press, 2005）

1980年代半ばから始まる，欧米諸国での新自由主義改革のねらいと帰結を，批判的に考察。監訳者による日本の新自由主義改革との比較，解説は参考になる。

渡辺治・岡田知弘・二宮厚美・後藤道夫『〈大国〉への執念』大月書店，2014年

第二次安倍内閣における意思決定システムの変容，その政策体系と問題点について，4人の研究者が詳しく解明した著作である。

◀問題――さらに考えてみよう▶

Q 1　日常生活のなかで，経済活動と考えられるものを具体的にあげてみよう。また，それが法律や条例とどのように関わっているか，考えてみよう。

Q 2　具体的にひとつの経済政策を採り上げて，それがどのような利害関係のもとで立案され，いかなる帰結になったか，調べてみよう。

Q 3　今の日本経済の低迷の原因がどこにあるかを，みんなで議論してみよう。

【岡田知弘】

Chap. 2
日本の経済政策の歴史を考える

★歴史を学ぶことの意味

私たちは，いろいろなルールや法律に基づいて生活している。日々の買い物は日本銀行券を使い，自分で勝手に紙幣を発行することはできない。アルバイトも，就職した先での働き方も，賃金や残業代，労働時間に関わる労働法制によって決められている。あるいは，農業をやりたいと思っても，農家でなければ自由に農地を購入したり借りたりすることはできない。

このようなルールや法制度，政策は，いずれもある時期に生まれ，その後改変されてきたものである。しかも，そこには必ず，制度や政策が形成されたり，改変されたりする理由がある。現代を生きる私たちの生活や産業のあり方を考えるとき，経済政策の歴史を学ぶことは，経済と政策の流れの大きな方向性を知ることであり，それを知ることでより科学的な判断によって，未来を生きていくことができるであろう。本章では，日本の資本主義の発展にともなう国の経済政策の歴史の概略を学ぶ。

§Ⅰ　日本資本主義と経済政策の流れ

1　戦前・戦時の日本経済と経済政策

(1)　近代国家形成と地租改正・富国強兵・殖産興業

徳川時代は，中世ヨーロッパと同様，封建制度を前提にしていた。将軍家がすべての土地を保有し，それを家臣に封土として貸し与え，彼らを保護する見返りに，年貢を徴収するしくみである。年貢の生産者は農村の農民であり都市の商工業者であり，コメに代表される現物経済が基盤にあった。地方支配は藩制度によって分断する形で行われ，藩を越えてのヒト・モノ・カネの移動は厳しく統制された。また，領主の家計と藩の財政は未分離のままであった。

だが，徳川時代の後期になると，三都（江戸・大坂・京都）や各藩の城下町で貨幣経済が拡大していく。他方，先発資本主義国である欧米からの軍艦による開国圧力が高まるなかで，19世紀半ばに治外法権と関税自主権を放棄した通商条約を欧米各国と結び，資本主義世界へと包摂されていく。だが，激しい物価高や生活難のなかで人々の不満は高まり，薩長同盟が中心となって徳川幕府を倒し，明治維新政府が樹立される。これが，日本での市民革命であり，英国のピューリタン革命やフランス革命と同様，日本でも封建的な幕藩国家に代わり近代国民国家が誕生することになる。

近代国民国家は，封建時代の現物経済ではなく貨幣経済を土台にしている。支配者の家計と公的財政は分離され，後者の財源は年貢としてのコメではなく金納化された租税となる。維新政府は，関税自主権が剥奪されたなかで，農民に対する課税に依存するしかなかった。そこで年貢とほぼ同水準の金納地租を課した地租改正が実施される。

維新政府は，その税金を基に，富国強兵と殖産興業政策を推進することになる。維新政府は，先進国への対抗とともに西南戦争に代表される動乱に備えて，徴兵令（1872年）に基づく中央集権的な軍隊制度を導入する。同時に，軍需品の国産化をすすめるために外国技術も導入した軍工廠（陸海軍の国営軍事工場）の整備を急いだ。維新政府内では発足直後から，征韓論，征台論が台頭し，早くも1874年に台湾に出兵，82年には日本軍をソウルに派遣する。これが朝鮮半島支配をめぐる対立を招き，1894年の日清戦争勃発につながる。以後，ほぼ10年に一度の頻度で，日露戦争，第一次世界大戦に参戦し，軍事国家としての性格を強めたのである。

このような戦争の度に，武器や船舶の調達などで三菱などの政商資本が戦時利得をあげ，財閥形成の基盤をつくりあげる。他方，殖産興業政策も，先進資本主義国の近代的技術や工場制度の移植と，富岡製糸場や三池炭鉱，別子銅山などの三井（前二者），住友など政商への官業払い下げがなされた。

維新政府はさらに，関所，津留，伝馬制などを廃止し，人と商品の移動の自由化を図り，郵便制度や電信網を通じた近代的な情報手段の整備や，鉄道建設や海運会社への助成による近代的交通手段の移植・育成を図った。また，物価高騰を抑えるために，松方正義大蔵卿の時代に厳しい紙幣整理（デフレ）政策を実行するとともに，日本銀行を設立し（1882年），通貨制度の安定と殖産興業への資金供給を図った。

1889年には大日本国憲法（明治憲法）が公布され，帝国議会を設置したほか，内閣制度，軍事警察制度などの官僚機構を整備する一方，地方制度としての府県制・町村制も創設した。こうして，日本も近代立憲君主国家となったが，主権者は天皇であり，議会も制限選挙とされ，府県や町村も国の官僚機構の末端と位置づけられており，民主主義や地方自治の視点からみるならば多くの限界をもった国家体制であった。

(2)　産業資本主義の発達と矛盾への対応策

維新政府主導による資本主義育成策もあって，日本では1910年代までには，綿業・絹業を中心に民間資本による産業革命がなされ，近代工場制が確立する。他方，八幡製鉄所に代表される鉄鋼などの重工業部門は，国家の手によって形成された。官営八幡製鉄所の設立にあたっては，日清戦争後の清国からの賠償金の一部が充てられた。

これらの産業資本が形成された地域は，綿糸紡績業では大阪を中心とした西日本地域の都市近郊であり，製糸業においては長野や群馬など養蚕地域の農村部が中心であった。他方，機械金属部門は東京などの大都市圏に集中していた。

急速な資本主義化は，劣悪な労働条件，低賃金，長時間労働のなかで進められ，1890年代から軍事工廠，鉄道会社などでストライキを含む労働争議が起こり，労働組合が自然発生的に誕生していった。他方で，東京や大阪などの大都市部では急速に労働者が増え，住宅問題だけでなく，コレラやペストをはじめとする伝染病が度々発生し，住環境，衛生問題への政策的対応が求められるようになる。

明治政府は，労働争議に対して労働組合を認めず，治安警察法（1900年）による取り締まり・弾圧を強化していく。農商務省は深夜業禁止や児童労働禁止を盛り込んだ工場法案をしばしば準備するが，資本家の反対にあい，流産を繰り返した。1911年にようやく工場法の制定をみたが，深夜業の禁止も15年間猶予したり，法の施行を５年後とするなど，資本家との妥協の産物であった。農村でも，寄生地主制が発達し，地主たちは小作人から高率の小作料を徴収するとともに，その産米を改良するために時には警察力も動員した。1910年前後から急速に広がった小作争議に対しても，警察力をもって弾圧を加えた。だが，農商務省の官僚が検討していた小作人の保護を目的とした小作立法については，帝国議会での地主勢力の反対論が根強く，戦前においては実現しなかった。

急速な工業化と都市化もあり，日本は1900年代初頭から食料純輸入国となる。そして食料需給問題は，日本軍のシベリア出兵を機に米価暴騰を生み出し，生活難に陥った大衆が米屋，資産家，役所を襲う米騒動（1918年）によって顕在化する。富山県の漁村から発生した米騒動は，またたく間に大阪，京都，名古屋の大都市や地方都市における騒乱へと発展し，寺内正毅内閣は倒れる。これによって軍閥政権は終わりを告げ，政党内閣として初の原敬内閣が発足する。原が手がけたのは，朝鮮や台湾での産米増殖計画に力点をおいた植民地政策の遂行であり，国内対策として都市計画法を整備したり，失業対策や職業紹介行政を大都市で開始するなど，社会政策を強化することであった。

近代日本の都市計画は，当初，首都の東京だけを対象とした市区改正条令を基に進められていたが，急速な都市化は東京以外の大都市，中小都市を生み出し，都市問題を激化させていた。具体的には，都市の膨張・発展による家屋の密集化，住居地域の工場地化・不良住宅地区の顕在化，住宅不足や借地借家人保護の必要性，地価高騰にともなう土地投機現象の発生が問題となり，これに対する社会的規制が必要になったのである。このため，1919年に制定された都市計画法では，都市計画区域の指定，地域制（ゾーニング）の創設，土地収用や土地区画整理事業に対する法的権限の付与を柱とした制度が盛り込まれ，翌年から順次都市計画区域の指定が，六大都市（東京・大阪・名古屋・京都・横浜・神戸）と主要都市でなされていくことになる。ただし，地域制はわずか3種類（工業，商業，住居）の区分だけであり，住宅地区に工場が混在している場合への法的効果は限定されたものであった。

(3)　世界恐慌と管理通貨制・大規模公共事業の開始

1920年代末に始まる世界大恐慌は，資本主義経済の世界的規模での転換をもたらした。先進資本主義諸国は，軍事力も使ってブロック経済化の動きを強める一方で，管理通貨制度を導入して，慢性化した失業問題を解決するために大規模公共事業を展開し始める。米国のニューディール政策，ドイツにおけるナチスによるアウトバーン建設，日本における高橋是清財政による時局匡救（きょうきゅう）事業などがその例である。この時期，日本では管理通貨制度を活用して，政府が発行する国債を日本銀行（以下，日銀）が引き受け，巨額の財源を生み出した。これが，道路，港湾，河川改修といった救農土木事業の展開と失業者や貧困化した農民の雇用機会の創出のために使用されたのである。このような公共事業を軸にした地域開発政策は，戦後も継続されていく。

併せて，1931年の満州事変を契機に，日本は15年にわたるアジア・太平洋戦争に突入していく。戦闘機・化学兵器等の軍需物資増産の要請もあり，日本の重化学工業化が推進されるとともに，電力や米穀類をはじめとする重要産業や産品の経済統制が始まったのも，この頃である。また，国家総動員資源政策の一環として，帝国大学や理化学研究所などの研究機関での研究開発を進める「科学動員」や河上肇ら「左翼」教授の大学からの追放などによる大学統制も強化されていった。

(4)　戦時経済と統制経済

1936年の2.26事件で，高橋大蔵大臣らが暗殺されてから，日本の政治体制は一気に軍部ファシズム国家へと移行する。1937年には日中戦争を開始し，戦争を遂行するために近衛文麿内閣は軍事優先で物資や資金の需給統制を強めるために戦時統制三法（軍需工業動員法，輸出入品等に関する臨時措置法，臨時資金調達法）を制定するとともに，翌年国家総動員法を施行する。同法は，国家による労働力，生産手段，金融，あらゆるサービスの統制を図るものであった。また，民営電力会社を統合して国策会社の日本発送電を設立したほか，重要産業別の統制法を制定し，最終的には軍需会社の土地収用権も認めた。また，ナチス・ドイツにならい，国土計画策定の検討も開始する。

1941年に太平洋戦争が開始されると，統制は一段と強化された。大学生を含む男子青年が徴兵され戦地に向かうなかで，軍需産業での労働力や資材を確保するために，繊維産業等の「平和産業」，中小企業の整理統合が「企業整備」の名のもとで遂行された。それでも労働力不足が深刻なため，女学生も勤労動員によって工場で働くことになった。商品の自由な取引も制限され，価格統制が強化され，配給制度が食料品や日用品に広がっていった。農業においても，食糧生産の確保を行うことと，軍需工場や飛行場に優先的に土地を提供するために，戦時農地立法によって農地の転用や権利移動については府県や市町村農地委員会の許可で行われるようになった。食糧の需給管理を行うために，食糧管理法も制定された。銀行についても統合が進められ，原則「1県1行」となる。また，人々の暮らしを支える食糧やマッチ，薪，衣服類は配給品となったが，数も量も次第に少なくなり，窮乏化が進行した。政府は，そのなかで戦争を遂行するために，頑強な軍人をつくることを目的に「産めよ増やせよ」のスローガンのもとに1億人の人口を目標にした「人口政策確立要綱」を閣議決定し（1941年），保健所網の拡充や母子健康手帳の普及を開始する。こうして，人口政策も政策の一環として取り組まれていくことになる。

しかし，米国に比べて生産力が決定的に劣り，制空権も制海権も奪われた日本は，石油や食糧といった戦略物資が極度に不足していく。大都市から中小都市まで原爆を含む空襲を受けるなかで，敗戦に至る。その一方で，戦時利得を確保できたのは軍需品を主として生産していた六大産業（石炭，鉄鋼，造船，航空機，アルミ，石油精製）の6割の生産を担った財閥系大企業であった。

アジア・太平洋戦争で日本軍は，海外では2000万人以上の殺戮を行った。国内においても，空襲や原爆によって約310万人が犠牲になっている。軍人の戦死者約230万人に加え，民間人の海外での死者数30万人，国内での空襲被害は死者数50万人以上にのぼった。とりわけ沖縄の戦死者は約20万人に及び，民間人10万人も犠牲になったのである。

2　戦後の日本経済と経済政策

(1)　戦後改革と経済の民主化

1945年8月15日，敗戦によって植民地は解放され，日本は米軍を中心とするGHQ（連合国軍総司令部）の占領下におかれることになる。貿易が厳しく統制されたために，原材料が不足し，工業生産は大幅に落ち込んだままであった。また，農産物輸入の途絶と農業生産力の低迷のなかで，食糧供給もままならなかった。強権的な農産物や燃料の供出が行われたものの，都市部を中心に深刻な食料危機に陥った。物資が不足する一方でヤミ市場が形成され，爆発的なインフレーションに襲われた（1946年の1年間で300％）。しかも，軍人や満州など植民地に移民していた人々が大量に引き揚げてきたことによる人口問題と食料問題に加え，戦災を受けた都市部での住宅不足問題が，緊急の社会的課題となった。

GHQの占領政策の基本目標は，非軍事化と民主化におかれた。日本の占領体制の特徴は，ドイツのような直接占領方式ではなく，古い官僚機構を温存したままの間接占領方式がとられた点にある。GHQの占領政策は，武装解除に留まらず，軍国主義をつくりだした戦前日本の社会経済制度を全般にわたって，抜本的に改革するものであった。

なかでも経済面では，財閥解体・農地改革・労働改革の三大改革が遂行され，資本・賃労働・土地所有という資本主義の主要構成部分の根幹にメスが入った。とりわけ農地改革は，農村部の地域経済構造に大きな変革をもたらした。それは戦前からの懸案であった寄生地主制を廃棄し，自作農体制を全国の農村につくりあげ，のちに農業生産力が向上する社会的前提となった。また，農地改革と並行して農地開拓が進められ，食料問題と過剰人口問題の同時解決が図られた。また，財閥解体は，あまりにも資本や生産力が集中した財閥系大企業を解体し，独占禁止法制定によって経済の民主化と公正取引を進めるために企図された。労働改革は，労働組合の結成さえも認められなかった戦前・戦時の労働者の基本的人権を認め，労働組合法，労働関係調整法，労働基準法により職場での民主化を進めるものであった。

さらに，日本国憲法と地方自治法の制定により，国民主権，戦争放棄，基本的人権，地方自治権が謳われ，地方自治体における首長・議員の公選制や直接請求制度を盛り込んだ地方自治制度が確立したことは，内務省の解体や教育委員会の公選制とともに，日本の地方自治史のなかで特筆すべきことだった。

ところが，1948年に入ると，占領軍の改革路線が大きく転換する。中国大陸や朝鮮半島で社会主義勢力が台頭するなかで，米国政府が日本を「極東の軍事工場」化する方向を打ち出し（1948年1月「ロイヤル声明」），そのために財閥解体や労働改革をトーンダウンさせたのである。また，賠償施設に指定された国内工場の多くも，賠償緩和措置によって残存し，順次生産を再開していく。

同時に，インフレを抑えて経済の安定化を強力に行うために，ドッジライン（1949年）による財政緊縮が実施されたことで，激しいデフレが日本経済を襲う。さらに，1ドル＝360円の固定為替レート制が敷かれ，貿易再開への条件整備がなされた。

1950年6月に勃発した朝鮮戦争は，日本経済，特に軍需物資を中心とした防衛産業に活況をもたらした。しかし，休戦協定とともにこの特需は収束することになる。

このような形で，占領下における日本経済の「自立」が図られるなかで，1952年にはサンフランシスコ平和条約が発効する。この講和は，全面講和ではなく，一部諸国との単独講和であったため，国内いたる所に米軍基地が存続することになっただけでなく，沖縄は本土から切り離されて米軍の管理下におかれた。こうして外形的には占領体制から「独立」した日本は，1952年にIMF（国際通貨基金）とIBRD（世界銀行）に加盟したのに続き，翌年にはGATT（関税および貿易に関する一般協定）に仮加盟し，世界資本主義体制に復帰する。

(2)　高度経済成長と公害，過疎・過密問題

1950年代半ばから70年代初頭にかけて，日本経済は経済成長率が毎年10％を超える歴史的な高度経済成長を経験する。製造業では，鉄鋼・造船・石油化学・合成繊維・自動車・電気機械が外国技術・資本を積極的に導入し，通商産業省の強力な産業育成策による様々な優遇策を受けて成長した。

とりわけ，1960年の安保闘争による岸信介内閣倒壊後に誕生した池田勇人内閣のもとで，「所得倍増計画」の具体化が進められたことが注目される。第1に，外国技術を含む資本や貿易の自由化を選択的・段階的に行い，国際競争力をつける必要がある分野では大型合併を促進した。第2に，租税特別措置，財政投融資，個別産業育成政策などによる重化学工業部門の保護・育成を目的とする行財政政策が展開された。第3に，金融政策面においても，日本銀行の低利貸出や日銀券の増発がなされ，市中銀行のオーバーローン体制が構築された。第4に，1961年の農業基本法，63年の中小企業基本法制定によって，農業や中小企業の余剰労働力を重化学工業部門に移動させる「構造政策」が遂行された。最後に，新産業都市建設を中心にした全国総合開発計画（全総）を策定し，道路や港湾，工業用水等の公共事業を展開し，地方都市への重化学工業立地を誘導した。

1970年までに，1人当たり国民所得は2倍以上に増えたが，その所得倍増は輸出主導で実現したわけではなく，図表2-1で示したように60年代後半の「いざなぎ景気」時代においても，個人消費や住宅建設といった内需の拡大が全体の増加寄与率の85％近くを占めていた。重化学工業も，大都市に集中する若年

図表2-1　高度経済成長期の需要項目別増加寄与率（単位：%）

項　目	1961～65年	1966～70年
個人消費支出	51.4	40.7
政府の財貨サービス経常購入	7.0	4.0
個人住宅投資	6.8	6.1
民間企業設備投資	19.7	32.1
政府固定資本形成	13.3	7.5
民間在庫品増加	2.4	8.7
政府在庫品増加	−0.4	0.4
輸出等	11.7	14.3
（控除）輸入等	−12.1	−14.0
国民総支出	100.0	100.0
同　実額（兆円）	37.2	71.7

注：増加寄与率は，各期間ごとの増加累積額に占める各項目の比率を示す。
出所：経済企画庁『経済白書』1972年度版。

人口の消費や公的支出にともなう内需の拡大により成長を遂げたのである。

高度経済成長期は，輸出と同時に輸入も増え，とりわけ石炭や木炭・薪に代わって中東諸国からの低廉な石油の輸入が増大し，エネルギー革命という事態が進行する。また，農業基本法農政のもとで麦や大豆の輸入政策がとられ，穀物自給率も低下していく。林業や農業の後退は，農山村地域での人口流出に結び付いた。農業における機械化もあって，地方の農家の子弟が集団で大都市に移動し「集団就職」することで，過疎・過密問題が社会問題化する。

他方，急速に重化学工業化が進められた大都市や地方都市では，大気汚染や水質汚染，騒音，振動といった公害問題が深刻化し，甚大な被害がでた地域では四大公害訴訟が提訴されるに及ぶ。このような事態に直面し，佐藤栄作内閣は1967年に公害対策基本法を制定して，公害対策を強化する。

過疎対策については，島根県などの運動により，1970年に議員立法として，10年間の時限つきで過疎地域対策緊急措置法が制定される。人口減少率と財政力指数を指標に一定基準以上の市町村を過疎自治体と指定し，道路整備等の過疎対策に充当する過疎債の発行を認める内容であり，以後10年ごとに法の改正がなされ現在に至っている。しかしながら，現在も，過疎問題については根本

★コラム 2－1　公害対策の強化と自治体の役割

高度経済成長末期において，重化学工場の排出する亜硫酸ガスや汚水，騒音によって，大気汚染，水質汚染，そして騒音，振動問題が激化し，住民の日常生活や健康を脅かすに至った。これに対する政府の公害対策は，当初，微温的なものであったが，公害患者による訴訟や地方自治体からの強い要求もあり，厳しい政策へと転換していくことになる。

1967年に制定された公害対策基本法は，それまで騒音やばい煙など個別法で対応していたものを統合し，大気汚染，水質汚濁，土壌汚染，騒音，振動，地盤沈下，悪臭を典型七公害とし，その防止を目的としていたが，財界からの強い要求もあり「経済の健全な発展との調和」項目が入ることになった。

これが，その後問題となり，佐藤栄作首相は「福祉なくして成長なし」と表明せざるをえなくなり，1970年の「公害国会」では公害対策基本法から同項目が削除された。併せて，規制基準を超えた企業に対する直罰制の導入，人の健康に係る公害犯罪の処罰に関する法律，公害防止事業費事業者負担法も制定され，公害対策が一段と強化されていった。さらに，1974年には公害患者の救済を図るために公害健康被害補償法が制定されたが，これは四日市や尼崎などで自治体が条例措置で行っていた事業を国の責任で行うものであった。

的解決には至っていない。

⑶　オイルショックと「構造不況」対策

1960年代末から，米国ではベトナム戦争の長期化にともなう財政危機と多国籍企業化による貿易収支の悪化が進行していた。1971年８月，ニクソン米大統領は，ドルと金の交換停止を突然発表する。ドル散布によって世界秩序（パックスアメリカーナ）を築いてきた米国の地位が，自らが仕掛けたベトナム戦争と日本やヨーロッパ資本主義国の経済復興のなかで大きく揺らいだのである。これにより国際通貨制度の大きな変動が起こり，１ドル360円の固定相場制は崩壊し，1973年には完全変動相場制に移行する。さらに同年秋には，第一次オイルショックが起きる。中東戦争を契機にオイルメジャーの原油資源支配に対し，民族主権を主張した石油産出国による石油減産と原油価格引き上げは，高度経済成長期を通して石油依存度（とりわけ中東依存度）を高めていた日本経済に大きな衝撃を与えることになった。

オイルショックに端を発した物価の急騰は，田中角栄首相が煽った「日本列島改造」ブームによる地価暴騰とも重なった。高度経済成長末期の過剰流動資金は，大企業による国土の買い占めに流れた。土地買い占めは，新幹線や高速道路の建設候補地周辺やレジャー施設化が見込まれる山林など，地方の農山村のいたる所でなされ，地価上昇率は1973年には対前年比30％を超えた。小売物価指数も対前年比26％の上昇を記録したが，卸売物価指数はそれをさらに上回る37％の高騰であった。買い占めは，洗剤やトイレットペーパーなどにも及び，モノ不足が社会不安を煽った。「狂乱物価」も手伝って，日本の鉱工業生産は急速に冷え込み，1974～75年期の生産指数は73年のピーク時に比べて２割以上も低下した。とりわけ積極的な設備投資を続けてきた化学，鉄鋼，アルミ，石油精製部門は，大量の過剰生産能力を抱え構造不況業種に転落した。以来，1980年代前半に至る「構造不況」が続くことになる。

構造不況業種となった「重厚長大」産業は，解雇等の雇用調整を主要内容とした「減量経営」を進めた。鉄鋼，石油化学やアルミ産業などでは，国内分工場を閉鎖ないし縮小して国内工場体制を集約する一方で，海外に生産拠点を移す「積極的産業調整」が，政府の補助金を得ながら実施された。このため高度経済成長期に企業城下町として栄えた新居浜や室蘭などの地方工業都市は，関連企業の閉鎖や商店街の衰退を引き起こすに至る。戦後重化学工業の地域経済への貢献は，それほど長くは続かなかったのである。他方でME（マイクロエレクトロニクス）機器等の導入により省力化が図られ，生産・流通コストの削減や経営の多角化による高収益部門へのシフトが行われた。また，国や地方自治体が先頭に立った脱石油・省エネルギー政策が追求され，原子力発電所の立地も，電源三法交付金制度を創設して強力に推進されるようになる。

⑷　日米貿易摩擦と『前川リポート』

1980年代前半，自動車と電気機械産業においては，産業用ロボットなど積極的な合理化投資と下請企業からの調達コストの引き下げが行われて輸出競争力が高まり，米国や欧州への「集中豪雨型輸出」を行った。米国から日本への輸入は1980年の244億ドルから85年の258億ドルとほぼ横ばいに推移したのに対し，日本からの米国向け輸出は314億ドルから653億ドルへと２倍以上も増え，対米貿易黒字は70億ドルから395億ドルへと急増したのである。これらの貿易黒字のうちの75%は，対米輸出企業上位50社の自動車・電気機械メーカーが生み出したものであった。この結果，米国との間で自動車，半導体などの個別産業分野で，貿易摩擦問題が連続的に浮上していった。

米国では，貿易収支の赤字が恒常化しドル安状態となっており，しかも財政赤字も深刻化して「双子の赤字」と呼ばれていた。これらの問題を是正するために，1985年9月の先進5か国（G5）蔵相･中央銀行総裁会議で「プラザ合意」がなされ，「円高ドル安」が容認された。しかし，米国は1985年に純債務国に転落するなかで，国内で対日強硬論が台頭し，個別産業調整での輸入規制に留まらない抜本的政策を日本に要求してきた。

そこで当時の中曽根康弘内閣下の首相の私的諮問機関（座長は前川春雄・前日本銀行総裁）で立案されたのが，1986年4月の『前川リポート』（『国際協調のための経済構造調整研究会報告書』の略）である。同リポートは，日米首脳会談用に作成されたものであるが，日本の経済構造や地域住民の生活に大きな影響を与える重要な内容を盛り込んでいた。日本政府は，個別産業間の調整に留まらず「従来の経済政策及び国民生活のあり方を歴史的に転換すること」，つまり日本の「経済構造」そのものの「変革」を，国会にも諮らずに対米公約したのである。具体的には，内需主導型経済構造への転換のために，規制緩和による内需拡大，積極的産業調整，農産物貿易自由化をはじめとするいっそうの市場開放，製品輸入の促進のほか，直接投資の促進そのものを謳っていた。

注意したいのは，このような政策自体は，中曽根内閣のもとで進められていた行政改革のなかで，経団連など日本の財界がたびたび要求していたものであり，いわば「外圧」によって正当化した側面もみられることである。

米国は，その後も国内通商法による制裁措置を武器に，各種個別交渉，日米構造協議やガット・ウルグアイ・ラウンドなどの場を通して，公共投資枠の拡大と建設事業参入，大規模小売店舗法の規制緩和，農産物貿易の自由化などを強く求めていった。

これに対し，日本政府の姿勢は，新『経済運営5カ年計画』（1988年）や，第四次全国総合開発計画（四全総）にも示されるように，当面する第1の課題が「大幅な対外不均衡の是正」にあるとする認識から，「思い切った経済構造調整の推進」を進めることにおかれた。この結果，基本的には米国側の要求が受け入れられ，関西新空港などの公共事業の市場開放，大型店の規制緩和，農産物の貿易自由化が順次決定されていった。

なお政策協調の国内経済への影響は，低金利政策の導入にも表れている。米国国債への国内過剰資金の流入を促した日本での低金利政策の導入は，一方で土地や株式投機にみられるバブルを生み出し，他方では利子が目減りして年金生活者などの生活を圧迫することになった。

しかし，株や土地の投機的取引は1991年には破綻し，バブル景気は崩壊する。1990年代初頭は，世界史的にみると社会主義体制の崩壊の時期でもあり，地球全体が資本主義体制のもとにほぼ包摂される時代でもある。1993年には，ガット・ウルグアイ・ラウンドが妥結し，日本ではコメも含むすべての農産物の貿易が自由化される。さらに，1995年にはWTO体制が発足し，日本は本格的な自由貿易体制と直接投資交流の網のなかへ組み込まれていくことになる。

§Ⅱ　経済のグローバル化と小泉構造改革

1　小泉構造改革とその形成過程

(1)　小泉構造改革の登場と政策内容

ここでは，2001年に登場した小泉純一郎内閣による「構造改革」の政策立案過程とその帰結をみてみよう。周知のように小泉首相は，総裁選を「古い自民党をぶっ壊す」のフレーズで勝ち，2001年に首相の座に就いた。組閣の段階から「官邸主導」のしくみをつくり，従来の派閥利害を排除し，反発するものは「抵抗勢力」として攻撃し，「改革なくして成長なし」を前面に打ち出して政治・経済の構造改革を強引に推進した。その小泉構造改革の基本的内容は，以下のとおりであった。

第1に，多国籍企業や金融資本の利益を最優先し，海外からの投資を積極的に受け入れるための様々な規制緩和や外資誘致政策，法人企業や個人投資家を優遇する税制改革，そして郵政民営化による郵便貯金市場の開放を行った。

第2に，「自助と自律」「自己責任」を基本とした社会保障制度改革を重点的に行った。とりわけ，医療，年金，介護，保育，生活保護，雇用保険の面での「規制改革」と「官製市場の開放」がなされた。その内容は，本人負担や保険料の引き上げと，給付額の削減を基調にしており，老人医療費を削減するための後期高齢者医療制度の導入もなされた。こうして，社会福祉のナショナル・ミニマムを解体しながら，他方で規制改革により民間企業の参入が推進された。

第3に，内外の大企業が活動しやすい制度環境の創出が進められた。すなわち，市町村合併の推進や地方財政支出の削減を図る「三位一体の改革」，PFIや指定管理者制度，市場化テストなどの手法による行政の民間化が，地方分権改革と一体となって推進されるとともに，内外の多国籍企業の活動拠点が集中する大都市に公的資金が集中的に投下された。

(2) 「グローバル国家」づくりを求めた財界

これらの政策内容は，小泉首相やその周辺の政治家たちだけが決めたものではなかった。その経済的背景に日本経済のグローバル化の進展があり，その中心的主体であった経済団体連合会（以下，経団連）に代表される多国籍企業の政策要求に基づいたものであった。

大企業の多国籍企業化は，**図表2－2**で示した海外生産比率の高まりに示されるように，日米貿易摩擦対策として海外直接投資を促進した1980年代後半から本格化し，特に自動車や電気機械工業で進行した。財界のトップである経団連会長は，それまで新日本製鐵や東京電力の会長が務めてきたが，1994年に初めて多国籍企業の代表であるトヨタ自動車会長の豊田章一郎が就任する。豊田会長のもとで，1996年1月に策定された政策文書が「経団連ビジョン2020」であった。これは当時，橋本龍太郎首相が率いる自民党が「橋本行革ビジョン」を策定していたのに合わせて，財界サイドからの要求をまとめた政策文書であった。

「橋本行革ビジョン」は，「企業に選んでもらえる国づくり・地域づくり」を目標に，六大分野での行政改革を掲げた。改革内容として盛り込まれたのは，法人税率の引き下げと消費税率の引き上げ，社会保険料等の国民負担の拡大，労働法の見直しによる雇用の流動化，国と地方の行財政権限の見直しと地方分権，中央省庁等の改革であった。これらの改革は，以後，逐次具体化されていく。

橋本行革の内容は，実は前述の「経団連ビジョン2020」をほとんど踏襲したものであった。同ビジョンでは，「企業に選んでもらえる国づくり・地域づく

図表２－２　海外生産比率と貿易収支・所得収支の推移

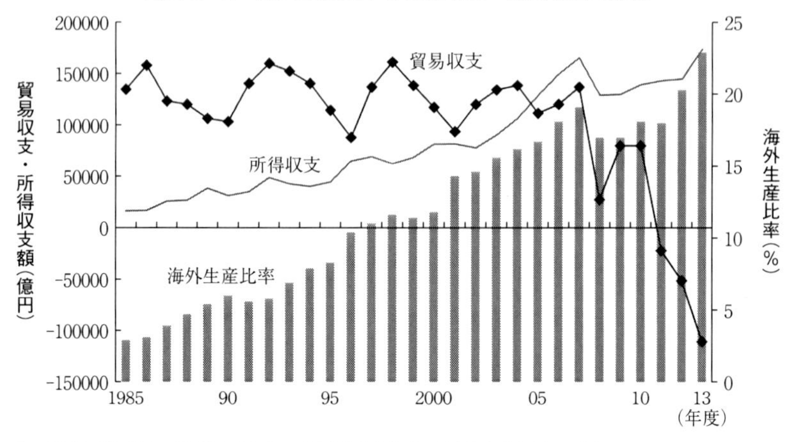

注：海外生産比率は，現地法人売上高 /（現地法人売上高＋国内法人売上高）×100。
出所：財務省『国際収支総括表』，経済産業省『海外事業活動基本調査』各年版。

り」を「活力あるグローバル国家」と名づけている。ここでいう「グローバル国家」とは，「今や世界経済の主要な担い手は多国籍企業であり，日本が世界経済のセンターの一つとして生き延びようとするならば，多国籍企業に選んでもらえる国づくり，地域づくりをしなければならない」というものであり，そのために賃金，法人税，社会保障負担等の多国籍企業からみれば「高コスト」にみえる経済構造の改革，そして「官」のスリム化と「民」への開放を迫ったのである。

経団連は，小泉構造改革が進行途上の2002年に日本経営者団体連盟（日経連）と合併し，日本経済団体連合会（日本経団連）となる。合併当初の会長も，トヨタ自動車相談役の奥田碩であった。日本経団連は，2003年に再び政策ビジョン「活力と魅力溢れる日本をめざして」を発表する。ここでは，「グローバル国家」論をさらに推し進め「メード・イン・ジャパンからメード・バイ・ジャパンへ」というスローガンのもとで，世界大で活躍する多国籍企業を支援する国家体制を求めたのである。具体的には，①技術革新への支援，②内外資本のためのインフラ整備，③法人税率の引き下げであった。それだけでなく，「官から民へ」「国から地方へ」のキャッチフレーズで，市町村合併・道州制の推進，そして行政改革による社会保障制度の市場化と本人負担の引き上げを提言したのである。これも，前述した小泉内閣のもとでの構造改革の内容と同様のものであった。

2　小泉構造改革の帰結

では，「改革なくして成長なし」と小泉首相が繰り返し強調していた政策の帰結は，どうだったのか。

第1に，経済指標の1つであるGDP（国内総生産）で，改革前の2000年度と06年度とを比較するとマイナス1.7％であった。一方，**図表2－3**で示した国民所得は1兆4430億円の増加であったが，伸びているのは企業所得の8兆8660億円と財産所得の8740億円であり，逆に国民所得の7割を占める雇用者報酬は実に8兆2980億円の減少を記録した。つまり，構造改革を通して経済成長は果たされず，分配面では大企業を中心とした法人企業所得と資産運用による財産所得は伸びたものの，労働者の受け取る所得は大きく減少したのである。

第2に，労働者の所得の減少は，雇用面での派遣労働者の拡大が政策的に行われたことや，国や地方自治体の市場化政策の結果，派遣労働者やパート・アルバイトといった非正規雇用が「官製ワーキングプア」として増大したことによるものであった。いわゆる「格差と貧困」が拡大し，2005年には生活保護率も完全失業率も過去最高水準に達した。

第3に，海外直接投資の促進や市町村合併政策の推進，「三位一体の改革」

図表2－3　国民所得の推移　（単位：10億円）

年　　度	2000	2006	増減額
1．雇用者報酬	271,267	262,969	－8,298
2．財産所得	16,645	17,519	874
3．企業所得	83,892	92,758	8,866
（1）民間法人企業	44,403	48,459	4,056
（2）公的企業	1,197	6,849	5,652
（3）個人企業	38,291	37,450	－842
4．国民所得（要素費用表示）（1＋2＋3）	371,804	373,247	1,443

注：増減額は，2000～06年比較。
出所：内閣府経済社会総合研究所国民経済計算部『国民経済計算年報』各年版。

による地方交付税の削減と大都市再生への公的資金の集中は，地域間の格差を拡大した。経済のグローバル化にともなう地域産業の空洞化も相まって，東京への人口と所得の集中と並行して，地方における産業衰退と人口減少が加速度的に進行することとなった。

このような結果が顕在化するにつれ，構造改革への反発が強まり，2009年総選挙において自公政権は崩壊し，民主党政権が誕生するに至る。

小泉構造改革が，なぜ，このような帰結になったのか。それは多国籍企業の成長を最優先して，安定雇用を不安定化し，雇用者報酬を減らす代わりに法人企業所得を増大させたり，多国籍企業の税・社会保障負担を軽減し，その分を雇用者の負担増に転嫁する新自由主義改革という性格をもっていたからであった。この結果，所得を減少させ，負担を増大させた雇用者の消費支出が減少し，その結果国内総生産も縮小するという悪循環を生み出したといえる。このことは欧米の資本主義国に共通した傾向であり，それらを検証したデヴィッド・ハーヴェイは「新自由主義化の主たる実績は，富と収入を生んだことではなく，再分配したことにあった」(ハーヴェイ 2007) と指摘している。

§Ⅲ 「戦後以来の大改革」の意味するもの

第二次安倍内閣がアベノミクスで「三本の矢」を打ち出したことは，第1章でもみた。2014年に，「第三の矢」として規制改革会議，産業競争力会議で打ち出された成長戦略は，「岩盤規制」に「ドリル」で「風穴をあける」ことであった。そのターゲットとされたのは雇用，農業，医療，福祉である。

安倍首相はこの分野に切り込み，「戦後以来の大改革」を行うと表明した。これは，戦後改革における日本の経済制度の大改編を意味する。それは，どういう歴史的意味をもっているのだろうか。

第1に，戦後改革以来，営利企業，すなわち資本の参入が規制されていた農業や医療分野での参入規制の撤廃を意味している。それは，TPPがらみであるともいえる。すなわち，米国では非営利だけではなく，営利型の病院も存在し，それを経営する病院資本が活動している。TPPは，サービス貿易の障壁の撤廃を推進しようとするものであり，米国内の病院資本だけでなく，営利目的で病院や医療分野に参入したい国内資本にとっても，魅力のある分野といえる。そうなると戦後改革期以来の資本規制が邪魔となり，これを規制改革ということで解体していくことが求められるわけである。

第２に，農地に関しても，財界からは農地法の改定を行って，現在25％の上限がある農業生産法人への出資規制を50％以上にすべきという要求が根強く存在する。収益性が期待できる農地を確保し，農外の民間営利企業が自由に農地を購入したり，借り入れて農業に参入することを求める，内外資本の要求でもあった。その場合の障害が農地法や農業協同組合法であり，これを改定することにより，民間企業による農地の取得や農業参入をさらに自由にすることが求められたといえる。そのための法改正が，2015年９月になされている。これも，戦後改革でなされた土地改革や農村民主化政策としての農地委員会制度や農協制度が，多国籍資本の農業参入にとって障害であり，その成長のためには制度改革を強引に進める政策として捉えることができよう。

第３に，労働分野でも，労働基本権の確立を図ってきた戦後の労働改革以来の成果を空洞化し，解雇の金銭解決を認めるよう要求している。また，ホワイトカラーについても，残業代を支払わないホワイトカラー・エグゼンプション制度（高度プロフェッショナル制度）の導入も検討中である。これによって，企業にとっては，雇用者を自己都合で解雇しやすくなったり，支払い賃金を縮減することができ，利益が増えることになる。

どのような制度や政策も，それが形成される歴史的根拠がある。この根拠を探ることで，制度や政策の変更の意図するところも理解できる。それは，自分の仕事や暮らしを守る知恵ともなる。例えば，残業代を支払わず，長時間労働を強いるブラック企業，ブラックバイトが横行するなかで，労働組合や労働基本権の歴史をしっかり学ぶことも必要だといえよう。

【文献ガイド】

石井寛治『日本経済史〔第２版〕』東京大学出版会，1991年

封建時代から戦後に至る日本の経済史と経済政策の展開過程を体系的にまとめた良質のテキストである。

森武麿・西成田豊・伊藤正直・浅井良夫『現代日本経済史』有斐閣，2002年

戦後改革からバブル崩壊に至る現代日本の経済政策と経済史を深く学ぶことができる。

伊藤正直・藤井史朗編『グローバル化・金融危機・地域再生』［21世紀への挑戦２］日本経済評論社，2011年

1980年代後半以降の経済のグローバル化による世界経済，日本経済の変動，経済政策のあり方を多角的に明らかにし，今後の経済再生，地域再生について方向性を示す。

◀問題――さらに考えてみよう▶

Q１　2000年代以降の日本の経済政策は，それ以前とどこが違うのだろうか。その理由も含めて，考えてみよう。

Q２　戦後改革のなかの１つの政策を採り上げ，それがどのような歴史的過程で生まれ，今日までどのように改変されてきているか，調べてみよう。

Q３　国や地方自治体の経済政策は，誰のために，何を目的にして立案・執行されるべきなのか，歴史的経験をもとに，みんなで議論してみよう。

【岡田知弘】

第Ⅱ部　産業と経済政策

Chap. 3

国土開発政策を考える

▶国土は誰のためにあるのか

★国土開発政策と成長政策

2027年の完成をめざし，リニア中央新幹線の建設が始まった。まずは品川駅と名古屋駅を，時速500kmで結ぶ計画だ。また，地方都市の多くで公共施設や経済機能を中心都市の市街地に集約する「コンパクトシティ」をめざす都市開発が進められている。これらは，国が定めた戦後7番目の国土計画である「国土形成計画（全国計画）」（2015年8月に閣議決定）に盛り込まれた開発事業であり，経済成長戦略の一環として位置づけられた事業でもある。

しかし，リニア中央新幹線をめぐっては，中央構造線を横断するほか，地下深く走ることによる災害のリスク，大量の残土処理問題，さらに強力な磁力による人体への障害の危険性や，大量の電力エネルギーの消費といった問題も指摘されている。コンパクトシティについても，周辺の農山村の衰退が加速し，自然災害のリスクが高まるのではないかという指摘もある。

国土計画は，アジア・太平洋戦争時にナチス・ドイツを模倣して策定準備がなされ，戦後の1950年に国土総合開発法が制定されたことにより，今日に至るまで日本の計画行政の根幹に据えられてきたものである。どの時代においても，当時の経済政策，産業立地政策，経済成長戦略と深い関係のもとに策定されてきた。また，国の国土計画のもとに，地方自治体による地域開発政策が展開されてきたことも，日本の国土開発政策の大きな特徴のひとつである。

本章では，国による国土開発政策の展開過程を概観するとともに，地震・津波・火山噴火・大水害が頻発する災害の時代において，どのような国土づくりが必要になっているかを考えてみたい。

§Ⅰ　戦後の産業政策と国土政策の展開

1　戦後復興と特定地域開発

(1)　戦後復興と傾斜生産方式

終戦直後の日本は，第2章でも述べたように，深刻な食料・住宅不足，激しいインフレ，そして原材料・エネルギー不足に陥っていた。他方で，占領下にあって輸出入も禁止されており，産業復興と国民生活の再建は困難を極めた。

このためGHQの指示のもとに，日本政府は戦時期以上に国家統制を強めていった。その象徴が，「泣く子も黙る安本（あんぽん）」といわれた経済安定本部の設置であった。吉田茂内閣が，1946年８月に新設した経済安定本部は，戦後の経済復興のための総合的な政策を立案，執行する機関であり，物価統制，経済統制の強化を目的としていた。

この経済安定本部による産業復興政策が，「傾斜生産方式」である。限られた資源と資金を，重点産業とみなされた石炭，鉄鋼，電力，肥料産業に集中的に投下し，生産の回復を図ろうとした政策である。政府は復興金融公庫を設立し，日本銀行（以下，日銀）が資金を大量に供給した。石炭の生産は急速に回復したものの，インフレが加速度的に進行したため，国民の生活は困窮化し，吉田内閣打倒を掲げる労働組合運動が激化することになった。

1947年４月に行われた戦後憲法下初の衆・参議院選挙では，日本社会党が第一党となり，５月に片山哲を首班とする連立政権が発足する。だが，社会党の分裂により片山内閣は総辞職し，代わって民主党の芦田均を首班とする連立政権が1948年３月に発足する。この時期に第２章でみたように，米国の対日占領政策の転換が行われる。米国政府は，日本の位置づけを「極東のスイス」から「極東の軍事工場」に変えたのである。旧軍需工場の賠償指定解除や，財閥解体の緩和，労働運動の取り締まり強化が，GHQによってなされていく。

芦田内閣は，昭和電工疑獄事件で半年後に崩壊し，1948年10月に第二次吉田茂内閣が発足する。米国内では対日援助の削減が議論され始め，1949年２月に日本に派遣されたドッジ調査団は，日本政府に対して財政緊縮による経済安定化を求めた。これにより，復興金融公庫による産業融資や米国の経済援助を削減するデフレ政策が遂行され，物価の安定は図られたものの，日本経済は「ドッジ不況」に陥り，解雇や倒産が相次ぐことになった。

⑵　国土総合開発法の制定と特定地域総合開発計画

1950年に国土総合開発法が制定される。国土開発計画については，戦後直後から内務省国土局のもとで立案作業が行われていたが，実際に主導権を握っていたのは経済安定本部であった。GHQ天然資源局において影響力が大きかった米国のニューディーラーと呼ばれる人たちと経済安定本部の日本人官僚が，日本における国土開発のあり方を検討し，TVA（テネシー渓谷開発公社）での多目的ダムを活用した河川総合開発を導入することをねらったのである。

当初，国内において只見川流域および北上川流域のせいぜい2か所程度の拠点を設けて，水資源の総合開発を行い，戦後の復興につなげていく構想であった。しかし，旧内務省官僚や政治家の反発もあって，1950年に制定された国土総合開発法では，全国総合開発計画（全総）を最上位において，以下，特定地域総合開発計画や地方総合開発計画，都府県総合開発計画が続く，トップダウン的な計画体系となった（北海道については，別途，北海道開発法が制定された）。

だが，実際には，河川総合開発方式による特定地域総合開発計画のみが事業化された。法に基づく初めての全国総合開発計画が策定されたのは，1962年のことであった。

ところで，国土総合開発法が制定される背景には，当時の日本が単独講和を目前にして，経済自立化戦略をつくる必要に迫られていたことがあった。米国政府側は，日本を「反共の防波堤」とするために，ある程度の経済開発を認めるようになっていた。特に貿易が禁止されていた状況のもとで，国内資源の開発を最優先しなければならないという占領下特有の事情もあった。

また，米国政府側にも事情があった。米国は，戦後冷戦下で，ヨーロッパ諸国にマーシャル・プラン等により大量のドルを散布していた。そのため財政危機が進行し，当時のトルーマン大統領によるポイントⅣ計画が発表されることになる。これにより，米国政府は，国家資金の散布ではなく，民間資本の輸出に切り替える政策を展開することになったのである。その際，低開発国・未開発国に優先的に投資を行う方針を決めるが，海外投資収益の送金を保証する必要があったために，あまり例がみられない元利送金の保証を盛り込んだ外資法が日本でも制定されることになる。

こうして，1950年に制定された国土総合開発法に基づく特定地域総合開発は，米国のTVA方式の河川総合開発を日本に導入したものであっただけでなく，資金や建設資材，技術，発電機などを米国から調達することによって実施されていく。特定地域総合開発は，国内資源（特に水資源）の活用を図りながら，そこで得られた電力や用水を都市域での工業復興に使用するものであった。同時期に電力事業も再編され，戦時下の国策会社であった日本発送電株式会社が解体され，地域独占制度に基づく発送電・配電を統合した９電力体制が成立する。

⑶　水源地域と利水地域の利害対立

特定地域総合開発計画は，当初の予想を超え，42府県から51地域の立候補があり，1957年までに22地域が指定された（図表３-１）。その指定にあたっては，「経済自立目標達成に寄与する資源開発産業振興並びに国土保全災害防除に関し総合施策が必要とされる地域」で開発効果が期待できる地域が優先され，県域を越えて流域単位で指定された。

資源開発においては電源開発，産業振興においては農林業および工業立地条件の整備が重視されたが，同時に戦後打ち続いた水害に対応した国土保全も重視されたのが特徴点であった。また，これらの開発目標を達成するために，巨大な多目的ダムの建設が共通した開発手法となった。

当時開発されたダムとしては，佐久間ダムや奥只見ダム，田子倉ダムが代表例である。木曽特定総合開発地域は，1951年に指定された。木曽川を中心に長野，岐阜，愛知，三重の各県にまたがる地域で，基幹事業は愛知用水事業であった。愛知用水の開発によって，農業用水，工業用水，都市用水を確保するとともに，伊勢湾岸の臨海工業地帯の立地条件の整備や国土保全が開発目標とされ，官民での投資計画を寄せ集めた開発計画が策定された。

ところが愛知用水の水源となるダム開発について，大きな問題が起こる。開発資金の支援を期待していた世界銀行が，米国の特定の会社しか技術的に施工できないロックフィル式ダムの建設を融資条件にしてきたのである。政府は，開発を進めるためにこの条件を受け入れ，技術供与や大型車両も購入して，米国資本の市場を提供したのである。他のダムでも，世界銀行や米国の政府系金融機関の融資を受けて，米国の重電機メーカーから発電機を購入するなど，前出のポイントⅣ計画に即した調達が行われた。

完成したダムから生み出された用水や電力は，下流域の都市部（利水地域）における工業化や都市化を支えることになったが，逆に水源地域ではダム建設によって多数の集落が水没を余儀なくされた。しかも開発メリットが水源地域に及ぶどころか負担だけが増えていき，ダム開発に対する批判意見が多く出さ

図表3－1　特定地域総合開発計画指定地域一覧

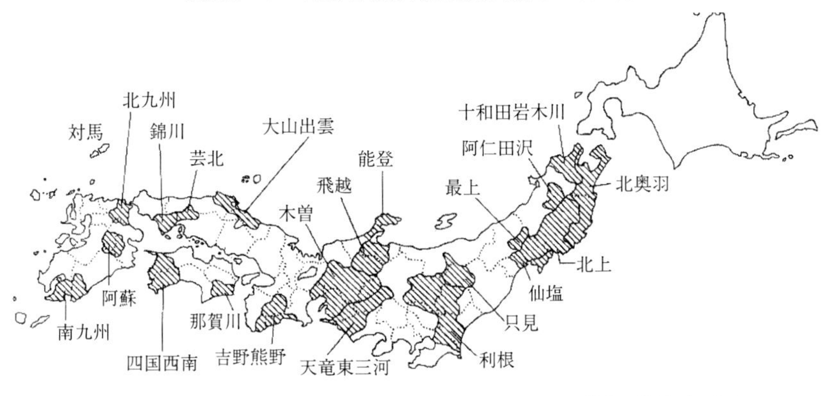

出所：http://blog.goo.ne.jp/morinoizumi33/e/c1167de078b503cbf731f1e3e89d359c，掲載の地図を基に作成。

れるようになる。利水地域と水源地域との対立が激しくなったことから，その後，多目的ダムを開発する際に，利水地域も応分の負担をすることになった。

2　所得倍増計画・列島改造論と全総・新全総

(1)　所得倍増計画と全国総合開発計画

1960年に，60年安保問題で辞職した岸信介首相に代わって，池田勇人が所得倍増計画を掲げて首相となった。池田内閣は，重化学工業化とそのための産業基盤整備を重点に高度経済成長を図ろうとした。そのために，鉄鋼や石油化学コンビナートなどの拠点産業を日本列島上に配置する国土計画が必要とされた。こうして，1962年に国土総合開発法に基づく初めての全国総合開発計画（以下，全総）が策定され，閣議決定された。同計画は，宮本憲一（1967）が指摘するように，「所得倍増計画の地域版」という役割を果たす。

当初，経済審議会の産業立地小委員会は，所得倍増のための立地政策として，「太平洋ベルト地帯構想」を打ち出した。しかし，東海道から山陽地域をへて北九州に及ぶ既存の都市工業地帯にさらに経済力を集積する構想には，他の地方から猛烈な批判が出た。

この反発を考慮した政府は，日本列島上に所得倍増計画の開発拠点としての「新産業都市」を建設していく方向に転換し，全総を策定する。政府は，一定の条件を備えた地域を新産業都市として指定し，高率補助率の公共事業を経済成長の隘路と呼ばれた道路，工業用水，港湾といった社会資本を中心に整備，併せて地方自治体による重化学工業の企業誘致を推進した。この開発構想は「拠点開発構想」といわれ，拠点に投資を集中することにより，その波及効果が地域産業全体や住民生活の向上につながるという考え方であった。

新産業都市は当初10か所程度指定する予定であったが，指定を求めた立地競争が過熱し，39都県から44か所が立候補した。政府は15か所を選定したが，落選した自治体の不満が強く，最終的に工業整備特別地域を6か所追加指定することになった。

だが現実には，宮本憲一（1973）が鋭く批判したように，企業誘致に成功した岡山県倉敷・水島コンビナートでは公害問題が起こり，住民が公害病に苦しみ，環境が悪化しただけでなく，公害対策の財政的支出によって財政危機が深化した。他方，宮崎県など企業誘致に失敗したところも多く，そこでは先行投資にともなう財政危機に陥っていく。

国土開発にともなう社会問題の発生や住環境の破壊は，臨海部での重化学工業化を進めた大都市地域でも広がった。大都市地域では，交通渋滞や保育所・学校の不足問題も顕在化した。この結果，1960年代末から東京や大阪をはじめとして主要な地方自治体で革新自治体が生まれ，自民党は大都市部を中心に国会での議席を失っていくという政治的な危機の局面に当面することになる。

⑵　新全総から「列島改造計画」へ

これに対し，自民党は都市政策調査会で新たな都市政策，国土開発政策を検討していく。その中心人物が，後に首相となる田中角栄であった。田中が主導して，1968年に自民党「都市政策大綱」が決定され，それに基づいて新都市計画法の制定，都市再開発法制定，建築基準法の制定がなされ，民間資本も入れた都市開発･再開発，高度利用，市街化区域農地の転用促進政策が実施される。

さらに，1969年には第二次全国総合開発計画（新全総）が策定される。新全総では，新幹線網・高速道路網・空港・情報通信等の新ネットワークを構築する国土再編計画を打ち出すとともに，これらの交通網上に，苫小牧，むつ小川原，志布志湾等に超大型工業基地を配置する大規模産業プロジェクトを，民間資本の導入によって行い，高度経済成長を追求しようとした。

田中角栄は1972年に『日本列島改造論』を政権構想として出版し，首相の座に就く。これは，新全総とほぼ同じ発想のもとに，土地利用を流動化させ，工業基地化し，あるいは都市化やレジャー基地化する政策を図り，これらを高速交通網によって結び付ける「一日交通圏」を実現しようというものであった。

こうして「公共事業の産業化」が意識的に追求されていく時代に入ったが，それは田中角栄自身が自らの選挙区に新幹線や高速道路，原子力発電所を引き入れ，再選基盤を確立していったことに示されるように，のちに「土建国家」と呼ばれる政治・経済体制の形成を意味した。

だが，このような高度経済成長追求政策は，1971年のドルショック，73年のオイルショック，そして食料危機に直面し，経済成長の外的条件の崩壊によって突き崩されることになる。しかも国内においては，列島改造ブームのなかで土地投機が蔓延し，それにオイルショックが加わることによって，物価高騰と，モノ不足，不況が同時進行する「スタグフレーション」に陥った。

にもかかわらず，田中内閣は1973年に新国土総合開発法案を準備し，国土総合開発庁の設置を構想する。これらは日本列島改造に象徴される開発促進のためのトップダウン的な国土計画と開発体制の整備をねらうものであったが，国会内外で強い批判を浴び，国土利用計画法および国土庁の発足という，当初の政府原案とはまったく異なった方向へと転換する。また，田中内閣は，脱石油政策を進めるために原子力発電所の立地対策の強化を図る。1974年に電源三法（「電源開発促進税法」，「特別会計に関する法律（旧電源開発促進対策特別会計法）」および「発電用施設周辺地域整備法」）を制定し，最初の電源立地交付金を柏崎刈羽原発立地自治体に交付した。だが，田中首相はロッキード疑獄事件で1974年11月に退陣し，列島改造論は見果てぬ夢に終わる。

3　オイルショック後の産業調整と三全総

(1)　構造不況と三全総

その後，日本経済は低成長の時代，すなわち「構造不況」といわれる時代に移る。当然，全総の見直しもなされる。1977年に策定された第三次全国総合開発計画（三全総）の大きな特徴は，これまでの開発重視から環境重視へ転換したことにある。ただし，当時，マスコミから「二・五全総」と呼ばれたように，新全総が盛り込んだ大規模な公共事業，交通ネットワークの建設等々を継承していたことにも注意しなければならない。三全総のもう１つの特徴は，ドルショック，オイルショック，食料危機を経験した後だっただけに，軍事力以外の広い意味での「総合安全保障」を重視したことである。

このような政策的な背景のもとに，開発方式としては河川の流域圏を想定した「定住圏」構想を打ち出す。自然と調和した人間の居住空間の形成が謳われたものの，明確な産業政策の提起はなかった。当時は構造不況のもとで，これまで日本をリードしてきた「重厚長大」型の鉄鋼，石油化学等の重化学工業に代わる産業の展望がみえなかったところに，大きな制約があったといえる。

⑵　「テクノポリス」構想

だが，1980年代に入ると，「テクノポリス」構想が通産省から提起される。「テクノポリス」は和製英語で，テクノロジー（技術）とポリス（都市）をつないだ言葉である。当時，米国のシリコンバレーでコンピュータをはじめとする先端産業が成長し始めており，日本においてもこの電子機器やバイオテクノロジー，あるいはニューセラミック等の先端産業の立地の動きが現れつつあった。これらの先端産業を立地させる日本版のシリコンバレーをつくっていくことが，政策的な目的となったわけである。

「テクノポリス」は，全総のように国土の不均衡を是正することが目的ではなく，あくまでも新しい先端産業の立地条件を整備する産業立地政策として登場した。このために，政府は1983年５月に高度集積地域開発促進法（通称：テクノポリス法）を公布する。同法により地域指定を行って，固定資産税の優遇や地域フロンティア技術開発補助金の交付を行うこととした。

当初は数か所を指定するつもりだったが，特定地域総合開発や新産業都市のときと同様，多くの地域が立候補した。最終的には，全国26地域が指定される。指定地域の要件として，①すでに都市機能を一定備えた「母都市」の存在，②先端企業と共同研究を行える工科系大学の存在，③空港や高速道路など高速輸送施設の整備，④一定面積以下の圏域（半径20km，13万ha）であることがあげられた。半導体に示されるような高付加価値製品は，鉄鋼に典型的な「重厚長大」型産業との対照で「軽薄短小」型産業といわれた。工業立地の特性として前者が臨海型であったのに対して，後者は臨空型，内陸型であることを意識した要件設定である。

しかし，当初クリーンイメージが強かった先端産業の大気汚染，地下水汚染問題が「ハイテク汚染」として問題になったり，「シリコンサイクル」と呼ばれる急速な技術開発競争のために工場の閉鎖・撤退のスピードも速く，それにより地域経済への打撃も目立つようになる。実際，1991年のバブル崩壊後，開発計画の当初目標を大幅に下回る地域が続出することになった。

4 経済構造調整と四全総・五全総

(1) 東京改造計画と四全総

第2章でみたように，1980年代前半に，日本は欧米への「集中豪雨型」輸出でいち早く2度のオイルショックから脱出するが，それによって日米貿易摩擦が深刻化した。このため，1986年4月，当時の中曽根康弘首相は米国のレーガン大統領との首脳会談に際して，『前川リポート』を持参し，それまでの輸出主導型経済構造から内需主導型経済構造へと転換する経済構造調整を対外公約することになった。

この内需主導型経済構造を作り上げるために策定された国土計画が，第四次全国総合開発計画（四全総）である。同計画では，『前川リポート』にある内需拡大のための具体的プロジェクトが盛り込まれていく。

内需拡大の核をなす公共投資計画は，当初の430兆円から，その後の日米構造協議を通じて1994年には630兆円と膨れ上がった。だが，財政制約のもとで，高度経済成長期のように補助金を投下して公共投資を行っていくことは難しい時代に入っていた。そこで登場したのが，規制緩和・民間活力（民活）の導入という手法であった。

日本の経済界も，中曽根首相に対して規制緩和・民活による市場拡大を強く要求した。その中心になったのが，1983年に設立されたJAPIC（日本プロジェクト産業協議会）である。JAPICは，鉄鋼，造船，プラント等，オイルショック後に構造不況に陥った重厚長大産業の企業群によって結成されたものであり，トップは経団連会長も務める新日本製鐵の斎藤英四郎会長であった。JAPICは，従来のような公共事業の受注を待つのではなく，積極的に大型プロジェクトを提案していくことによって，収益の安定的確保を図ろうとしたのである。具体的には，東京湾横断道路や幕張メッセ，あるいは関西新空港や中部新国際空港，京都駅ビル，さらにリゾート開発や博覧会・イベントの開催等々のプロジェクトを傘下の関西経済連合会や中部経済連合会といった地域組織とともに提案し，それが四全総のなかに盛り込まれていく。

中曽根首相が特に力を入れたのは，「アーバン・ルネッサンス」による東京大改造であった。都市計画法，建築基準法の改正によって，高さ規制，立地規制等を緩和することにより，都心部での大規模再開発や臨海部でのウォーターフロント開発を進め，多国籍企業時代にふさわしい「世界都市＝東京」の形成をめざした。四全総の中間報告では，東京一極集中を是認し，加速する素案を作成したが，その是正を求める地方6団体等からの強い反発を受け，最終的には「多極分散型国土の構築」を目標とし，1987年に閣議決定される。

四全総の開発戦略は，「交流ネットワーク構想」と名づけられ，各種地域拠点（中枢都市機能，先端技術産業，農林水産業，国際交流等）の整備と併せて，それらを結ぶ基幹的交通・情報・通信体系の整備，ネットワーク化を推し進めるとして，新全総で提起された新幹線，高速道路，空港の整備を公共投資として進め，最終的に「全国１日交通網」を構築することを目標とした。

以後，内需拡大の名による東京大改造をはじめとする都市再開発と地方でのリゾート開発が進められていく。リゾート開発は，当時の日本の「働き蜂」，長時間労働が批判されるなかで余暇時間を拡大すること，そのために余暇ビジネスを育成する目標も重ねて，法律もつくって，全国的にリゾート開発が展開された。リゾート地域は，道路や水道，電気・通信網が必要不可欠であり，ホテルやスキー場，マリーナを含む建設市場の形成が期待されたのである。

こうした日本列島改造の再来ともいえる開発ブームが広がるなかで，バブル景気が地価高騰をともないながら出現することになる。

⑵　バブル崩壊と五全総

だが，バブル景気は1991年には崩壊し，大都市部では民活手法で設立された都市再開発関係の第三セクターの経営破たんが発生し，関西新空港関連ではりんくうタウン構想が崩れ，大阪府財政が破たん状態に陥る。リゾート開発地では，ゴルフ場，スキー場，ホテル経営が破たんするとともに，乱開発によって森林や海岸の荒廃が問題化する。

そのため四全総への批判が高まり，1998年には５番目の全総が策定される。五全総策定の中心に座った下河辺淳は「最後の全総」という言い方をし，五全総の呼称も，あえて「新しい全国総合開発計画」あるいは「21世紀の国土のグランドデザイン」とした。

これは，四全総への批判があまりにも強かったことの現れである。同時に，経済のグローバル化が進むなかで，一国の国土計画そのものがもつ限界性，矛盾が明らかになってきたことも背景にある。

五全総において基幹事業として位置づけられたのは，１つは，グローバル化をにらんだインフラ整備である。すなわち，太平洋ベルト地帯だけを強化した従来の国土軸に加えて，複数の別の国土軸を加えていく。それをさらに横につなげていく地域連携軸を配置することによる「多軸型国土構造の形成」を，計画の目標に据えた。これは明らかに，高速道路，高速鉄道，あるいは空港の建設をグローバル化と結び付けた大型公共事業として継続する政策だった。

もう１つは，都市においてはリノベーション，いわゆる再開発を重視していく方向である。農村においては多自然居住ということで，都市と農村の交流拠点として整備をしていくとした。逆にいえば，農村における農業の生産機能にはこだわらないという政策が採られていくことになる。

さらに国や地方自治体の財政制約のもとで，公共投資を進めるために，PFI (Private Finance Initiative) 等の民間活力の導入を積極的に行うことによって資金を確保する方向も示される。

§Ⅱ　経済のグローバル化と国土計画

1　国土形成計画法の制定

(1)　国土形成計画法の制定

2001年に小泉純一郎内閣が発足し，構造改革が推進されるなかで，国土総合開発法の見直しが検討されるようになる。その結果，2005年に国土形成計画法が制定された。この法律は，半世紀ぶりに国土総合開発法を全面的に見直し，新法として国土計画策定の枠組みを定めたものである。

政府は，法制定の目的として，〈開発中心からの転換，国と地方の協働によるビジョンづくり，計画への多様な主体の参画，国土計画体系の簡素化・一体化〉を掲げた。国土総合開発法に基づく全総は，国土開発を時どきの産業政策，経済成長政策を遂行するために，国が主導してトップダウン的に策定されたものであった。しかし，経済のグローバル化が進行するとともに，ローカルな地域ごとの個性的な計画づくりや，開発中心の政策からの転換が求められるようになったのである。その意味で，国土形成計画法の制定は，経済のグローバル化段階に対応する国土計画を志向したものとして画期をなすものといえる。

この国土形成計画は２層の計画構造になっており，全国計画とともに，北海道と沖縄県を除く地域を８ブロックに分け，そこで広域地方計画を策定するしくみとした（図表３-２）。最初の国土形成計画の全国計画は2008年７月に，８ブロックごとの広域地方計画は2009年８月に策定された。

全国計画では，従来の「一極一軸型の国土構造を是正」し，グローバル化や人口減少時代という時代認識のもとに，「多様な広域ブロックが自立的に発展するとともに，美しく，暮らしやすい国土の実現を目指」し，①「東アジアとの円滑な交流・連携」，②「持続可能な地域の形成」，③「災害に強いしなやかな国土の形成」，④「美しい国土の管理と継承」および「『新たな公』を基軸とする地域づくり」を戦略的目標として掲げた。

この全国計画と広域地方計画の関係については，「国は，国家戦略上の見地から必要とされる施策の実施に加え，自立的に発展する広域ブロックの形成を促進するため，広域地方計画に基づく国際競争力の強化等を目指した重点施策や官民による地域戦略を支え効率的・効果的に実現するための基盤整備等の支援，各地域の知恵と工夫の競い合いのための支援や環境整備など，国としての支援を総合的に推進していく」と述べられており，国際競争力の強化等の国策に対応した重点施策や基盤整備の推進を優先することが示されていた。

⑵　道州制導入論と広域地方計画策定

実は，この広域ブロック化は，当時，日本経団連が政策提案していた道州制や市町村再編（合併）論と対応したものであった。日本経団連は，2003年に新ビジョン「活力と魅力あふれる日本をめざして」においてすでに道州制の導入を提言していたが，財界からの要求を受けて，小泉内閣下の第28次地方制度調

図表 3－2　国土形成計画広域地方計画の地域区分

注：※1　合同協議会（北陸圏と中部圏，中国圏と四国圏）：日本海と太平洋の両海洋を活用した広域物流体系や国際観光ルートの構築。中部山岳地域における国土の保全・管理の一体的推進（北陸圏と中部圏）。瀬戸内海における国土の保全・管理の一体的推進（中国圏と四国圏）。

※2　分科会（北関東地域）：北関東地域３県（茨城，栃木，群馬）の自立的発展。東北圏の福島，新潟を加えた５県での広域連携の取り組み。

出所：国土交通省ホームページによる（http://www.kokudokeikaku.go.jp/share/images/plan/ill07_l.gif）。

査会は「道州制のあり方に関する答申」をまとめる。第一次安倍内閣においてそれをさらに具体化するために，道州制担当大臣がおかれ，道州制ビジョン懇談会において本格的な制度導入の検討を開始していた。

これに対して，日本経団連も道州制推進委員会を設置し，その委員長（中村邦夫パナソニック会長）が，安倍内閣のもとにおかれた第29次地方制度調査会の会長を務めることになる。財界が道州制を求める理由として，当時の御手洗冨士夫会長（キャノン会長）は，「日本の経済成長力を取り戻す」ためには，外資系企業を誘致するための国際空港・港湾・都市高速道路の「インフラの整備」と，「道州制による地方分権」が必要だとした（『文藝春秋』2008年7月）。その道州制構想では，現状の都府県の廃止と国の出先機関の統廃合を前提にしていたが，これによって10兆円前後の財源が浮き，それを多国籍企業対応のインフラ整備に「選択と集中」で行うことを想定したものであった。

国土形成計画における北海道，沖縄県を除く8ブロックも，これらの道州政府の広がりと重なり合うものであった。そこでもう1つ注目されるのは，広域地方計画を策定する広域地方計画協議会の構成員である。前述したように，政府機関の代表者に加え，地方自治体の関係者および民間人として各ブロックの財界代表者が入ったことである。とりわけ，東北圏，北陸圏，近畿圏，四国圏，九州圏では，各ブロックに対応する地域財界団体である東北経済連合会，北陸経済連合会，関西経済連合会，四国経済連合会，九州経済連合会の会長が協議会会長を務めることになった。各協議会では，地域財界団体や自治体からの開発プロジェクト構想を取りまとめる形で広域地方計画を策定しただけでなく，向こう10年間の社会資本整備計画（公共投資計画）も策定する形になった。

したがって，国土計画の地方分権化の内実は，各地方財界の社会資本整備要求がブロックごとに通りやすくなったという側面が強く，住民の要望や意見が十分に反映するような運営にはなっていないという問題を残している。

2　『増田レポート』と国土形成計画の見直し

(1)　第二次安倍内閣と『増田レポート』

2012年12月，民主党政権に代わり，第二次安倍晋三内閣が発足する。安倍首相は，第一次内閣以来の宿願である道州制推進基本法案の国会上程をめざしたが，さらなる市町村合併を警戒する地方団体や党内からの反対意見が強く，強く推進することができない状況におかれた。

そのような行き詰まりのなかで，2014年5月に，一民間組織である日本創成会議（座長・増田寛也元総務大臣）が『ストップ少子化・地方元気戦略』（以下，『増田レポート』）を発表する。若年女性人口が2040年までに5割以上減少する自治体を「消滅可能性都市」，うち人口1万人未満の市町村を「消滅自治体」と名指しして自治体名を公表したうえで，「消滅」が避けがたい自治体では周辺にある地域拠点都市との連携を進め，その拠点都市に行政投資や経済機能の選択と集中を進めるべきだとしたのである。

このレポートは「消滅可能性都市」･「極点社会」論として，マスコミがこぞってセンセーショナルに報道し，リストに掲載された自治体では次々と対策組織体がおかれることとなった。そして，「消滅可能性都市」という言葉は，「消滅自治体」さらに「地方消滅」（増田寛也編『地方消滅』中公新書，2014年）とエスカレートしていき，地方自治体の危機感を煽りながら，安倍内閣は2014年９月の内閣改造で「地方創生」を重点施策として打ち出し，石破茂前幹事長を担当大臣に据えるに至る。

併せて，安倍内閣のもとでは，『増田レポート』を前提にして，人口減少社会に対応した新たな地方制度のあり方を審議するために第31次地方制度調査会が設定され，同会長には再び日本経団連副会長で道州制推進委員長が就任する。

もうひとつの改革の柱が，国土形成計画の見直しである。国土交通省において，2050年に向けての新たな長期計画である『国土のグランドデザイン2050』の策定作業が進められていたが，その情勢認識に『増田レポート』の内容が採り入れられ，2014年７月に正式決定された。そこでは，現在の状況として『増田レポート』をベースにした「地域存続の危機」と「巨大災害の切迫」が指摘され，それに対する基本戦略としてコンパクトな拠点とネットワークの構築等10項目があげられている。

⑵　新たな国土形成計画の策定

この長期計画に基づいて，国土交通省は2015年８月に新たな国土形成計画（全国計画）を策定し，これが閣議でも了解される。同計画の謳い文句として「本格的な人口減少社会に初めて正面から取り組む国土計画」が掲げられた。

同計画の計画期間は2015～25年までの10年間であり，同計画では〈2020年東京オリンピック・パラリンピック競技大会の前後にわたる「日本の命運を決する10年」〉と位置づけられている。

同計画で設定されている国土づくりの目標は，①安全で，豊かさを実感することのできる国，②経済成長を続ける活力ある国，③国際社会の中で存在感を発揮する国であり，人口減少や災害問題を指摘しながらも，経済成長を図ることを優先していることがわかる。

国土形成の基本戦略として据えられているのは，〈「対流促進型国土」を形成するための重層的かつ強靱な「コンパクト＋ネットワーク」〉であり，その内容として，「『コンパクト』にまとまり，『ネットワーク』でつながる」，「医療，福祉，商業等の機能をコンパクトに集約」，「交通，情報通信，エネルギーの充実したネットワークを形成」，「人口減少社会における適応策・緩和策を同時に推進」という項目が立てられている。

具体的には，日本列島の広がりにおいて，リニア新幹線建設を大前提に三大都市圏を結合した「スーパーメガリージョン」を形成すること，それ以外の地域では「コンパクト＋ネットワーク」によるコンパクトシティ，「連携中枢都市圏」を構築すること，さらに中山間地域では「小さな拠点」を整備することが盛り込まれている。また，「『選択と集中』の下での計画的な社会資本整備（安全安心インフラ，生活インフラ，成長インフラ）」も大きく位置づけている。

一方，東京一極集中の是正策として，「東京一極滞留を解消し，ヒトの流れを変える必要」，「魅力ある地方の創生と東京の国際競争力向上が必要」という項目が立てられているが，その先にある国土像は，「『住み続けられる国土』と『稼げる国土』の両立」というものである。後者がグローバル都市として純化すべきとする東京圏であるが，このような文学的表現によって，同計画がいう「国土の均衡ある発展」が実現するとはとても考えられない。むしろ，これまでの新自由主義的な構造改革政策に基づく「選択と集中」による格差の拡大と国土の荒廃が，いっそう進むことになるであろう。

図表3－3　人口規模別自治体数・人口・面積比重（2012年）　（単位：％）

	自治体数	人口	面積
100万人以上	0.6	15.5	1.6
50～100万人	1.4	12.8	2.4
20～50万人	5.7	24.4	7.6
10～20万人	9.0	16.9	10.7
5～10万人	15.7	14.8	16.9
3～5万人	13.8	7.3	13.6
1～3万人	25.9	6.5	22.6
1万人未満	27.8	1.9	24.7
合　計	100.0	100.0	100.0
（うち20万人～）	7.7	52.6	11.5

注：人口は，年度末の住民基本台帳人口。面積は，10月1日現在。
出所：総務省『市町村別決算状況調』2012年版から作成。

また，人口20万人以上の連携中枢都市に経済機能だけでなく行政投資を集中する地方創生総合戦略も立てられたが，図表3－3で示したように2012年時点で20万人以上都市は，人口の過半を占めてはいるものの，面積は1割に過ぎない。大都市にとっての水源地や国土保全の役割を果たしているのは，中山間地域に存在する人口小規模自治体であり，災害リスクを低め，農山村資源の活用を図るためにも，大都市と小規模自治体を連携する国土政策こそが求められている。

この全国計画に基づいて，2015年度中に広域地方計画の策定がなされた。これに関連して，全国計画は「地方の施策への反映」を強く求めている。広域地方計画の各自治体における地方創生総合戦略づくりへの反映を求めたものであり，依然としてトップダウン的な色彩が強いといわざるをえない。

§Ⅲ　住民のための国土政策へ

戦後日本の国土政策は，国土総合開発法時代においては国の経済計画や産業政策を地域において具体化するためにトップダウン的な計画策定や推進体制のもとで展開されてきた。だが，それは四全総によって典型的に示されたように，経済社会だけでなく，自然破壊によって国土の持続性をも危機的な状況に陥れる根本的な問題を生み出した。

他方，経済のグローバル化や地方分権化の進展は，従来の国土総合開発法に基づく計画行政の見直しを迫った。この結果，国土形成計画法が成立し，全国計画と広域地方計画の二重の国土計画が，地方自治体や民間の声を吸い上げる協議会方式で策定，実施に移された。しかし，広域地方計画も，民間代表として地域財界団体が主導するように，地域の主人公である住民の意思を反映するしくみとしては限界があった。

結果的に，「多国籍企業に立地してもらえる国づくり，地域づくり」という経団連が提言した「グローバル国家」や，それを地方制度や公共投資計画で保障する道州制の議論とも結び付いた計画内容になっているといえよう。

このような多国籍企業の立地を何よりも重視していく地域政策は，日本だけでなく，英国やドイツにおいても見られる方向である。だが，多国籍企業立地

★コラム3-1　震災復興は誰のために

2011年3月11日に発生した東日本大震災は，津波被害と福島第一原発事故をともない，戦後最大の惨事となった。菅直人民主党内閣は「創造的復興」を掲げ，「東北の復興なくして日本の復興なし。日本の復興なくして東北の復興なし」という復興原則を掲げた。その後を継いだ安倍内閣は，復興予算の規模を19兆円から25兆円に引き上げ，「国土強靭化」を掲げた公共事業や，規制緩和を軸に外資系企業の誘致も念頭においた復興特区制度を重点的に行った。

しかし，2015年10月時点で未だ19万人が仮設住宅等での避難生活を余儀なくされていたり，震災関連死者数が15年9月末で3400人を超え，そのうち福島県被災者が過半を超えるなど，住宅再建や生業再建の遅れ，さらに福島県内における放射能除去の遅れが目立っている。他方で，震災復興予算が，被災地とは関係のない工事や東京に本社を置く大企業に流用されている事態が発生し，「惨事便乗型復興」，あるいは「復興災害」という批判を浴びている。

阪神・淡路大震災時の復興予算の9割も，市外企業に流出し，それが被災地の産業復興を遅らせたという指摘がなされたが，その教訓が前述の復興原則にある「日本の復興」優先政策のなかで，生かされなかったといえる。

これに対して，被災地の「人間の復興」こそが優先されるべきだという岩手県や被災自治体において，自治体と被災企業，協同組合とが連携した地域内経済循環の再構築による復興の取り組みが広がりつつある（詳細は，岡田知弘・自治体問題研究所編『震災復興と自治体』自治体研究社，2013年，塩崎賢明『復興〈災害〉』岩波新書，2014年を参照)。

促進型の国土政策は，いくつかの矛盾を抱えている。

第1に，グローバル化によって，国内における格差と貧困が拡大し，地域的不均等がきわめて激しくなってきているなかで，多国籍企業の利益を最優先した国土政策では，地域経済や住民生活の持続的発展を保障できないことである。

第2に，この間のグローバル化政策の帰結として，日本では食料およびエネルギー資源の自給率が大きく低下している。住民の生活と産業の基盤となる食料とエネルギーの安定的確保をいかに行うかが問われている。TPPによってさらに輸入依存度が高まれば，その持続性は確保できない。荒廃した農地や山林を生かし，農産物や再生エネルギーを確保することで地域経済の持続性が保障されるであろう。

第3に，国土計画そのものに関していえば，はたして一国規模の国土計画をトップダウン的に策定する意味がどれほどあるのか，改めて問うてみる必要がある。例えばドイツにおける国土計画は，空間整備計画という形で国家レベルでは原則的な条項しか定めていない。そのうえで一番基本になるのは地域の，とりわけ市町村の地区計画である。まちのなかでの小街区での計画が最も詳細なものであって，それを積み上げげながら各空間レベルでの計画をボトムアップ型でつくっていく計画体系になっている。日本においても地方分権が進められているが，その理念から考えれば，住民の生活領域である集落や街区に基盤をおいた計画を積み上げていくことが必要になっているといえる。

いずれにせよ，少数の多国籍企業の短期的利益を第1にした「収益性」重視ではなく，圧倒的多数の国民や住民の「人間らしい生活」とその国土の持続的発展を最重要視した政策への転換が，グローバル化時代だからこそ，そして災害列島化しつつある時代だからこそ，求められている。

【文献ガイド】

宮本憲一『社会資本論』有斐閣，1967年

現代資本主義における地域開発政策の主要部分をなす公共投資を，社会資本論の視点から，国際比較もしながら，理論的・歴史的に解明した古典的な研究書。

宮本憲一『地域開発はこれでよいか』岩波新書，1973年

河川総合開発政策，新産業都市，そして新全総と日本列島改造論を，理論と実証の両面から明らかにした著作。沖縄問題も採り上げている。

岡田知弘『地域づくりの経済学入門』自治体研究社，2005年

地域経済学の視点から，日本の地域開発政策の展開および，特に四全総時代の地域開発政策を実証的に検討するとともに，それに代わる地域内再投資力と地域内経済循環を構築する地域再生の方向性を提示した著作。

岡田知弘『道州制で日本の未来はひらけるか〔増補版〕』自治体研究社，2010年

道州制導入論の理論的系譜と問題点を地域経済学の視点から解明するとともに，国土計画と道州制との関係を明らかにしている。

岡田知弘『「自治体消滅」論を超えて』自治体研究社，2014年

2014年5月に日本創成会議が発表した自治体消滅論とそれに基づく地方創生論を批判的に分析したうえで，その議論枠組みを超える地域再生の理論的・実践的展望を示した著作。

◀問題――さらに考えてみよう▶

Q 1　戦後日本の国土開発政策は，どのような成果と問題を生み出したか。その原因も含めて，考えてみよう。

Q 2　自分が住んでいる地域開発の歴史，あるいは現在進められている地域開発政策を調べてみよう。

Q 3　国土開発政策は，誰のために，何を目的にして進められるべきか，具体例に基づいて，みんなで議論してみよう。

【岡田知弘】

Chap. 4

中小企業政策を考える

▶発展可能性の模索

★中小企業に目を向けてみよう

「中小企業」と聞いて，どのような企業をイメージするだろうか。自動車産業をはじめとするリーディング・インダストリーを牽引する大手メーカーの協力企業だろうか。人工衛星「まいど1号」や「下町ボブスレー」などで脚光を浴びた，独自の技術や技能をもっている町工場だろうか。あるいは商店街でいつも威勢よくコロッケを売っている精肉店だろうか。それとも，「ベンチャー企業」といわれるような，リスクを冒しながらも新たな市場を開拓していく企業だろうか。頭に浮かぶ中小企業の姿は多様であるに違いない。

本章で着目する中小企業政策は，中小企業が抱える問題を解消し，活力を発揮させ，成長発展を図ることを目的としている。中小企業政策における中小企業に対する視点の変化を踏まえつつ，その歴史的変遷を通じて，中小企業政策のあるべき姿を考えてみよう。

§Ⅰ　中小企業とは何だろう

1　中小企業の異質多元性

中小企業のイメージが多岐に及ぶのは，なぜだろうか。それは，「中小企業」という言葉の定義に起因するものと考えられる。図表4-1をみてみよう。中小企業の定義は，業種ごとに資本金・出資金の金額規模や従業員数といった量的規定に基づいている。これに該当する企業は，すべて中小企業として把握されている。

では，日本には中小企業がどの程度存在しているのだろうか。2012年の『経済センサス』によると，日本国内に企業は386万3530社存在しているが，そのうち385万2934社が中小企業であり，その割合は実に99.7％にものぼる。従業者総数では4613万8943人のうち，3216万7484人（同69.7％）が中小企業で働い

図表 4－1　中小企業者の定義

業種分類	中小企業基本法の定義
製造業その他	資本金の額又は出資の総額が３億円以下の会社又は常時使用する従業員の数が300人以下の会社及び個人
卸売業	資本金の額又は出資の総額が１億円以下の会社又は常時使用する従業員の数が100人以下の会社及び個人
小売業	資本金の額又は出資の総額が5000万円以下の会社又は常時使用する従業員の数が50人以下の会社及び個人
サービス業	資本金の額又は出資の総額が5000万円以下の会社又は常時使用する従業員の数が100人以下の会社及び個人

出所：中小企業庁。

ている。新聞やテレビでは，大企業の動向にスポットが当てられることが多いが，量的に圧倒しているのは中小企業である。これだけの数の中小企業が存在するとなれば，多様なイメージをもつのも当然であり，中小企業が「異質多元」と表現されるのは，まさにそのためである。

中小企業の１企業当たりの経済的なインパクトは，広く名前が知られている大企業と比べれば大きくはないだろう。しかし，私たちの周りには中小企業の方が多く，地域の雇用の受け皿となっていることはもちろんのこと，地域経済の主要な担い手としての役割を果たしているのである。

2　中小企業政策とは何か

ところで，中小企業政策とはどのような政策だろうか。なぜ，中小企業を対象にした政策が必要なのだろうか。中小企業政策の対象と目的，その政策主体について考えてみよう。

最初に，中小企業政策の必要性を考えるうえで，２つの理由を採り上げてみよう。第1に，中小企業は，中小企業であるがゆえに，様々な問題を抱えていることである。例えば，生産性や賃金面，金融面で大企業との間に格差があることや，取引条件において不利性を有している。中小企業の事業活動は，大企業と同様に，自由競争を前提とした市場経済で行われている。しかし，市場経済のなかでこれらの問題が解消されない場合には，経済発展や福祉の向上にも

図表４－２　中小企業認識の変化

戦後（1940年代）	健全な独立の中小企業／経済民主化／自由競争
1950～60年代	経済の二重構造／格差是正／近代化・高度化
1970年代	中小企業の多様性／知識集約化／ 「ベンチャー企業」／「中堅企業」
1980年代	活力ある多数としての中小企業
1990年代	創造の母体としての中小企業
2000年代	市場競争の苗床／イノベーションの担い手／ 就業機会を創出する担い手／地域経済社会を発展させる担い手
2010年代	経済を牽引する力であり，社会の主役／ 厳しい内外環境を勝ち抜く自立的な中小企業

出所：『中小企業白書』各年代中小企業ビジョン等より作成。

支障が生じる。そのため，政策的な介入が必要になる。

第２に，中小企業の発展可能性を広げるために，政策的な支援が行われる点である。中小企業は層として存在し，新たな市場創造や新規創業等を通じて，日本経済の発展に寄与してきたが，そうした活力を十分に発揮できるようにするためのものである。

以上の問題性と発展可能性は，中小企業が併せもつ２側面である。後述する政策主体が，これらの側面のうち，どちらを重視して中小企業を認識しているのかを示したものが図表４－２である。問題性に重きをおいた認識であるのか（問題型中小企業認識），発展可能性に重きをおいているのか（貢献型中小企業認識）によって，日本の中小企業政策はその枠組みを変化させてきているのである。

最後に，中小企業政策の政策主体についても触れておこう。中小企業政策を行う主体は，政府（中央・地方）である。中央政府のうち，中小企業政策に関しては，中小企業庁がその中心である。中小企業庁は，経済産業省の外局にあり，中小企業政策は経済産業省による産業政策の影響を大きく受けている。

また，地方政府も，政策主体としての役割を担うようになってきている。従来，政策立案は国が行い，地方政府は実施する位置づけに過ぎなかったが，近年では，中小企業に対する支援策の立案から実施までを，県や市区町村などの地方自治体が，国との役割分担を踏まえて行うようになってきている。

§Ⅱ　中小企業政策の全体像

1　経済民主化政策の頓挫

中小企業政策は，第二次世界大戦後に体系的に整備される。本節では，中小企業政策の理念・目的に焦点を当て，中小企業政策の変遷を確認していこう。

戦後に政策として展開されたのが，中小企業庁設置法（1948年）に基づく中小企業庁の設置である。当時，日本を統治していたGHQ（連合国軍総司令部）により，財閥解体などの経済民主化政策の一環として，独占禁止法（1947年）とともに同法が制定された。

とはいえ，中小企業庁の設置は，GHQだけが要求していたわけではない。大企業を中心に重要産業復興策（傾斜生産方式）が採られており，原材料を中心とした物資や資金が，優先的に大企業へ配分されていた。そのため，戦後復興の過程において，中小企業問題が生じることとなった。このような事態に際して，全日本中小工業協議会（全中協）などの中小企業による団体が組織され，中小企業への資材や資金の配分などを要求する運動が展開された。中小企業者による運動の成果もあり，1947年に中小企業振興対策要綱が策定された。その中で「中小企業総局」として中小企業に対する専管機関の設置が提起され，翌年の中小企業庁設置法の制定へ向かうことになったのである。

中小企業庁設置法は，大企業とも対等な取引関係を結べる力をもつ，健全で独立した中小企業の育成発展，さらにそうした中小企業の経営を向上させるための諸条件を確立させることを目的としていた。健全で独立した中小企業が経済力の集中を防ぎ，自由に市場に参入できる条件をつくるとみていたのである。このことから，戦後初期の中小企業政策は経済民主化政策として捉えられている。

しかし，ドッジラインによる深刻なデフレ不況により，中小企業は大きな打撃を受けた。また1950年から始まった朝鮮戦争では，戦争による特需が生じ，輸出が急増する事態になった。財閥解体は1952年に完了するものの，この動乱期において，企業集団として大企業体制が復活した。また工業部門の中小企業では，大企業の下請に転じるものも少なくなかった。経済民主化を目的とした中小企業政策は，大きく後退することになる。

2　二重構造論と中小企業の近代化

「もはや戦後ではない」という言葉が経済白書に踊ったのは，1956年である。高度経済成長期へ突入した日本経済では，近代的な大企業部門と前近代的な中小企業部門との間で，生産性や賃金に著しい格差があるとする，経済の「二重構造」論が成長の隘路として論じられるようになる。そのため，中小企業政策では，大企業と中小企業の二重構造を，中小企業の近代化と成長によって解消させることが課題となった。

二重構造論的な捉え方に問題がなかったわけではない。というのも，二重構造論は中小企業の多様性や重層性を視野に入れることなく，中小企業を一面的に遅れている部門として問題視しているからである。戦後復興期にはあった経済民主化の理念が見失われ，近代化と成長こそが，中小企業の後進性や，先進部門との断絶も解消しうると考えられたのである。

こうしたなかで，本格的な近代化政策が展開されることになる。「機械工業振興臨時措置法（機振法）」（1956年），「電子工業振興臨時措置法（電振法）」（1957年），「繊維工業設備臨時措置法（繊工法）」（1956年）といった法律が相次いで制定された。これらは，すでに大企業分野によって合理化策が実施されており，同様の合理化策が中小企業分野においても開始されたものと位置づけられる。とはいえ，機振法や電振法は，中小企業のみを対象にしているわけではなく，中小企業の比重が大きい業種を対象にしていた。特に機振法では，その合理化計画の内容が相当に高度であったため，対象になるのは中小企業層の中でも上位層に限定されていた。また，繊工法では，構造的な不況に陥っていた繊維工業で，スクラップ・アンド・ビルドを行いながら，合繊などの新分野への展開などを推進し，体質改善を進めようとした。

これらの政策の対象にならなかった中小企業層に対しては，「中小企業振興資金助成法」（1956年）によって，中小企業組合や個別中小企業を対象にした設備近代化政策が進められた。業種別近代化と中小企業組合を受け皿にした近代化政策は，1960年代に体系化されることになる。

1963年に，中小企業政策を体系化した中小企業基本法（以下，基本法）が制定された。基本法の目的は，中小企業と大企業との間に存在する生産性，企業所得，賃金等の格差を是正し，中小企業経営の安定とその従事者の生活水準の向上につなげることであった。基本法体系では具体的な施策として，中小企業の設備の近代化を図ること，中小企業構造の高度化（企業規模の適正化，事業の共同化，工場・店舗等の集団化，事業転換，小売商業の経営形態の近代化），中小企業の取引条件の不利是正や下請取引の適正化などがあげられた。

基本法の実施法として，「中小企業近代化促進法（近促法）」(1963年）が制定された。近促法では，近代化が必要とされる業種を指定し，業種別に個別企業を対象に近代化計画が策定され，その計画書に基づいて税制面や金融面での優遇措置が施された。しかし，スケールメリットの追求に傾倒したことから，中小企業層のうち有力な中小企業の規模適正化は進んだものの，中小企業層内部での企業間格差を拡大させることになった。そのため，1969年には近促法が改正され，業種別組合による「構造改善」事業が実施された。

構造改善事業の指定を受けた特定業種は，毎年度増加の一途をたどった。当初の目的であった，「国際競争力の強化に寄与する業種」を指定するだけでなく，中小企業性の業種を網羅的に指定したからである。このことからもわかるように，保護政策的な側面を有しており，中小企業の集約化にも失敗したとの評価がある。

3　変容する中小企業認識と政策プランの多様化（1970〜80年代）

1970年代に入ると，中小企業に対する認識の変化がみられるようになる。高度経済成長は多数の中小企業を生み出しただけでなく，近代化や規模拡大を遂げることで，中小企業の範疇に留まらない企業層を出現させた。1960年代にはすでに「中堅企業」と呼ばれる層が現れていたが，70年代には「ベンチャー企業」と呼ばれる企業群も出てきており，この時期には二重構造論的な認識からの転換が進んでいたとみてよいだろう。

1970年代の中小企業政策の特徴としては，次の３点がある。第１に，1972年に中小企業審議会から「70年代の中小企業のあり方と中小企業政策の方向について（70年代中小企業政策ビジョン）」が提出されたが，中小企業政策は同ビジョンを基に展開されるようになった。

第2に，近代化政策は「知識集約化」をキーワードにした政策を展開するようになったことである。ドルショック（1971年），オイルショック（1973年）のように外的環境が大きく変化するなかで，中小企業の発展について，スケールメリットの追求から質的な転換を進めようとした。知識集約化の中身については，新製品の開発，デザインの開発，人材育成等が念頭におかれている。

第3に，「70年代中小企業政策ビジョン」に依拠しながらも，その時どきに直面した外的環境の変化への対応策が展開された。「中小企業事業転換対策臨時措置法（事業転換法）」（1976年），「円相場高騰関連中小企業対策臨時措置法（円高法）」（1978年），「特定不況地域中小企業対策臨時措置法（旧城下町法）」（1978年），「産地中小企業対策臨時措置法（産地法）」（1979年）などが政策プランとして展開された。

他方で，1970年代には，小売業に対しても注目すべき政策が打ち出された。当時としては新業態の小売店として，スーパーマーケットが出店攻勢を極めていた。そのなかで，「中小小売商業振興法」（1973年）や「大規模小売店舗における小売業の事業活動の調整に関する法律（大店法）」（1974年施行）が制定された。

中小小売商業振興法では，商店街のアーケード整備など，ハード面での近代化が進められた。他方で，大店法は，スーパーマーケットに対して出店調整を行うものであった。スーパーマーケットの進出により，既存の中小小売店が影響を受ける場合に，相互の利害を調整する役割を有していた。大型店の出店調整を行う百貨店法がすでに存在していたが，スーパーマーケットは規制の対象にはなっておらず，同法によって規制の対象としたのである。

1980年代に入ると，「80年代の中小企業のあり方と中小企業政策の方向性について（80年代中小企業政策ビジョン）」が出された。ここでは，第1に，中小企業が活力ある多数として積極的な存在であると再認識していること，第2に，70年代の知識集約化からさらに踏み込んで，情報・技術・人材などソフトな経営資源充実のための施策展開が必要であること，第3に，定住圏構想などの影響も受けて，地域重視の視点が前面に押し出されていることが特徴である。

さらに，1980年代には，ソフトな経営資源充実のための施策のほか，プラザ合意にともなう円高不況への対応なども迫られた。具体的には，「中小企業技術開発促進臨時措置法（技術法）」（1985年），「異分野中小企業者の知識の融合化による新分野の開拓の促進に関する臨時措置法（融合化法）」（1988年）がソフトな経営資源充実のための施策として展開された。また，円高不況対策としては，「特定中小企業者事業転換対策等臨時措置法（新事業転換法）」（1986年），「特定地域中小企業対策臨時措置法（特定地域法）」（1986年）などによって事業転換が進められた。

4　中小企業政策の競争政策的側面の登場（1990年代）

1989年に東西冷戦が終結し，世界はグローバル経済化へ向けてそのスピードを増していった。他方で，日本経済はバブルの崩壊とともに，「失われた20年」の長期不況へ突入することになった。

中小企業政策のスタンスを示すものとして，1970・80年代と同様に，「90年代の中小企業ビジョン」が提起されている。90年代の政策思想は，「グローバリゼーションと情報化の大波に対して中小企業の積極的な対応を促し，政策的には経済合理性追求の姿勢を重視しながらソフトな経営資源の充実支援と創業支援基盤の強化，積極的転換の支援，中小企業の国際化の促進などを実施」しようとするものであった。また，中小企業を「競争の担い手」として捉えるなど，80年代以上に競争政策的性格を帯びるようになっている。

1990年代の政策プランでは，「特定中小企業集積の活性化に関する臨時措置法（特定中小企業集積活性化法）」（1992年）や，「特定中小企業者の新分野進出等による経済の構造的変化への適応の円滑化に関する臨時措置法（新分野進出円滑化法）」（1993年）などがある。これらの法律は，産業構造の急激な変化に対応するために，基盤を強化することに加え，新分野への進出を促すことを目的としていた。そのほか，創業や研究開発・事業化を通じて，新製品・新サービス等を生み出すことを促進する「中小企業の創造的事業活動の促進に関する臨時措置法（中小企業創造事業促進法）」（1995年），「新事業創出法」（1998年）のほか，新たな事業に挑戦することを支援する「中小企業経営革新法」（新分野進出円滑化法を発展させたもの）（1999年）などが展開された。

1999年には，中小企業基本法が抜本的に改正された。この基本法改正により，中小企業の捉え方が大きく変化し，それは中小企業政策にも及ぶことになった。第1に，基本法の理念として，中小企業を①新たな産業を創出し，②

★コラム 4-1　大店法の改正とまちづくり三法

中小企業政策の競争政策的側面が強くなるなかで，大型店の出店に対して調整的役割を担っていた大規模小売店舗法が段階的に改正され，規制緩和が進んだ。その結果，モータリゼーションの進行も相まって，郊外に大型店やロードサイドストアが乱立した。他方で大型店との競合や，商店主の高齢化，後継者不在によって中心市街地ではシャッター通り商店街が現れるなど，街の景観が大きく変化した。中心市街地の空洞化は，生活範囲から日用品を購入できる商店がなくなり，「買物難民」が生み出される事態に陥っている。

中心市街地の空洞化に対して，まちづくり三法（改正都市計画法，中心市街地活性化法，大規模小売店舗立地法）によって対応しようとしたが，期待したほどには成果が上がらなかった。そのため，2006年に，①用途地域の厳格化を企図した都市計画法の改正，②ハード面の整備や商業の活性化のみならず，多様な都市機能を中心市街地へ集約（コンパクトシティ）を目的とした中心市街地活性化法の改正を行った（まちづくり三法の改正）。

就業の機会を増大させ，③市場における競争を促進し，④地域における経済の活性化を促進するなどの重要な使命があるものとして認識している。旧基本法のように，大企業との格差（二重構造）を背景とした中小企業認識とはまったく異なったものになっている。第2に，中心的な施策に関して，中小企業の近代化・高度化から，経営の革新や創業，創造的事業の促進が政策課題の中心に位置づけられた。第3に，地方公共団体の位置づけが大きく変化しているが，この点は次節でクローズアップしたい。

5　中小企業憲章，小規模基本法の制定（2000年代～現在）

「新」基本法体系のなかで注目されるのは，業種の枠を越えた政策が登場していることである。その代表的なものとして，「中小企業の新たな事業活動の促進に関する法律（中小企業新事業活動促進法）」（2005年）がある。これは，1990年代に制定された「中小企業経営革新法」，「中小企業創造活動促進法」，「新事業創出促進法」を統合してできた法律である。同法で推進したのは「異分野連携新事業分野開拓（新連携）」である。ここでは業種の枠を越えて，異なった経営資源を有する複数の中小企業者が，ゆるやかなネットワークを形成し，新しい価値を創り出すことを目的としている。そのほか，従来の業種の枠を越えた政策としては，「中小企業者と農林漁業者との連携による事業活動の促進に関する法律（農商工連携法）」(2008年）のように，第一次産業との連携による新商品開発を進める政策も登場している。

§Ⅲ　ボトムアップ型地域産業振興の登場

1　中小企業基本法の改正と地方公共団体の「責務」

1999年に中小企業基本法が改正され，中小企業政策体系が抜本的に変化した。それにともない，地方自治体による独自施策が展開されるようになった。

基本法には，地方公共団体の役割に言及している条文がある。この条文が抜本的に変更され，99年基本法では「地方公共団体の責務」が盛り込まれることになった。1963年制定の基本法では，地方公共団体は国の施策に準じて施策を講ずるように努めればよかったのだが，大幅に改定された99年基本法では，「国との適切な役割分担を踏まえ」て施策を策定し，実施する責務があると明記された（図表4－3）。

こうした変更は，地方分権の流れのなかで地方自治体の権限・役割を拡大していくものとして積極的に評価されるが，同時に地方切り捨ての側面も有していることは理解しておく必要がある。いずれにせよ，地方自治体では，地域の特性に応じた施策を検討，立案していくことが求められるようになった。

2　中小企業振興基本条例の制定へ

このような状況を背景に，中小企業振興基本条例が2000年代に入ってから各自治体で制定されるようになった。中小企業振興基本条例は，1970年代にも各自治体で定められていたが，当時の条例はいわば政策条例であった。しかし，現在制定されているのは，中小企業の重要性や自治体首長の責務，中小企業者の努力等を明文化し，中小企業振興を自治体行政の重要課題として位置づける理念条例である。

振興条例の制定と制定後の中小企業振興のあり方は，東京都墨田区がひとつ

図表 4 - 3　中小企業基本法における地方公共団体に関する文言の変化

63年基本法　第４条　地方公共団体の施策 地方公共団体は，国の施策に準じて施策を講ずるように努めなければならない。 99年基本法　第６条　地方公共団体の責務 地方公共団体は，基本理念にのつとり，中小企業に関し，国との適切な役割分担を踏まえて，その地方公共団体の区域の自然的経済的社会的諸条件に応じた施策を策定し，及び実施する責務を有する。

のモデルになっている。墨田区では，1970年代にすでに域内事業所の減少に直面した。雇用や法人市民税の減少に直結する問題として，事態を重くみた墨田区では，区内の産業や中小企業を対象に実態調査を行った。そして，調査結果を基に，墨田区が責任をもって中小企業振興を積極的に行うことを明記した中小企業振興基本条例を制定した。さらに，具体的な中小企業振興施策を検討する場として，自治体職員，中小企業者，学識経験者等で構成する産業振興会議を設置し，地域の中小企業の実態から課題を析出し，望ましい中小企業や地域産業を実現するための方策を検討する場を設けている。ここにみられる，①実態調査，②中小企業振興基本条例，③産業振興会議の設置という３つの柱による中小企業振興が，各地で模索・実践され始めている。

中小企業振興基本条例を制定することには，どのような意味があるのだろうか。第１に，中小企業振興に対する自治体のスタンスを明確に示すことである。「なぜ中小企業振興が必要なのか」ということを，自治体職員や中小企業者，地域住民に理解してもらうことが重要である。第２に，中小企業振興施策の連続性を担保することである。地方自治体レベルでの施策は，トップが変わることによって，180度方向性が変わることがありうる。そのような事態を未然に防ぎ，自治体の責務として中小企業振興策を展開することをめざしているのである。

全国の地方自治体での条例制定状況をみておこう（図表 4 - 4）。中小企業振興基本条例は，現在，186自治体（2016年２月時点）で制定されている。とりわけ2007年以降に多く制定されている。条例を制定するには，自治体議会で承認される必要がある。また，議会で俎上に上がるまでにも，問題意識の共有等，多くの時間や労力を要することになるが，そうした壁を乗り越えて，条例制定

図表４－４　年代別中小企業振興基本条例制定状況

	～2004年	05年	06年	07年	08年	09年	10年	11年	12年	13年	14年	15年	合計
合　計	20	7	6	13	12	10	8	15	23	29	17	26	186
都道府県	2	1	1	5	5	1	1	2	8	3	3	8	40
市区町	18	6	5	8	7	9	7	13	15	26	14	18	146

出所：企業環境研究センター資料，および全商連資料（2016年２月18日現在）に基づく。

を実現しているのである。

3　自治体による中小企業振興の展開（北海道・恵庭市の事例）

では，中小企業振興基本条例を制定し，それに基づいた中小企業振興はどのように行われているのだろうか。ここでは，事例の１つとして，北海道恵庭市を紹介しよう。恵庭市は，札幌市のベッドタウンの側面をもつ，人口約７万人の地方衛星都市である。同市では，2013年に中小企業振興基本条例を制定するとともに，具体的な中小企業施策を審議する中小企業審議会を組織した。その後，足元からの独自施策を検討する場として中小企業振興協議会を設置した。

恵庭市での具体的な取り組みは，2014年に入ってから，中小企業振興に関する基本計画の検討・策定を行うことから始まった。協議会では，基本計画を考えるにあたり，恵庭経済の実態を把握するために，地域経済実態調査（統計分析，アンケート調査分析，市内事業者へのヒアリング調査）を実施した。そして，実態調査の結果を基に，恵庭経済の特徴や課題を共有し，半年かけて６つの基本戦略（①持続的な生産・経営基盤の確立支援，②恵庭の魅力向上の取り組み，③雇用の確保と人材育成の支援，④地域循環型経済の確立と産業間連携の強化，⑤起業・第二創業・円滑な事業承継等による地域経済の活性化，⑥恵庭市内中小企業の継続的な経済環境の調査研究の推進）を掲げた基本計画を検討した。同計画の完成後は，協議会内に２つのワーキンググループを組織し，計画実現に向けた具体的施策の検討に向けて動き出している。

4　中小企業振興の課題

以上のように，振興条例の制定によって，足元からの中小企業振興，ないしは地域経済振興が進められてきている。ただし，条例を制定した自治体すべてでうまくいっているというわけではない。中小企業振興基本条例に基づく中小企業振興の難しさについても，最後に指摘しておこう。

第１に，理念条例の難しさである。中小企業振興が必要であることは間違いないが，産業会議や協議会などで具体的施策を検討する時に，当事者間で問題意識などの認識を共有することは簡単ではない。中小企業施策を展開することで，どのような成果を求めるのか。例えば，中小企業や地域経済の活性化をゴールに設定したとしても，活性化に対する共通理解がなければ，「何のために取り組んでいるのか」といった疑問が出てきかねない。

第２に，自治体での具体的施策による成果を，どのような「モノサシ」で測るのか，という課題である。「５年以内に新規創業を何件増やす」「ビジネスマッチングを何回行う」といった量的な指標は，数値化が容易で評価しやすいが，それらが本当に中小企業振興の成果を評価するものとなりえるかは，よく考えなければならない。さらに，数値目標では簡単に表せない質的な側面が重要である場合が多い。それらをどのように評価するのかは，当事者間で悩みながら検討する必要がある。

いずれにせよ，振興条例に基づいて具体的な施策を立案し，実行していくことは簡単ではない。しかし，これらの方法を採る自治体がなぜ増えているのか，是非みなさんに考えてもらいたい。

§Ⅳ　中小企業政策をどう評価するか

1　中小企業憲章と小規模企業振興基本法の制定

2010年に，政府は中小企業憲章を閣議決定した。日本の中小企業憲章は，欧州の小企業憲章を参考にしており，「中小企業は経済を牽引する力であり，社会の主役である」と明確に位置づけている。政府が中核となり，国の総力をあげて，中小企業の個性や可能性を存分に伸ばす一方で，中小企業が抱える問題は中小企業の立場で考えていくことを宣言している。

また，2013年には，「小規模企業の事業活動の活性化のための中小企業基本法等の一部を改正する等の法律（小規模企業活性化法）」の制定にともない，中小企業基本法が改正された。翌2014年には，「小規模企業振興基本法（小規模基

★コラム4-2　中小企業認識のタイプについて

中小企業をどのように捉えるかという視点について，その認識のタイプが中小企業論の中では議論されてきた。例えば，中小企業が問題であるとする「問題型中小企業認識論」（淘汰される存在，規模拡大することなく残り続けている存在，大企業との格差がある存在）と，中小企業は経済社会の発展に貢献してきたとする「貢献型中小企業認識論」が代表的な捉え方である。

これらの視点に対して，植田浩史は，多くの中小企業が事業活動を展開し，層として存在することで経済社会の発展に貢献してきたことを考えれば，「問題型」認識は現実から乖離した見方であり，まずは中小企業が果たしてきた役割や機能に注目する必要があると強調している。「貢献型」の認識に立った上で，①その見方をいつの時代から適応しうるのか（近代以降か，高度成長期以降か），②中小企業が抱えている困難や問題を明らかにしていくこと，言い換えれば，中小企業が本来果たしうる役割や機能を十分に果たしうる状況にあるのかどうか，という視点で考える必要があるとしている（植田浩史『現代日本の中小企業』岩波書店，2004年）。

本法）」，「商工会及び商工会議所による小規模事業者の支援に関する法律の一部を改正する法律（小規模支援法）」が制定されている。

小規模企業を対象にした一連の法律が制定され，施策が展開されるに至った理由として，次のことが考えられる。第1に，小規模企業は，中小企業層のなかでも9割を占めているが，近年では事業所数が急減していることである。第2に，中小企業政策は中小企業層のなかでも中上位層が主な対象になりがちであるため，小規模企業の多くが抜け落ちてしまうことである。第3に，地方周辺部に行くほど，地域経済を支えているのは小規模企業という事実があり，小規模企業の減少と地域経済の衰退は密接な関係にあることからも，小規模企業を対象とした政策が展開されているということである。

2　基本法体系の評価と中小企業憲章・中小企業振興基本条例の可能性

一方，1999年に中小企業基本法が改正されてから，基本法は競争政策に傾倒した体系となった。99年基本法下では，中小企業に対する認識が，経済発展に貢献する，あるいは活力の源泉といった積極的側面が前面に押し出されている。たしかに，中小企業が新しい市場を開拓していること，地域経済社会を支えていることは間違いない。しかし，だからといって中小企業には問題がないということではない。中小企業であるがゆえに抱えざるをえない困難や課題は依然として存在している。にもかかわらず，そうした問題性に対処する方向性が，体系的にはみられない。むしろ，自由競争を促すための規制緩和を行うことに力点がおかれ，公正な競争条件を確保することにはなっていないのである。中小企業庁が経済産業省の外局であるがゆえに，中小企業政策の基本的方向性は経済産業省による産業政策に規定されてしまうところに限界がある。

競争政策的な基本法体系と中小企業憲章の理念とは，どのように結び付ければよいのだろうか。基本法は2013年に改正され，小規模企業層に目を向けたものへと変わり，小規模基本法等の制定も踏まえれば，中小企業憲章の理念に沿った法改正だとみることも可能であるが，基本法と憲章との間に整合性があるのかどうかは，今後の政策展開のなかにみえてくると思われる。

また，小規模企業を含む中小企業振興を，中小企業の存立基盤である地域の活性化とともに進めようとするのであれば，第３節で採り上げたような自治体による中小企業振興の展開は重要である。地域の実態を把握し，地方自治体が政策主体として現場の視点で考えていくこと，中小企業者と自治体関係者等が協働し，創意工夫を凝らした地域独自の施策を展開することこそが，今，求められている。

【文献ガイド】

中小企業庁『中小企業白書』各年版

中小企業の実態と課題を明らかにしている。統計資料等有益なものが多い。また，サブタイトルを追いかけて，その時代の経済状況と中小企業に対する見方を整理しても面白い。

岡田知弘・高野祐次・渡辺純夫・秋元和夫・西尾栄一・川西洋史『中小企業振興条例で地域をつくる―地域内再投資力と自治体政策〔増補版〕』自治体研究社，2013年

中小企業振興条例がなぜ必要なのか，条例制定自治体での具体的取り組みなどがまとめられている。

黒瀬直宏『中小企業政策』日本経済評論社，2006年

中小企業政策がなぜ必要なのかについて，「複眼的中小企業理論」を基に展開している。

植田浩史・桑原武志・本多哲夫・義永忠一ほか『中小企業・ベンチャー企業論〔新版〕』有斐閣，2014年

中小企業に関する理論・歴史・政策や実態をバランス良く学ぶことができる好著である。

渡辺幸男・小川正博・黒瀬直宏・向山雅夫『21世紀中小企業論〔第3版〕』有斐閣，2013年

中小企業について学ぶうえで上記『中小企業・ベンチャー企業論〔新版〕』と読み比べてもらいたい好著である。

◀問題――さらに考えてみよう▶

Q1　中小企業に対する認識は，時代とともにどのように変化してきただろうか，調べてみよう。

Q2　自分たちの周りには，どのような中小企業があるだろうか。また，中小企業の魅力とは何だろうか，考えてみよう。

Q3　中小企業基本法（1963年，1999年，2013年）と中小企業憲章を読み比べてみて，それぞれの違いが何か，考えてみよう。

【大貝健二】

Chap. 5
農業・食料政策を考える
▶飽食ニッポンと家族農業のゆくえ

★私たちの食卓と農業・食料政策

日本人にとってなじみ深い和食は，2013年12月にユネスコの世界無形文化遺産に登録された。一汁三菜を基本とする伝統的な和食は，栄養バランスにすぐれた長寿食であり，季節ごとの新鮮な食材を取り入れて年中行事を行う際にも供されてきた。ところが，こうした伝統的な和食は，今や継承の危機に直面している。

私たちの日常の食生活をふり返ってみよう。日本の食卓には世界中から集まった食材が並び，一見すると豊かな食生活を享受しているようにみえる。しかし，その裏側には，食料自給率の低下，食の安全性の揺らぎ，大量の食品廃棄，孤食や欠食の増加といった問題がひそんでいる。大学進学を機に一人暮らしを始めた学生の台所には，包丁がないケースが少なくない。調理をせず，即席麺や菓子パンを食事の代わりにしている若年層は増加傾向にある。

実は，私たち一人ひとりの食生活のあり方は，農業・食料政策や農業・食品関連企業の事業戦略による影響を強く受けており，また食生活が国内外の農業生産や農村社会，自然環境のあり方を規定してもいる。本章では，農業・食料政策について学び，身近な食生活のあり方を考え直す契機にしてみよう。

§ I　戦後の農業政策の展開と食生活の変貌

1　戦後復興期から基本法農政へ

(1)　戦後復興期の農業政策

第二次世界大戦後の日本は，占領政策のもとで国の制度を大きく再編するとともに，食料不足解消のために食料増産をめざした。戦前の半封建的地主・小作制度を解体し，自作農を創出して農業生産者の生産意欲を高めるために，地主の所有農地を小作農に分け与える農地改革が実施された。農地改革は農業生産力の増大だけでなく，日本の農業と農村における民主化と近代化を推し進め，小作農を貧困から解放することで農村地域に穏健な保守層を生み出すことにも貢献した。

農地改革を通じて創出された自作農体制を維持し，地主制への反転を防止することを目的に1952年に成立した農地法は，農地の権利移動や転用を厳しく統制し，農業生産者が自ら耕す農地を自ら所有する自作農主義を掲げていた。しかし，自作農主義と食料増産の政策は，戦後間もない日本で一時期成立していたに過ぎず，その後の農業・食料政策の展開のなかでこれらの政策目標は次第に変容を遂げていく。

このように戦後の日本は国をあげて食料増産に励んだが，食料事情はすぐには改善せず，日本は米国の余剰農産物を援助物資として受け入れた。学校給食では援助物資の小麦粉で作られたパンや脱脂粉乳が提供され，戦後の食料難を和らげたが，同時に給食を通じたパン食の普及は，その後，日本の食が洋風化し食料輸入が拡大する契機にもなった。

(2)　基本法農政の展開

戦後の復興期をへて，経済構造を軽工業中心から重化学工業中心へ編成替えした日本は，1950年代半ばから70年代初頭にかけて高度経済成長期を迎える。そして，1955年にはGATT（関税および貿易に関する一般協定）に加入し，国際市場へ本格的に参入していった。IMF・GATT体制下の国際市場の一翼を担うことになった日本は，工業製品を海外に輸出するとともに，農産物の輸入割り当ての撤廃や関税率の引き下げを通じて農産物市場の自由化を開始する。

こうした流れに対応するため，日本は「農業版憲法」と呼ばれる農業基本法を1961年に制定し，以後，基本法農政を展開してきた。基本法農政では，農工間所得格差の是正，そのための農業構造の改善（経営規模の拡大と効率化）を通じた日本農業の合理化と近代化，酪農・畜産および野菜・果物といった特定の農産物生産の選択的拡大がめざされた。他方で，麦やトウモロコシ，大豆，菜種等は輸入を促進する形で選択的縮小の道をたどった。また，コメは食糧管理制度のもとで政府が統制していたが，生産力の増大と食の洋風化を背景とする消費の減少にともない，1960年代後半から余剰化するようになった。そのため，徐々に市場経済ルールを導入するとともに，70年以降は生産調整政策がとられるようになる。さらに，1960年代以降は農業経営の規模を拡大するために

図表5－1　日本の農産物輸入額の増加と食料自給率の低下

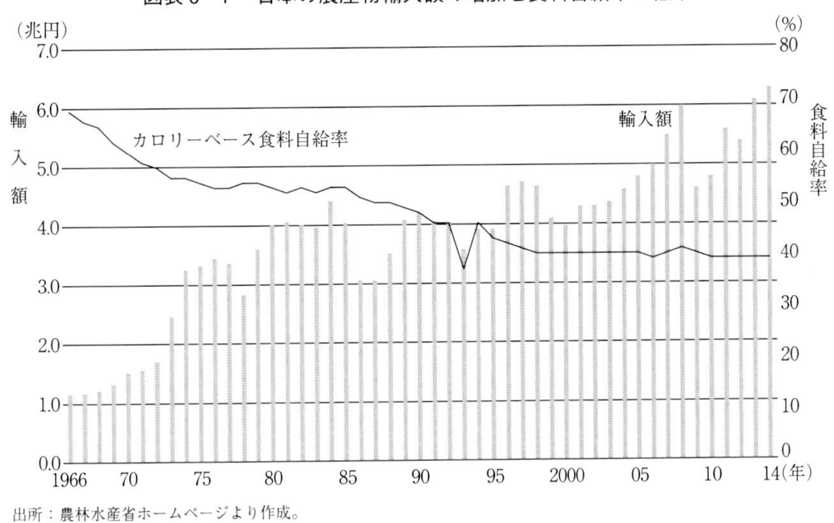

出所：農林水産省ホームページより作成。

農地の流動化を促進する政策がとられるようになり，戦後の自作農主義から借地を促進する耕作者主義への転換が図られた。

基本法農政のもとで，日本の食料輸入額は右肩上がりで増加するとともに，食料自給率（カロリーベース）はそれに反比例して低下してきた（**図表5－1**）。現代日本の飽食は，海外で生産された農産物・食品に支えられており，日本はOECD加盟国の中でも最も食料自給率が低い純食料輸入国のひとつになっている。また，高度経済成長期の農業・農村は，都市労働者に対して食料を供給しただけでなく豊富な労働力の供給源にもなり，安全な水や空気，美しい故郷の景観も提供した。しかし，基本法農政が推進した農業の近代化と合理化は，大規模な農民層分解をともない，この時期に加速した都市化や農村の過疎化にも拍車をかけながら，農村空間の景色や社会的つながりを大きく変えていくことになる。同時に，農業生産者の多くは，基本法農政がめざした経営規模拡大による農業所得向上ではなく，兼業化することで農家所得を高め，工業部門の賃金労働者世帯を超える世帯所得を獲得するようになった。1970年代のオイルショック以降，日本は高度経済成長期から低成長期へ移行するが，農村では貧農が消失し，兼業所得に支えられながら農業の機械化一貫体系が確立されていった。

こうした食料輸入の増大や農業の近代化・合理化に対して，1960年代末頃から世界に先駆けて消費者を起点とする産消提携運動が始まり，安全な食料の確保と健全な国内農業の発展をめざす運動が展開したことも注目される。後に，この運動は欧米諸国へ伝わり，近代的農業（工業化された農業）に対抗する世界的なオルタナティブ運動として開花することになる。

2　グローバル化と新基本法農政の展開

(1)　貿易自由化の促進と自給率の低下

1970年代初頭のブレトン・ウッズ体制の崩壊と２度のオイルショック（1973年・79年）をへて，80年代には世界各国が民営化や規制緩和といった新自由主義的政策をとるようになり，農業・食料政策においてもその影響が現れるようになった。「双子の赤字」を抱える米国との間で貿易摩擦問題に直面した日本は，1985年のプラザ合意で円の価値の大幅な上昇を受け入れるとともに，内需主導の経済構造への転換を迫られた。これにより，1980年代後半よりバブル景気が出現したものの，90年代初頭にはバブルは崩壊し，その後は「失われた20年」と呼ばれる経済後退局面に直面することになる。また，1990年代には，旧社会主義諸国の市場経済体制への移行にともなって，グローバル化はさらに加速していくことになる。

このようななか，ガット・ウルグアイ・ラウンドの交渉妥結（1993年）とWTO体制の発足（1995年）をへて，日本は農産物・食料輸入をさらに自由化していった。農業基本法で選択的拡大品目に指定されていた牛肉とオレンジは1991年に，日本の主食であるコメもついに99年には関税化され，すべての農産物が自由化の対象となったのである。こうした貿易自由化と円高は，日本の食料自給率のいっそうの低下につながった。

(2)　新基本法農政がめざすもの

一方，国内農政では，グローバル化時代の新たな課題に対応するため，1999年に食料・農業・農村基本法（新基本法）を制定し，1962年以降続いてきた基本法農政からの転換を図った。新基本法では，WTO体制に適合的な政策をとるために，農産物の価格支持制度や輸入制限を撤廃し，関税率を引き下げるとともに，国際市場で競争できる農業経営を育成するために，経営規模の拡大や法人化を積極的に進めるとしている。一方で，過疎化や高齢化に直面する農村地域の活性化を図り，食の安全の確保など消費者の視点にたった政策の導入もめざされたが，新自由主義的な農業・食料政策の色彩を強く帯びるようになった。こうした編成替えの一貫として，コメの流通において1942年から続いてきた食糧管理法も撤廃され，95年施行の「主要食糧の需給及び価格の安定に関する法律（食糧法）」に置き換えられた。

同時に，日本政府は新基本法のもとで食料自給率を向上するとしているが，貿易自由化と食料自給率の向上はそもそも両立するのだろうか。1980年代以降に貿易の自由化を進めたものの，輸入農産物の増大によって国内農業を衰退させた国は少なくない。今，国際機関からもこうした疑問の声があがっている。すべての人は，健康で文化的な生活を営む権利を有しており，そのために安全で十分な量と栄養のある食料を生産し入手する権利（食料主権）が保障されなければならない。食料主権の実現のためには，国内農業の健全な維持・発展が欠かせないが，現在の農業・食料政策はその支えとなっているだろうか。

(3)　日本農業の斜陽化とその影響

以上の政策転換は，日本の農業・農村に大きな影響をもたらした。輸入農産物・食料の増加は，国内の農産物・食料価格を引き下げるとともに，農業生産者の交易条件を悪化させた。農業経営の収益性の低下は，農業生産者の後継者不足と高齢化を促進し，耕作放棄地を拡大している。2015年の農林業センサスによると，全国の耕作放棄地面積は，全農地の11％にあたる42.4万haにのぼっている。

さらに，農村地域の基幹産業である農林水産業の低迷は，農村人口の減少や高齢化，過疎化にも拍車をかけ，集落で共同体としての自治や冠婚葬祭等を行うことができない「限界集落」が全国各地で増加している。人口が少なくなった農山村では，シカやイノシシ，サルといった野生生物の生息域が拡大し，農作物の食害等の鳥獣害への対策が課題となっている（**写真 5－1**）。また，新自由主義的政策のもとで農業協同組合（農協）の広域合併や市町村合併，郵政民営化が進められた結果，農村地域では行政や金融・保険サービスの窓口が遠くなり，人口減少にともなう路線バスの減便や廃止，地域の小規模商店の閉鎖も相

写真5－1　シカの食害から山を守る取り組み（高知県白髪山）

2011年筆者撮影。

まって，住民の生活はより困難な状況に直面している。農村地域では，NPO法人等によるコミュニティ・バスの運行や食品・生活雑貨の移動販売など，こうした状況を改善する取り組みがみられるが，高齢化や過疎化の根本的原因である農林水産業の経営状況の悪化に歯止めをかけない限り，現状を大きく変えることは難しい。農業には食料生産だけではなく，国土保全や防災，環境の維持，美しい景観の提供や雇用創出，地域経済の活性化，和食や祭りの伝承等，多面的な役割が期待されている。農業の多面的機能が今後も発揮されるような農業・食料政策を実施することが課題である。

さらに，輸入農産物の増加は，都市の消費者にも影響を及ぼしている。農産物の生産現場から食卓までの距離を地球の裏側にまで延長し，都市と農村の乖離を生み出すだけではなく，食のブラックボックス化と数多くの食品汚染問題を生じさせている。異物混入や微生物由来の食中毒，残留農薬の検出，遺伝子組換え作物の混入等，食の安全性をめぐる問題や偽装表示といったスキャンダルは後を絶たない。こうした諸問題の背景にも，農業・食料政策の帰結としての日本農業の斜陽産業化と農業・食料分野の近代化・合理化をめざす「農と食の工業化」の問題が伏在している。

§Ⅱ　構造改革農政の展開と深まる矛盾

2000年代に入ってから，小泉政権（2001～06年）の構造改革政策の一環として，農業・食料分野でも新自由主義的政策が強化され，市場競争原理の導入が推進されてきた。戸別所得補償制度を掲げた民主党への政権交代（2009～12年）

をへて，2012年に誕生した安倍自公政権は，一貫して農産物市場の自由化と国際競争に耐えられる効率的農業経営体の育成を政策目標として掲げている。構造改革農政の展開は，日本が直面する農業・食料問題を解決する処方箋を提示しているだろうか。それとも，矛盾を深める方向へ作用しているだろうか。

1　農地市場の自由化と増加する企業の農業参入

戦後，日本では農地の権利譲渡には厳格な制限がかけられ，一般企業による農地取得や農業参入が規制されてきた。しかし，構造改革農政のもとで農地関連の法体系が段階的に見直され，企業の農業参入を促す政策に転換が図られている。

まず，2000年の農地法改正により，農業生産法人の形態として初めて株式会社が容認され，同時に農業生産法人の要件も緩和された。次に，2002年には構造改革特別区域法によって，農業生産法人以外の一般企業が農業特区内で農地をリースすることが可能になった。同制度は，2005年の農業経営基盤強化促進法の改正により全国に拡大されることになった。さらに，構造改革農政の象徴が2009年の農地法改正である。これは，小規模生産者の農地を経営規模の大きな企業的経営に集約することを促進する制度変更であり，地主の土地を小作農

図表5－2　農地リース制度を利用する企業数の推移

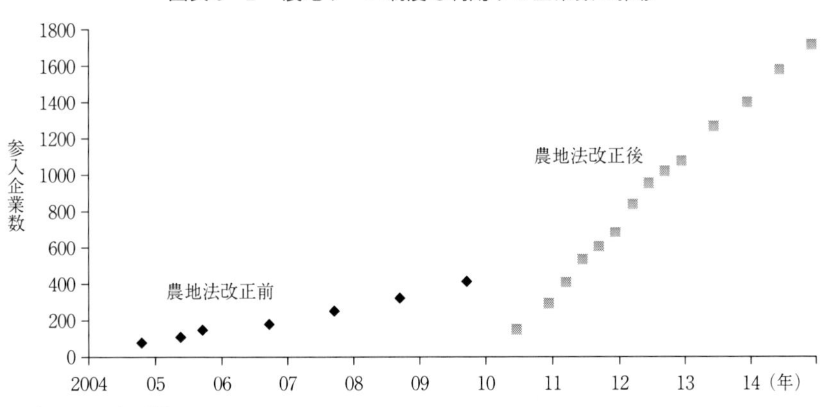

注：各年1月現在の数値。

出所：室屋有宏「企業の農業参入の現状と課題─地域との連携を軸とする参入企業の実像」『農林金融』7月号，2007年および農林水産省ホームページより作成。

写真５－２　震災後，仙台市で設立された植物工場

2013年筆者撮影。

へ分配した戦後農地改革とは逆コースの戦後農地制度の大改革である。これら一連の農地制度の規制緩和を受けて，農業に参入する企業の数は右肩上がりである（図表５－２）。

加えて，2011年３月の東日本大震災，津波ならびに福島第一原発事故による放射能汚染は，被災地に甚大な被害を及ぼすとともに，「災害資本主義」とも呼ばれる復興政策によって，農業の新自由主義的改革を促進する契機となった。復興特区内では，復興予算措置をともなう企業の農業参入が推進され，津波による塩害や放射能汚染で使えなくなった農地の上に，土を用いない大規模な植物工場が相次いで建設された（写真５－２）。

２　他産業との連携と農業の工業化

農外企業の農業参入だけではなく，近年は農業と他産業との連携を模索する動きも促進されている。特に，第一次産業の農業部門が産出した農産物に，第二次産業の製造業（食品加工業等）や第三次産業のサービス業（直売，レストラン，宿泊，観光等）を組み合わせて付加価値をつける農業の六次産業化や，農業生産者と既存の加工業者や販売業者が連携して新たな事業を始める農商工連携に関わる推進法の整備と公的補助の導入により，農業生産者側および企業側の関心が高まっている。

さらに，日照時間や温度，湿度，二酸化炭素濃度等の生育環境を制御できる植物工場は，生産システム自体が輸出産業として成長を見込まれていることから，参入企業が増えている。こうした植物工場では，タブレット型端末を用いて生育環境や農作業の工程，病害虫の制御に関する情報が集められ，ビッグデータとして農業クラウドで管理・分析・蓄積されるようになっている。特に篤農家の技術を科学的に分析することは，農作業の効率化と技術の伝承に役立

つという期待が高まっている。

しかし，農業のさらなる重装備化とITサービス業への依存は，より多額の農業投資を必要とし，農業経営を圧迫するおそれがある。安価な輸入農産物が流入し，農産物の市場価格が抑制されているなかで，多額の農業投資を回収することはできるだろうか。現在は，植物工場の導入のほとんどが政府の補助金に依存しているのが実状である。経営的にも環境的にも，持続可能な農業生産のあり方が追求されなければならない。

3　輸出促進と農村所得倍増計画

WTO体制下での農産物自由化交渉が早くも1990年代末に行き詰まり，世界各国は2国間のFTA（自由貿易協定）やEPA（経済連携協定）の締結を優先してきた。近年では，TPP（環太平洋連携協定）において，農産物の聖域なき自由化が進められようとしている。交渉の形態は変化しているものの，グローバル化と農産物市場の自由化促進政策が継続していることに変わりはない。

TPP発効をめざす日本政府は，国内農業・農村への影響にかんがみて，国産農産物・食品の海外輸出を伸ばす政策をとるとしている。和食が世界無形文化遺産に登録されたことを追い風に，海外の和食ブームに乗って日本ブランドの高品質な農産物や食品を海外に売り込む戦略である。2015年にはEU型の地理的表示制度（★コラム5-1）を導入し，海外産品との差別化と産地偽装品の摘発を強化している。さらに，安倍政権は，長らく低迷している農村所得を倍増させるとして，輸出促進に加えて地方創生政策も掲げるようになったが，具体的な内容に乏しいとの批判があがっている。

4　農協・農業委員会改革と農村社会への影響

最後に，構造改革農政の最大のターゲットになっている，農協と農業委員会制度の改革にも触れておこう。農協は，戦後，農業生産力の増進と農業者の経済的・社会的地位の向上を目的に設立された農業生産者の組織である。経営規模が小さく，社会的にも政治的にも発言力が弱い生産者を組織化することでその利益を守ってきたが，金融・共済事業の重点化と准組合員の増加，一般企業との競争条件の違い（独占禁止法の適用除外等）をめぐって財界から農協改革を

★コラム5-1　地理的表示制度とは？

「神戸ビーフ」,「京の伝統野菜」のように，地名と商品名を組み合わせた商標は，2006年以降，地域団体商標登録制度（特許庁管轄）のもとで保護されている。さらに，2015年6月1日には「特定農林水産物等の名称の保護に関する法律」（通称：地理的表示法）が施行され，地理的表示制度（農林水産省管轄）がスタートした。新制度は，日本各地の伝統的な生産方法や産地の特性（気候，風土，土壌等）によって高い品質と評価を獲得した産品の名称（地理的表示）を知的財産として保護するもので，公的品質保証の性格ももつ。すでに，EU，ブラジル，インド，中国，韓国等，世界数十か国で導入されている。グローバル化と市場の自由化によって競争が激化するなかで商品の差別化を図り，地域の生産者・製造業者の利益を保護するとともに，農林水産業や関連産業の発展を促して地域経済を活性化し，高品質の農産物・食品等を供給することで消費者・実需者の利益にもつなげる制度である。さらに，地理的表示制度は上記の効果だけでなく，農村地域において人々の絆や地域のアイデンティティを育て，農村地域の活性化に結び付ける効果も期待されている。

求める声が高まり，農業の成長産業化のかけ声のもと，2015年の農協法改正によって全国中央会の権限縮小等の組織改編が行われることとなった。EU諸国では，小売部門の寡占化・バイイングパワーの増大のなかで，農協の役割がますます重要であることが指摘されているが，そうした動向とは正反対の動きである。

また，農業生産者の公選委員で構成される農業委員会は，戦後，農地の権利移動・転用を規制し，地域の現場で農地を守る番人の役割を担ってきたが，構造改革農政のなかで同じく見直しを迫られている。耕作放棄地の増加は，農業委員会制度が機能していない証左であるとして，2013年から都道府県段階に農地中間管理機構を設置し，農業法人に対する農地の集約化と投資の円滑化を講じる措置がとられるようになった。さらに2015年には，農業委員会委員の選任方法を公選制から市町村長による任命制に変更する法改正も行われた。これらは，農村空間における農地の民主的管理に変更を迫るものであり，企業による農地包摂を加速化することになるだろう。

§Ⅲ 高まる小規模家族農業への国際的期待

1 「2014年国際家族農業年」の意義

以上のように，日本政府は農業経営の規模拡大や法人化，企業の農業参入といった構造改革農政を推し進めることこそが，国際競争に耐えられる「強い農業」を実現し，農村経済の活性化をもたらすと謳っている。ところが，興味深いことに，国際連合（国連）等の国際機関やEUをはじめとする諸外国では，企業的大規模農業とは対極にある小規模家族農業の潜在的可能性を再評価・支援する動きが，相次いで起きている。2014年に国連が設置した「国際家族農業年」は，国際社会のこうした動向を象徴するものである。

では，なぜ国際社会は小規模な家族農業に注目しているのだろうか。大きな転機になったのは，2008年の世界食料危機である。石油価格の高騰とともに，バイオ燃料の原料にも供される穀物等の食料価格が世界的に高騰し，多くの人々が食料不足や栄養失調に陥った。つまり，1980年代から世界各国で新自由主義的政策が採用され，市場の自由化と輸出指向型の大規模農業経営の促進が貧困・飢餓の撲滅につながると説かれてきたが，この食料危機が突きつけた現実は，こうした説とは真逆だったのである。さらに，地下水の大規模な汲み上げが水資源の枯渇や塩害をもたらし，大量の農薬・化学肥料の使用が環境汚染や人体に悪影響を及ぼすことが明らかになるなか，小規模家族農業の方が資源効率性の面でも単位面積当たりの農業生産性の面でも高く，持続可能であることが，改めて認識されるようになってきたのである。加えて，自営業としての家族農業は，地域において高い雇用創出力を示しており，農村人口の社会的統合や農業の多面的機能の発揮に貢献しているという評価もなされている。このような背景から，EUは，2013年に「EUの農業モデルの基礎は家族農業である」という声明を発表し，フランスでは家族農業を支持するパリ宣言（2014年）が発表された。スペインでも，家族農業支援法を整備する動きがある。

また，2010年以降，FAO（国連食糧農業機関）は，農業の工業化に反対し環境保全型農業を推進する手段として，「アグロエコロジー」と呼ばれる運動を国際的農民団体ヴィア・カンペシーナと連携して進めている。これを受けて，

★コラム5-2　フェアトレード（公正貿易）とは？

フェアトレード（公正貿易）は，交易条件の改善を通じて発展途上国の生産者や労働者の生活向上を支援する運動であり，現行の国際貿易に対するオルタナティブを提示している。フェアトレードでは，生産費保証，プレミアム価格の支払い，長期的取引，代金の前払い，労働者の人権保護，児童労働・強制労働の禁止，環境保全型農業の実施，遺伝子組換え作物の禁止等を掲げ，持続可能な社会の構築をめざしている。1940年代後半から欧米で萌芽的取り組みが始まり，1989年には国際フェアトレード連盟（IFAT）が設立されて国際的運動に発展した。運動が広まるなか，多様化する事業を客観的に評価するフェアトレードの第三者認証制度が整備されたが，日本では生活協同組合運動の中で生まれた，認証を取得しない「提携型フェアトレード」も存在する。農産物・食品（コーヒー，紅茶，カカオ，バナナ，エビ等）や衣料品，生活雑貨等がフェアトレードの対象になっている。近年は大手のスーパーマーケットやコーヒーチェーン店も参入し，フェアトレード市場は急成長を遂げている。

フランスでは2014年の農業・食料・森林未来法の中でアグロエコロジーの推進を謳っている。このように，有機農業運動やフェアトレード運動（★コラム5-2）がめざしてきた近代的農業あるいは工業的農業に対するオルタナティブの追求は，もはや少数派による特殊な要求ではなくなってきており，ポスト新自由主義農政の模索が世界的な潮流になっている。ひるがえって，日本の農業・食料政策はどこへ向かうべきなのだろうか。再考すべき時期が来ている。

2　日本における新たな食と農の担い手

それでは，日本における小規模家族農業の実態はどうなっているだろうか。2015年の農林業センサスによると，農業経営体の97.6％は家族経営である。家族経営のうち，1戸1法人や株式会社など組織的経営を営むものは2.4％に過ぎず，圧倒的多数は法人化されていない家族農業である。経営規模は作目や地域によって大きく異なるため注意を要するが，国連の報告書でも採用されている参考基準でみると，1ha未満の農業経営体数の割合は54％，2ha未満は62％にのぼる。1ha未満層の農業経営体が耕作する農地が全体に占める割合は12%，２ha未満層は18%となっており，日本においても少数の大規模経営に農地が集約されてきていることがわかる。

次に，専業・兼業別の観点で捉えてみよう。日本では，販売農家のうち専業農家は33%に過ぎず，兼業農家は67%と多数を占めている（2015年農林業センサス）。兼業農家のうち，農外所得が農業所得を上回る第二種兼業農家は全体の５割を超えている。一般に兼業農家は，経営規模が小さく非効率であるため，農業だけでは十分な所得を得ることができず，それゆえ農外所得に依存していると考えられている。しかし実際には，兼業農家は多様な所得源をもつことでリスク分散を行っており，資源価格の高騰や自然災害といった外的ショックに対してより高い対応能力を備えた柔軟性の高い経営体である。東日本大震災の被災地でも，兼業農家がいち早く地域農業の再建に立ち上がり，復興において中心的役割を果たしている。ちなみに，日本が合理的農業の模範としているオランダ農業でさえ，８割の農業生産者が兼業所得を得ているのである。

小規模な家族農業経営の再評価と同時に，こうした経営の経済的・社会的・政治的な力を増大するために組織化をめざす動きも活発化している。組織形態としては，農協や集落営農組織，任意生産者団体等があげられる。集落営農組織は，新自由主義的農政改革のもとで経営規模の拡大と経営の法人化が進められるとともに，補助金の受け皿組織としてその数が全国的に急増してきた。これは，共通農業政策（CAP）改革の一環として，生産者を組織化することで補助金の受け皿にするEUの動きとも類似している。しかし同時に，日本の集落営農組織には，過疎化や高齢化で農業の担い手がいなくなるなか，地域農業を維持し，集落内の人々の暮らしを守っていくためのボトムアップ型で民主的な自治組織として機能する組織も数多く存在している。集落営農組織に組み込まれていない個別経営への支援も行いつつ，こうした地域的実践を支援する制度も強化すべきではないだろうか。

もう１つ重要性を増しているのが，自給的農家や農家ではないものの家庭菜園や市民農園で食料生産を行う「シビック・アグリカルチャー」の存在である。自給的農家は，販売農家が高齢化によって農業生産を縮小したケースもあるが，都市の若者の移住や定年帰農，脱サラ新規就農，「半農半X」といった新しい価値観と生き方を選ぶ人が増えていることの反映でもある。

「半農半X」とは，基本的な食料は自給的農業で賄い，残りの時間を自分がやりたい仕事（ミッション）に費やすというライフスタイルのことである。京都府綾部市在住の塩見直紀氏が1990年代から提唱・実践している。

また，市民農園に参加している人は推計200万人，潜在的希望者は820万人ともいわれ（2008年），農業経営体数の140.2万経営体（2015年）と比較しても，きわめて重要な食料供給主体になっていることは注目に値する。単にレジャーとしての農作業体験ではなく，また単に安全な無農薬・減農薬の農産物を得るだけでもなく，草の根からの食料自給の試みと地域社会の再構築の動きと捉えるべきであろう。「シビック・アグリカルチャー」運動は世界的に広がりをみせており，農業・食料のあり方を超えて，社会全体のあり方を問い直す運動に連なっている。

§Ⅳ　問われる日本の農業・食料政策の進路

戦後の日本における農業・食料政策は，経済成長や貿易自由化の潮流のなかで大きく変化してきた。戦後の復興期には食料難からの脱却のための食料増産，地主制の解体と自作農創出・維持に政策の重点がおかれていたが，高度経済成長期に突入すると，輸出産業の成長の陰で農業は次第に縮小基調におかれることになり，農産物の輸入増加と食料自給率の低下が加速した。

今日，私たちの食卓には世界中から集められた農産物・食品がのぼり，飽食時代を享受しているようにみえる。しかし，この飽食は砂上の楼閣に等しく，世界のどこかで異常気象や紛争が発生したり，日本の通貨価値が下落すれば，私たちの食卓から消えるものであることを意識しなければならない。さらに，日本は世界各地から食料を輸入するために温室効果ガスである二酸化炭素の排出増加にも貢献してしまっている。世界には飢餓に苦しむ人々がいまだに絶えないにもかかわらず，アジア・モンスーン型の温暖で湿潤な気候であるがゆえに農業を行ううえで恵まれた日本において，これ以上農業生産を縮小させてよいのだろうか。日本の高品質で高価な農産物や食品を海外に売り込むよりも，まず国内の食料自給率を向上させることが政策目標として優先されれば，ひいては世界の飢餓問題にも貢献できるのではないだろうか。

持続可能な社会の発展をめざすために，農業・食料政策はどこへ向かうべきなのだろう。自然環境の面からも，社会的安定の面からも国際的に注目されているのが，アグロエコロジー等の環境保全型農業であり，小規模な家族農業である。さらに，地産地消を推進し，地元でとれた新鮮な旬の農産物を選べば，フードマイレージの短縮を通じて地球温暖化を抑制し，長距離輸送のために使用される農薬の使用量削減にもつながるだろう。

近年，温暖化による異常気象の発生で，局地的な集中豪雨や大規模な土砂崩れ，河川の氾濫等が頻繁に報じられる。実は，こうした事態は温暖化によってのみ起きているのではなく，農林水産業の衰退による国土保全機能の低下や農村地域の居住環境の悪化によって林野に人の手が入らなくなることによっても悪化しているのである。農業の多面的機能が発揮される条件とは何か，考え直す必要があるだろう。

未来の農業・食料政策の方向性を論じる際，何を所与として捉え，何を政策目標に据えるかによって，出てくる答えは大きく変わってくる。例えば，グローバル化や貿易自由化の流れを所与の条件と考えるならば，市場競争に耐えられるよう経営の効率化を進め，経営規模を拡大し，法人化を進めて農業経営の資本装備を増強する政策が選ばれやすい。しかし，持続可能な社会を政策目標に据え，農業の多面的機能の発揮や社会統合政策としての農業・食料政策を考えるならば，政策の選択の余地は広がり，未来は変わってくるだろう。

さて，今日の食事は何にしよう。私たち一人ひとりの食生活が日本の，そして世界の農業・食料事情とつながっていることを意識して食事を選ぶことができれば，それは消費者としての意思表示であり，食の「投票行動」を通じて農と食，社会を変えることができるだろう。

【文献ガイド】

暉峻衆三編『日本の農業150年—1850～2000年』有斐閣，2003年

幕末·維新期から１世紀半にわたる日本農業および農業政策の展開をまとめた通史。

大塚茂・松原豊彦編『現代の食とアグリビジネス』有斐閣，2004年

現代の食を支配するアグリビジネスの実態とオルタナティブ運動について知るための必読書。

国連世界食料保障委員会専門家ハイレベル・パネル（家族農業研究会・農林中金総合

研究所共訳）『家族農業が世界の未来を拓く―食料保障のための小規模農業への投資』農文協，2014年（原著は，The Committee on World Food Security of the United Nations. High Level Panel of Experts on Food Security and Nutrition, *Investing in Smallholder Agriculture for Food Security : A Report by the High Level Panel of Experts on Food Security and Nutrition of the Committee on World Food Security*, FAO, 2013）

2014年国際家族農業年に向けて発表された国連報告書。

◀問題――さらに考えてみよう▶

Q 1　日本は工業製品を輸出して外貨を稼ぎ，安い食料を海外から輸入した方がよいのだろうか。「農業の多面的機能」と「食料主権」をキーワードに，考えてみよう。

Q 2　日本では経営規模の拡大や企業の農業参入が推進されているのに対して，国際社会ではなぜ小規模な家族経営が再評価されているのだろうか。国際的な潮流は，日本の今後の農業・食料政策にどのような影響を与えるか，議論してみよう。

Q 3　貿易自由化と食料主権は両立するだろうか。戦後の貿易自由化と食料自給率の低下，および海外における飢餓問題を考慮しながら考えてみよう。

【関根佳恵】

第Ⅲ部　生活と経済政策

Chap. 6

労働政策を考える

▶格差・貧困の克服に向けて

★「経済大国」のなかの格差・貧困

毎年末に発表される「新語・流行語大賞」。そのトップテンに「格差社会」が選ばれたのは，2006年であった。最近では「ブラック企業」がランクインしたのは，記憶に新しいだろう。時代の世相を反映するこうしたキーワードを拾っていくと，21世紀日本の労働の一端が浮かび上がってくる。

例えば，会社等で働く正社員は，「名ばかり管理職」にされたり「ブラック企業」に勤めることで，非人間的な長時間労働を強いられている。一方，非正規で雇用され，なかには「派遣切り」で仕事を失う「年収300万円」未満のワーキングプアが大量に出現している。「マタハラ」に直面する出産･子育て女性への風当たりも強い。「自己責任」に縛られ，路上生活を送るホームレスや「ネットカフェ難民」が絶える気配はない。出版約80年後に小林多喜二の『蟹工船』がブームになるくらい，日本は貧困大国へと回帰しているのである。

なぜ，日本は，このような社会に変わってしまったのだろうか。本章では，この問題を労働政策の角度からスポットライトを当ててみたい。特に，近年のグローバル化と構造改革の過程で労働政策はどのように変貌し，人々はどういった「改革の痛み」に直面しているのか，順に明らかにしていこう。

§ I　労働政策の日本的展開

1　労働政策の誕生と意義

労働とは何だろう。お金を稼ぐ仕事，生活を支える家事労働，地域での共同作業……いろんなイメージを思い浮かべるかもしれない。ただ，最もシンプルで，いつの時代にも当てはまる答えは，外界に働きかけて必要なもの（使用価値）を作り出す行為といえよう。「物質代謝過程」におけるこの行為は，目的を定め，道具等を用いて自然に働きかけ，生活手段を入手する人間特有の営みである。人間は労働を通じて生活に不可欠なものを作り出すことで，人間自身も新たに生まれ変わっていく。つまり，労働は人間本来の営みであり，労働を軸に社会を形成し，歴史を作ってきたのである。

もっとも，私たちが暮らす資本主義社会では，労働は「賃労働」という特殊な形をとっている。労働に必要な生産手段と労働力が私的所有によって分離され，資本家－労働者間の商品交換で再結合して社会的な物質代謝が可能になるからである。そこでは，生産手段の所有者である資本家が，労働力商品を購入して労働者に生産を担わせ，その成果を取得する。一方，人格的支配からも生産手段からも切り離された「二重の意味で自由な」労働者は，自らを商品化して資本家に販売し，賃金を稼いでようやく生活手段を獲得できる。

留意しなければならないのは，この資本－賃労働関係は，契約上は平等でも，実際の力関係には大きな差があるということである。労働者は労働力の取引主体ではあるが，労働過程で労働力は原料･機械等の「モノ」同様に扱われ，利潤を求める資本の指揮下で長時間酷使される。それでも，労働者は，他者との競争をくぐり抜けながら資本家に雇われるほか，生きるすべを持っていない。つまり，労働者が生きるためには，自らの生活を犠牲にしながら資本家のために働かなければならず，労働自体も強制された苦役と化していく。

こうして，労働は人間の本来的営みから「疎外された労働」へと変質し，放置すれば貧富の格差が拡大せざるをえない。しかも，資本の拡大とともに不安定就業者（産業予備軍）が創出されて労働力の窮迫販売が起こり，労働者はますます非人間的な生活を強いられるのである。実際，資本主義の成立期には，過重労働による心身の破壊や過労死が広がったため，ついに労働者自身が人間の尊厳を求めて異議を訴え，団結して労働条件の改善を要求するようになる等，労使対立が激化していった。同時に，原生的労働関係に起因するこうした問題は，労働者を保護しなければ資本の再生産にも支障をきたすおそれが出てきたことから，ついに国家が労働立法を通じて上から保護規制に乗り出し，体制維持を図ろうとしたのである。これが，労働政策の始まりであった。

労働政策の端緒として知られるのは，1802年のイギリスの工場法である。これは，長時間労働の抑制等を通じた労働力保全が目的であった。しかし，労働者階級の増大と組織化を背景に，いっそうの時短や団結権の承認，苦汗労働を規制する最低賃金，失業増大に対応する社会保険制度の整備等，下からの要求を通じて保護内容を充実させていった。さらに，公衆衛生や医療，住宅，生活環境に関わる社会的共同消費手段や公的扶助制度，福祉サービス等，福祉国家の基盤となる社会保障制度も，20世紀以降本格化していくことになった。

以上のように，資本主義の発展にともなって，単なる労働力保全から労働基準や労使関係，労働市場（雇用・失業），生活保障を対象とする総合的な政策へと，労働政策（社会政策）は体系化されていった。その使命は，労働・生活過程で生じる問題に様々な施策を講じて人々の暮らしを保障することにある。そして，政策形成史からみえてくる労働政策の特徴は，第１に，労働者は労使関係において弱い立場にあり，規制がなければ労働者のみならず社会全体が機能不全に陥るという認識を背景に生まれた保護政策であること，第２に，労働者が人間らしく生きるには，労働過程ならびに労働力再生産過程を含めたナショナル・ミニマムを満たす必要があること，第３に，その水準は，各時代における労使の力関係や労働組合を軸とする労働者側の主体的力量に規定されることの３点に整理できる。

2　日本における労働政策の形成と特徴

では，日本では労働政策はどのように展開してきたのだろうか。

日本でも19世紀末から20世紀初頭において，工場制度と産業発展の「影」で下層貧民の増大が社会問題化し，1886年には甲府の雨宮生糸紡績場で初のストライキが起き，97年には労働組合期成会が発足する等，原生的労働関係への抵抗運動が広がっていった。政府内でも，工場労働者の保護対策に着手せざるをえなくなり，1881年設立の農商務省のもとで工場労働者の実態調査が行われ，1903年に『職工事情』としてまとめられた。そこでは，最長18時間に及ぶ長時間労働や低賃金・人身売買的契約，非人間的な労働環境による心身摩滅等，生き地獄の様子が克明に記録された。

こうして1911年には待望の工場法が制定され，最長12時間労働（12歳未満は禁止），月２回の休業，深夜業の禁止といった保護規定が盛り込まれた。ただし，女性と15歳未満の子どもに対象が限定され，15人以下の工場は対象外，輸出産業の製糸業では14時間労働が認められる等，きわめて不十分なものであった。しかも，経営者の激しい抵抗で施行が５年延期され，工場労働者の改善にはほど遠い内容であったうえに，戦時期にはその規制すらも撤廃された。綿紡績業で働く女工の実態を告発した細井和喜蔵『女工哀史』からは，深夜業を含む長時間労働や出来高制・罰金制度，寄宿舎での劣悪な衛生生活，結核工女の続出等が依然絶えなかったことがうかがえる。

第一次世界大戦後には，深刻な不況と社会問題を背景に，内務省社会局が設置され（1920年），職業紹介法（1921年），健康保険法（1922年），救護法（1929年）等を通じて社会事業が行われたほか，38年には厚生省が新設された。また，大阪市や東京市等でも社会課が設置され，社会調査を踏まえた「都市社会政策」が実施された。しかし，戦前期には労働行政専門の省庁は設立に至らず，労働組合法案も不成立に終わったことが示すように，労働力の保護よりも効率的動員が主眼とされ，労働政策の使命とはほど遠い内容であった。

したがって，労働政策が本格的に成立するのは，敗戦後を待たなければならなかった。GHQ占領政策のもと，「五大改革指令」（1945年）を受けて，同年12月に労働組合法が制定され，労働三権（団結権，団体交渉権，争議権）が初めて保障された。これにより，労働組合が法認され，組織率もピーク時（1949年）には56％に達した。1947年には労働基準法と職業安定法が施行され，前者によって1日8時間労働や男女同一賃金・女子保護規定等が確立し，後者では手配師による中間搾取や強制労働の反省から労働者供給事業が禁止された。そして，「労働者の福祉と職業の確保とを図り以て経済の興隆と国民生活の安定とに寄与すること」を目的に，労働省が発足した。まさにこの時期の労働改革によって，民主化をベースに労働者の権利や労働組合の活動の保証を軸とする政策的基礎が確立し，労働基準・労使関係・労働市場の各領域の骨格が整えられた。

ところが，こうした民主化と労働政策の形成は，占領政策の「逆コース」への転換によって後退を余儀なくされる。米ソ冷戦の本格化と国内での労働運動の高揚を背景に，1947年の「2.1ゼネスト」に対するマッカーサー中止命令が出され，政令201号と国家公務員法改正による公務員の争議権剥奪，さらに53年のスト規制法施行等が，労働政策の進展にブレーキをかけることになった。

1950年代後半に入ると，労災補償や安全衛生，障害者雇用等，各領域の個別施策も整備されるとともに，生活保護法（1950年）や国民皆保険・皆年金制度

(1961年) が相次いで導入され，生活保障も一定整備されていった。とはいえ，高度経済成長期には，産業構造の変化や企業間・地域間格差にともなう労働問題に対して，失業時の生活保障よりも離職者を分散させて重化学工業への移動促進を図る労働力流動化策や，雇用対策法 (1966年) を通じて産業界の求める労働力の充足を図る等，労働行政は産業政策への追従的性格を帯びた。1959年に成立した最低賃金法も，輸出再開後に「1ドルブラウス事件」に象徴される海外市場でのダンピング批判を受けて急遽制定されたものに過ぎなかった。しかも経営側の一方的決定方式の欠陥が露呈し，1968年に公労使で構成される「審議会方式」に改正される等，不十分さも目立った。

その後，高度経済成長から1973年のオイルショック後の不況を契機に，企業の「減量経営」にともなう賃上げ抑制や所定外労働時間の増加といった労働環境の悪化が進んだ。また，労働運動に注目すると，企業別組合を基盤に1955年より「春闘」(賃上げ闘争) が開始され，年功賃金や終身雇用とあわせて日本的労使関係が形成されたが，この時期から民間組合は労使協調路線へ傾斜し，労働政策の下からの規制力は弱まっていった。

以上より，戦後日本の労働政策は，民主化を背景に労働政策の骨格が成立したものの，その後は労働政策の自律性の後退と労働運動の力量低下を背景に，労働者保護の面では不十分なレベルに留まっている。世界的にみても，国際労働基準を設定する189のILO条約のうち，日本はわずか4分の1 (49条約) しか批准しておらず，1号 (1日8時間・週48時間労働) 等の労働時間関連の批准本数はゼロである。8つの中核的労働基準についても，105号 (強制労働の禁止)，111号 (雇用・職業における差別待遇) はいまだ批准に至っていない。経済大国における労働政策の立ち後れは否めない。

ところが，このレベルの労働政策ですら，1980年代以降は批判の対象となり，労働政策の重大な変更が進められた。次節では，その内容に迫ってみよう。

§Ⅱ　「労働ビッグバン」から「岩盤規制改革」へ
——規制緩和と労働者保護の大転換

1　グローバル化と「労働ビッグバン」

1980年代から現在に至る労働政策の特徴は，経済のグローバル化・構造改革にともなう「逆コース」への転換といえる。

まず，この時期の政策形成においては，経済構造の変化と内外からの圧力を無視できない。日本企業は「減量経営」による集中豪雨的輸出を背景に，1980年代前半より日米貿易摩擦が深刻化した。米国が貿易赤字の解消を求めて圧力をかけるなか，日本政府は経済構造調整政策に着手するようになった。1990年代に入ると，米国は日本経済全体の「改造」へと関心を移し，日米構造協議や「年次改革要望書」を通じて規制緩和を要求していった。さらに2000年代には，「日米投資イニシアティブ」の中で労働関係への言及もなされ，在日米国商工会議所からも労働力流動化に向けた提言が出されるようになった。

他方，日本の大企業も，日米貿易摩擦を回避すべく，1980年代後半より本格的な海外進出に乗り出し，多国籍企業に変身を遂げるとともに，国内ではリストラとあわせて雇用・賃金の抜本改革をめざすようになった。その具体的指針が，日本経営者団体連盟（日経連）『新時代の「日本的経営」』（1995年）である。そこでは，労働力を①長期蓄積能力活用型，②高度専門能力活用型，③雇用柔軟型に分類し，自社では①のみを少数精鋭で育成し，②③は外部労働市場から調達することで，３類型を組み合わせて活用する雇用ポートフォリオ戦略が示された。三層構造を通じた雇用流動化を前提に日本的経営を変革するのが，そのねらいであった。

こうした内外の圧力によって，労働法制の規制緩和が本格化していった。1980年代の中曽根政権では，第二次臨時行政調査会を舞台に，「民間活力」をキーワードとする規制緩和政策に乗り出した。特に労働面では，国鉄の分割・民営化と労働組合の選別・解体が行われ，労働運動の弱体化と下からの規制力への負の影響をもたらした。また，労働者派遣法の制定（1985年）や労働基準法改正（1987年。週40時間制，変形労働時間制拡大，裁量労働制の導入）もなされ，労働市場・労働時間の規制緩和の第一歩が踏み出された。

さらに，経済のグローバル化が進展する1990年代後半以降，労働法制の大転換へとアクセルを踏んだのが，橋本政権と小泉・安倍（第一次）政権の「構造改革」である。前者では，上記『新時代の「日本的経営」』に呼応する形で「規制緩和推進計画（再改定）」が閣議決定され，労働時間法制や労働者派遣，民間職業紹介事業等の規制緩和が推進された。後者では，戦略的会議（経済財政諮問会議，総合規制改革会議）が設置され，構造改革が機動的に遂行された。こうした一連の改革パッケージは，「労働ビッグバン」と称される。

「労働ビッグバン」とは，①働き方の多様化，②労働市場移動の容易化，③不公平な格差是正を目的とする労働市場の抜本改革である。具体的には，次の３領域で展開された。第１に，労働時間改革である。1998年の労働基準法改正では，裁量労働制のホワイトカラーへの拡大や変形労働時間制の要件緩和，2003年改正では企画業務型裁量労働制の要件緩和等，１日８時間労働制の弾力的運用が推し進められた。第２に，雇用改革である。その代表例が労働者派遣法の相次ぐ改正であり，1996年に対象業務の拡大，99年に原則自由化，2003年に製造業務への派遣が解禁された。また，2003年の労働基準法改正で，有期契約の期間延長もなされた。さらに，雇用流動化に対応する形で1999年に職業安定法が改正され，戦後禁止された民間職業紹介事業の自由化への道を開いた。第３に，外資導入や企業リストラ支援の法整備である。1998年の金融再生法では，リストラ計画提出を前提とする税制優遇・金融支援が決定され，2000年の労働契約承継法では，分割会社への強制的転籍が容認された。

こうした「労働ビッグバン」の第１の特徴は，労働政策の思想的転換である。この政策の前提となる思想は，労働市場を一般市場と同一視し，「契約の自由」を強調して労働法制や労働組合を阻害要因と捉える新自由主義である。つまり，労働者＝弱者と捉える労働者保護から脱却し，上からの公的規制や労働組合の下からの規制を撤廃することが，この政策のねらいなのである。

もう１つの特徴は，政策決定過程の変質である。まず小泉政権より，内閣府の権限強化と戦略的会議の設置に基づく首相主導の政策形成システムが導入された。特に雇用の多様化・流動化に関わる分野は，厚生労働省・労働政策審議会から内閣府・戦略的会議へと議論の場が移されていった。第２に，政策形成過程で労働側が排除されるようになった。上記戦略的会議では，労働関係者の委員はゼロであり，労働政策審議会の公労使構成原則は無視されるとともに，経済界からは利害関係者である人材派遣業者が委員に複数人選ばれた。

こうして，「労働ビッグバン」は，従来の労働政策の前提を覆す思想的根拠に基づき，米国・財界の要求と労働側排除という非対称構造の中でトップダウンの政策決定がなされ，労働者保護政策の弱体化が進められたのである。

2　アベノミクスと「岩盤規制改革」

その後，一連の規制緩和が生み出した格差に対する世論の批判を背景に，「労働ビッグバン」は一時期足踏みする。しかし，2012年末に成立した第二次安倍政権は，「戦後レジームからの脱却」を掲げ，アベノミクスを看板に戦略的会議（経済財政諮問会議，日本経済再生本部，産業競争力会議，規制改革会議）を発足させることで，「労働ビッグバン」を再起動させた。とりわけ2014年の『日本再興戦略〔改訂版〕』では，雇用分野が農業・医療と並ぶ「岩盤規制」であると標的にされ，安倍首相の「岩盤にドリルで穴を開ける」発言を機に改革が加速していった。ここでは，３つの柱に注目しよう。

まず第１が，「働き方改革」と称する労働時間法制改革である。代表例が「高度プロフェッショナル制度」の創設案である。これは，金融ディーラーや研究職等の専門職を対象に，労働時間や残業手当等の規定の適用を除外する制度である。時間ではなく成果に対して賃金を払う「脱時間給」制度は，第一次安倍政権でも「ホワイトカラー・エグゼンプション制度」として成立を図ったが，残業代なしで長時間労働を促進する「残業代ゼロ法案」「過労死法案」と酷評され，日の目を見なかった。これを，衣替えして復活させたのが同制度である。ただし，2015年４月に法案提出まで進んだものの，実現には至っていない。年収1075万円層への対象限定や健康確保措置等が謳われているが，施行後の対象拡大という労働者派遣法の先例もあり，予断を許さない状況にある。

第２は，雇用の多様化・流動化策である。その１つが，労働者派遣法の改正である。原則１年・最長３年，専門26業務は無制限であった派遣期間を撤廃し，一律３年とするもので，強硬な反対を押し切って2015年９月に成立した。臨時的・一時的な場合に限定するという常用代替禁止の原則が撤廃されて，人を変えれば派遣労働者を使い続けることができるようになり，企業は雇用調整が容易になった。反面，労働者は3年ごとに派遣先を変更する必要があり，期間後の正社員への道も閉ざされるため，「雇い止め」「生涯派遣」への不安が高まっている。また，正社員については，「限定正社員制度」が導入された。これは，職種・勤務地・勤務時間等を限定した正社員のことで，2013年施行の改正労働契約法で導入された。有期契約5年超で無期契約転換となるため，労働条件を限定して企業の人件費増大を抑制するための「受け皿」制度である。したがって，限定正社員は，賃金は通常の正社員よりも低く抑えられるほか，勤務地・職務がなくなれば契約終了＝解雇の可能性もあり，正社員の二極化をもたらす制度といえる。さらに懸念されるのが，解雇の金銭解決制度である。これは，裁判で不当解雇と判断された場合でも，企業がお金を払えば解雇できる制度であり，2015年の規制改革会議の答申を踏まえて導入が目論まれている。この制度が導入されると，正社員ですら，企業が一方的に解雇を濫用するおそれが出てこよう。

第3に，外国人労働力の導入策である。その1つが，外国人技能実習制度の抜本的見直しである。内容は，3年から5年への期間延長や対象職種・受入枠の拡大等であり，2015年に閣議決定された。また，人手不足の製造業や介護，家事支援でも外国人導入のための新たな就労制度を設ける等，国内労働市場のグローバル化路線も打ち出されている。しかし，外国人技能実習制度は，外国人労働力導入の「抜け穴」として機能し，国内外で「強制労働」と非難されてきたため，拡充策には否定的意見が根強い。

これらの改革のねらいは，「行き過ぎた雇用維持型から労働移動支援型へ」政策を転換し，「岩盤規制」と称する終身雇用や年功賃金等の雇用慣行の緩和・撤廃によって正社員の労働基準を非正規レベルまで切り下げ，さらに民間人材ビジネスを介して労働力流動化を促進することにあるといえる。そして改革の「突破口」として2013年に新設されたのが，「国家戦略特区」制度である。ここでも，労働側を排除した一握りの委員による政策決定プロセスを通じて，解雇制限緩和や有期雇用・労働時間規制の見直し，有料職業紹介事業の拡充，外国人の活用等が検討されている。こうして，「労働ビッグバン」は完成に向かう反面，労働政策の「戦後レジーム」は風前の灯となっている。

図表６－１　年間総実労働時間と過労死・過労自殺等の推移

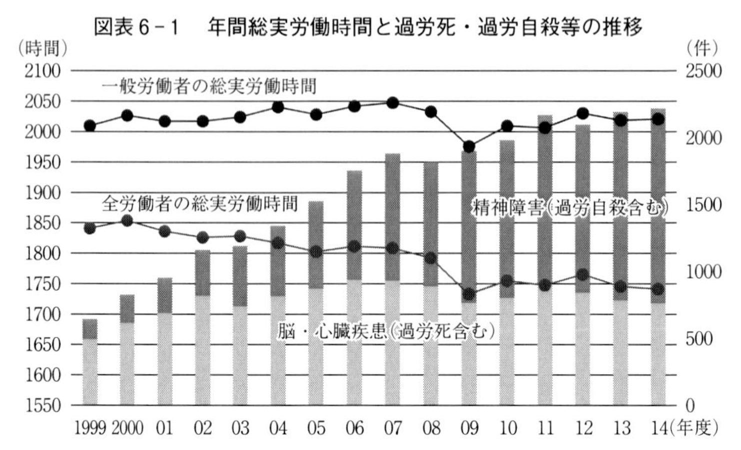

注：労働時間は事業所規模５人以上。脳・心臓疾患と精神障害は，労災請求件数である。全労働者は一般労働者＋パートタイム労働者をさす。

出所：厚生労働省「第１回過労死等防止対策推進協議会　参考統計資料」2014年12月17日，同『毎月勤労統計調査』，同『過労死等の労災補償状況』各年版より作成。

では，こうした労働政策の大転換は，人々にどのような影響をもたらしたのだろうか。次節では，そのインパクトについて検討しよう。

§Ⅲ　労働政策の貧困／労働者の貧困

1　長時間労働・「ブラック企業」と過労死

まず，労働時間改革の影響からみてみよう。戦後の労働基準法は，日本に初めて１日８時間労働制をもたらしたが，例外規定が多く，同法36条の規定（三六協定）により労使協定を通じて時間外労働が無制限に可能である等，多くの課題を抱えていた。さらに，近年では変形労働時間制や裁量労働制等を通じた弾力的運用が進み，長時間労働がいっそう大きな社会問題になっている。

図表６－１は，年間労働時間の推移を示したものである。一見すると1700時間台まで時短が進んだようにみえるが，これは短時間労働の非正規雇用者の増大によって総時間数が減少したからであり，一般労働者は2000時間強で高止まりしている。この間，企業ではリストラを通じて正社員比率を低下させたため，正社員１人当たりの労働負担が増加して残業時間が増えるとともに，年次有給

休暇の取得率も5割を割り込んでいる。国際比較でも，日本はイギリスより87時間，ドイツより433時間長く（2013年），群を抜く「働き過ぎ先進国」である。

しかも，注意すべきは，同図表の原データである厚生労働省の調査は，企業が賃金台帳に記載した支払労働時間の集計値に過ぎず，賃金が支払われていない時間外労働が抜け落ちているという点である（森岡 2013）。総務省のデータによると，正規労働者の年間労働時間は2340時間（2014年）であり，その差・約600時間が「サービス残業」と推察される。

このような働き過ぎ状態は，労働組合の組織率の低下（2014年で17.5％と過去最低），労働争議の少なさ（同年495件と過去最低）等を通じて労働側に不利な力関係が働いたからであり，規制緩和での労働時間の弾力的運用をテコに都合のいい「働かせ方」が進んだ結果である。なかには，権限のない平社員を管理職扱いして残業代支給をカットする「名ばかり管理職」や，労働者を消耗品のように徹底的に使い潰す「ブラック企業」が，大きな話題となった。

こうした無制限な働かせ方の究極の姿が，過労死・過労自殺である。1980年代より“Karoshi”は国際語になるとともに，88年には「過労死110番」が開設され，被害者相談や家族の会結成，損害賠償・行政訴訟等の支援が行われるようになった。しかし，図表6-1が示すように，今でも年間2000人以上が過重労働で倒れ，労災請求を行っている。近年の特徴は，過労自殺を含む精神障害の急増であり，15年で9倍以上に達した。過労死は高齢者，過労自殺は若年層が比較的多く，被害者の労働時間は，週100時間超の割合が過労死関係で過半，過労自殺関係で4割近くを占めている。

このようななか，過労死防止策を求める人々の声に押される形で，2014年に過労死等防止対策推進法が成立した。同法には国の責務が明記され，遺族と労使代表等を委員とする過労死等防止対策推進協議会の設置等が動き出すことになった。しかし，政府は，第2節で述べた「高度プロフェッショナル制度」で労働時間規制の適用除外という真逆の方向性をめざしており，今後は長時間労働の規制要求と労働時間の規制緩和要求とのせめぎ合いが予想される。

2　「非正規大国化」とワーキングプアの増大

次に，雇用改革の影響に視線を移そう。図表6-2は正規・非正規別雇用者数

図表６－２　雇用者数（正規・非正規別）と月間現金給与総額の推移

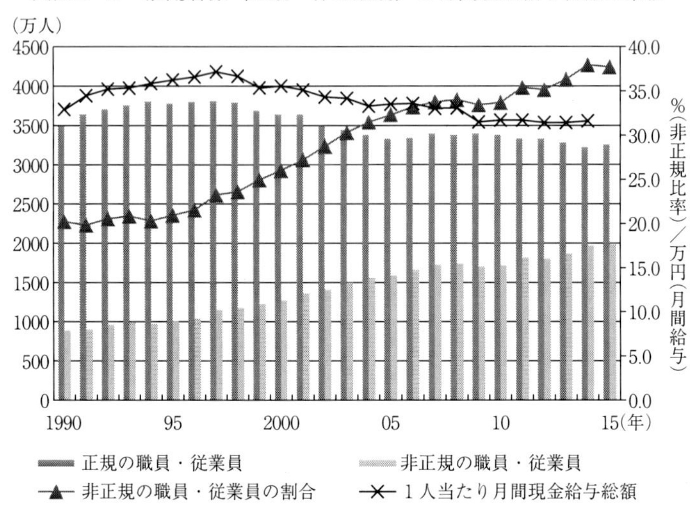

注：雇用者数については，2011年までは２月時点，それ以後は１～３月平均を出している。月間現金給与総額は，常用雇用者が対象で，事業所規模５人以上の数値である。

出所：総務省統計局『労働力調査』，厚生労働省『毎月勤労統計調査』各年版より作成。

の推移を示したものである。正規雇用者は1997年をピークに減少する一方，非正規は右肩上がりで増加し，1990年に２割台であった非正規の占める割合は，2003年に３割台を突破し，今や４割に迫る勢いである。特に目立つのが，女性と15～24歳の若者であり，1990～2015年の間に前者で38％から57％へ，後者で21％から50％へと激増している。

非正規のこうした拡大は，正規との賃金格差と雇用者所得の全般的低下をもたらした。図表６－２の月間現金給与総額の推移を見ると，1997年の37.2万円をピークに，今では31.7万円へと，非正規の増大にあわせて右肩下がりである。また，図表６－３が示すように，正社員男性，正社員女性，非正規男性，非正規女性の順に低賃金化が進み，月収20万円未満層のシェアが非正規男性で６割強，非正規女性では９割にのぼっている。総務省データでも，1997～2012年の間に年収200万円未満層の割合が26％から33％へ，特に非正規では71％から82％へ拡大している。雇用形態とジェンダーを軸にワーキングプアが大量に出現していることがうかがえる（★コラム６－１）。

図表 6－3　性別・就業形態別の賃金格差

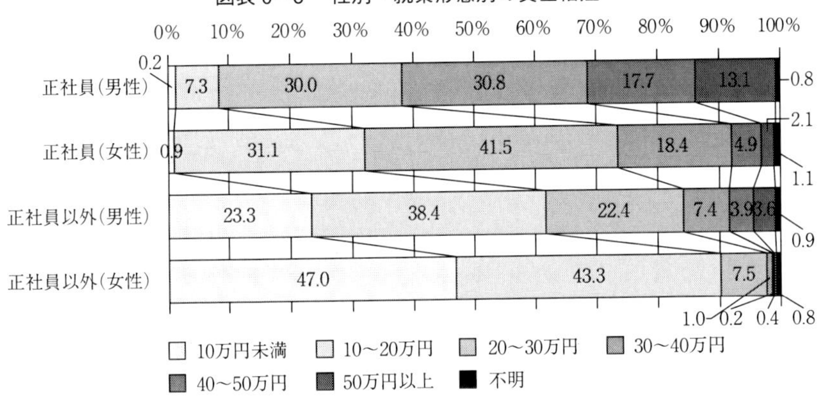

注：2014年9月の賃金総額（税込）。
出所：厚生労働省『平成26年就業形態の多様化に関する総合実態調査』2015年より作成。

実は，非正規は，企業に直接雇われるパート，アルバイト，契約社員や，派遣・請負会社経由で間接的に雇用される派遣・請負労働者等，多岐にわたる。こうした非正規のバラエティ化を後押ししたのが，派遣法の導入や有期雇用の緩和，民間職業紹介事業の自由化等の労働法制改革である。特に派遣法は，戦前の反省ゆえ禁止された労働者供給事業の例外として復活したものであり，対象業務の段階的拡大によって企業の選択肢を増やす役割を果たした。間接雇用だと賃金節約や雇用調整，使用者責任の軽減等のメリットが大きく，派遣会社に事前登録し，連絡を受けてから1日単位で細切れに働く「日雇い派遣」，社会保険・租税等の負担回避のために形式上請負で処理される「偽装請負」，沖縄や南米等でのリクルートをへて自動車産業等の集積する東海地域へ送り出される「出稼ぎ派遣」等，様々な形態が広がっていった。

しかし，労働者側からすれば，賃金切り下げや社会保険の不適用，雇用主責任の曖昧化，雇い止めのリスクにさらされやすく，安定雇用や収入増が期待できる正社員への変更希望が強い。にもかかわらず，派遣利用の拡大に対して労働者保護は等閑にされたため，リーマンショック時に「派遣切り」という形で矛盾が爆発した。同時期にはわずか9か月で非正規労働者約19万人が契約を突如切られて仕事と住居を失い，救済策として厚生労働省前の公園でNPOによ

★コラム6-1　「ジェンダー格差大国」をいかに克服すべきか

世界経済フォーラムの「世界ジェンダー格差指数」が，話題になっている。同指数は，経済・教育・健康・政治の観点から男女格差を指数化し，国別にランキング化したものである。2015年の日本の順位は142か国中101位であり，「経済大国」の「ジェンダー格差大国」ぶりがうかがわれる。OECD『ジェンダー白書』でも，男女別賃金格差は30か国中下から２番目，特に母親は最下位であった。

背景には，何があるのだろうか。第１に，雇用・賃金格差があげられる。国連女子差別撤廃条約を背景に，1985年に男女雇用機会均等法が制定され，露骨な男女差別は禁止されたが，総合職／一般職の「コース別雇用管理」のもとで，今も女性は企業社会の周辺にとどめ置かれている。しかも，労働規制緩和による女性の非正規比率の上昇も，格差に拍車をかけている。

もう１つの背景は，家庭責任格差である。女性の非正規の多さは，再生産労働を女性に転嫁してきた性別役割分業と日本型福祉政策が影響している。男性は「社畜」的な長時間労働，女性は家計補助的な労働に仕分けされ，出産・育児期の離職とパート等での再就職を反映した労働力率の「M字型カーブ」は解消されていない。男性の育休取得率はわずか２％である一方，有職女性の６割強は出産を機に離職し，派遣社員は半数近くが「マタハラ」を経験している。これでは少子化も当然のなりゆきであろう。

男女雇用機会均等法から30年後，女性活躍推進法が成立した。しかし，肝心なのは，「一億総活躍」のかけ声よりも，同一価値労働同一賃金原則の実現と，性別役割分業の構造変革である。真の意味で，女性も男性も，外でも家庭でも生き生きと活躍できる制度的基盤づくりが求められる。

る一時宿泊所「年越し派遣村」が開設される事態となった。この問題を受けて，2012年には派遣法が改正され，日雇い派遣が原則禁止になったものの，15年の改正で派遣は臨時的・一時的な仕事から恒久的な仕事へと格上げされた。

つまり，雇用改革は正規の縮小と非正規の拡大を促進し，雇用の劣化で大量の貧困層を生み出すとともに，『新時代の「日本的経営」』が示したピラミッド構造に向けて，労働者間の越えられない「壁」を作り出しているのである。

3　失業・貧困と自己責任型生活保障

さらに，「非正規大国化」は，社会全体の貧困と暮らしの危機につながって

図表 6－4　失業と生活保護の推移

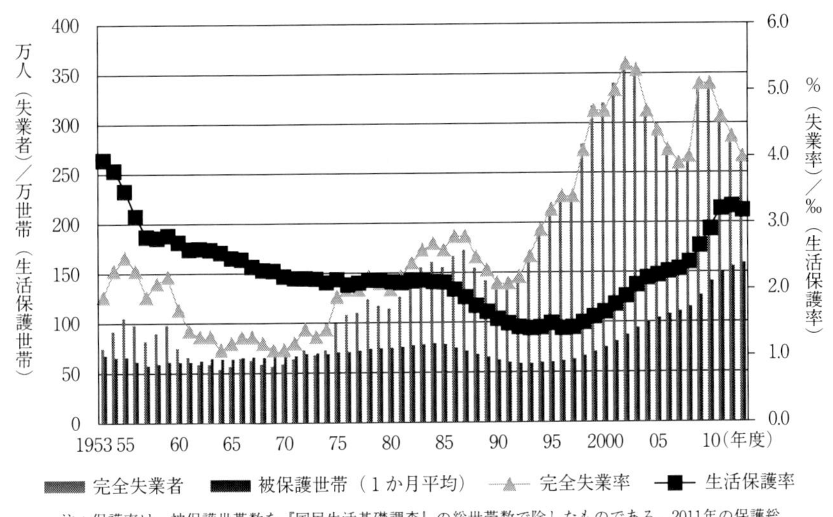

注：保護率は，被保護世帯数を『国民生活基礎調査』の総世帯数で除したものである。2011年の保護総世帯数は岩手，宮城，福島の各県が，12年は福島県が含まれていない。失業者数ならびに失業率の1972年までの数値には，沖縄が含まれていない。

出所：国立社会保障・人口研究所『「生活保護」に関する公的統計データ一覧』（2015年10月10日閲覧），厚生労働省『平成24年度　被保護者調査』，総務省統計局『労働力調査　長期時系列データ』より作成。

いる。**図表 6－4** が示すように，完全失業者は1995年に200万人台，99年には300万人台を超え，失業率は一時５％を突破するまで上昇した。ところが，失業の長期化や，非正規増大にそぐわない雇用保険制度（納入期間に比例した給付方式や保険適用範囲の狭さ），制度改正による失業給付日数・給付額の削減により，失業給付受給者は2001年の111万人をピークに逆に減少し，失業者の中で手当を受けている人は同年の３分の１から今や２割を割り込んでいる。労働政策の貧困は，失業時の生活保障にも及んでいる。

その結果，相対的貧困率が上昇しており，1985年の12％から2012年には16％へ，子どもの貧困率も11％から16％へと，約６人に１人が貧困に陥っている。なかでも１人親世帯は深刻で，２人に１人以上が貧困状態である。かつて「一億総中流」と呼ばれた時代は過ぎ去り，OECD諸国の中でも貧困率の高い国の１つへと変質し，次世代への貧困の連鎖が懸念されている。

また，雇用・失業悪化は，年金制度の不備を通じて高齢者の生活にも悪影響を及ぼしている。年金は，雇用で得られた収入から保険料を拠出し，老後の生活を保障するものであるが，非正規の場合は低収入ゆえに低い給付水準になるとともに，短時間労働者は被用者保険の適用外であるため，正規との給付格差が生じている。さらに，年金受給者数の増大に対して賃金が全般的に低下しているため，年金財政の悪化にも直面している。政府は，「マクロ経済スライド」（2004年）等の年金改革を重ねて導入したものの，一連の改革は応益負担に基づく給付抑制を通じた小手先の財政改革に過ぎない。日本の年金水準は現役時の平均所得の35.6％と，OECD諸国の中で下から３番目の低水準であり，安定雇用に基づく賃金引き上げや応能負担化等の抜本改革が求められる。

セーフティネットといわれる生活保護の状況も厳しい。**図表６-４**が示すように，1990年代後半より増加に転じ，2013年現在で２倍の159万世帯と過去最高に達している。最近の特徴は，高齢世帯や母子世帯，障害・傷病世帯以外の世帯への広がりであり，過去10年で3.4倍に増えている。しかし，度重なる保護適用の厳格化や基準引き下げ，受給申請の却下（水際作戦），「不正受給バッシング」による生活保護へのスティグマ強化により，多くの世帯が保護の網から漏れている。2010年発表の厚生労働省推計によると，生活保護基準未満の低所得世帯に対する生活保護受給世帯の割合はわずか15％で（資産考慮でも32％），生活保障の脆弱性は明らかである。ほかにも，住居を失って段ボールやブルーシートの下で暮らすホームレスや，24時間営業店を渡り歩きながら不安定就労に従事する「ネットカフェ難民」も，無視できない数にのぼっている。

にもかかわらず，政府は，生活保障の充実よりも就労促進・自立支援による保護削減をめざしている。2013年の生活保護法改正では，就労自立が強化されるとともに，生活困窮者自立支援法を新たに制定して，就労に必要な訓練を生活困窮者に施すことで，生活保護申請を未然に防止しようとしている。しかし，北欧の積極的労働市場政策とは異なり，想定される就職訓練・期間が限定された内容であるばかりか，労働法制適用外の「中間的就労」が制度化されており，実際は半失業の促進策に過ぎない。失業・半失業でも就労・自立させる自己責任型生活保障から，当事者の事情に寄り添う真の生活保障が，今こそ求められている。

§Ⅳ　新たな労働政策を求めて

以上のように，本来の労働政策は，資本主義社会で必然的に生じる疎外された労働を規制し，人間らしい労働と生活を国が保障する労働者保護政策として形成されてきた。しかし，戦後になってようやく労働政策が確立した日本では，労働運動の下からの規制力の弱さゆえに，政策内容は先進国の中でも低い水準に留まっている。しかも，その水準ですら，「労働ビッグバン」から「岩盤規制改革」へ至る当事者排除の規制緩和策を通じて解体の危機に直面している。こうした労働政策の貧困を背景に，戦前の原生的労働関係への回帰を彷彿とさせる労働基準の切り下げや雇用の劣化，貧困の拡大が生じるとともに，子どもや高齢者にも悪影響が広がり，社会全体が貧困化へと向かう悪循環に陥っている。では，今後はいったい何が求められるのだろうか。

まず第1に，労働基準面での再規制が必要である。人間らしい仕事を実現するには，過労死に及ぶ労働時間の無制限の延長に歯止めをかけ，8時間労働制の真の確立に向けて時短を推進することが不可欠である。同時に，貧困の原因となる低賃金の解消に向けた最低賃金のアップも欠かせない。この点で注目されるのが，自治体の発注業務に際して，最低賃金を上回る水準を契約条件とする日本の公契約条例や，8時間労働で生活できる賃金を保障する米国等の生活賃金条例の動きである。地域や海外での実践を全国に広げていくことが求められよう。

第2に，雇用面での再規制である。外国人を含む非正規雇用の拡大やジェンダー格差の解消に向けて，同一価値労働同一賃金や均等待遇をまずは実現しなければならない。加えて，正社員の二極化をもたらす限定正社員やリストラを容易にする解雇規制撤廃といった正規の非正規化に歯止めをかけ，非正規の正規化と半失業防止の生活保障を，国の責任で充実させる必要がある。

最後に，上記の労働政策を推進するための，労働運動の下からの規制力の強化である。最近は個人加盟組合やローカル・ユニオン，労働NPO，反貧困運動等，若者による新たな労働運動が活発化しており，米国でもファストフード産業等で時給15ドル（1800円）をめざす運動や地域で最低賃金条例の制定を求める運動が盛り上がりをみせている。また，多国籍企業のグローバル展開にあわせて，労働組合やNGOによるサプライチェーンに対応した組織化や，国境を越えて統一賃金闘争に取り組む「アジア最低賃金同盟」も登場している。グローバル化が国内のリストラと労働政策の弱体化につながっている点を踏まえれば，労働者も国境を越えて連帯し，資本と各国政府に圧力をかけることがますます大事になってきている。ILOが提唱するディーセントワーク（働きがいある人間らしい仕事）を実現するには，当事者である労働者が自らの権利を自覚し，仲間と力を結集して本来あるべき労働や生活を追求していくことが，ますます求められているのである。

【文献ガイド】

石畑良太郎・牧野富夫編『よくわかる社会政策―雇用と社会保障〔第2版〕』ミネルヴァ書房，2014年

社会政策の中でも労働政策に力点をおいた最新のテキスト。労働政策の様々な領域を網羅的に紹介している。

五十嵐仁『労働政策』日本経済評論社，2008年

政治学の立場から，労働政策を体系的に論じた書。労働行政や規制緩和の政策形成プロセスが詳細に論じられている。

伍賀一道『「非正規大国」日本の雇用と労働』新日本出版社，2014年

非正規雇用の歴史と今日的拡大を詳細に分析した成果。構造改革がいかに「働き方・働かせ方」の劣化をもたらしたのかを浮き彫りにしている。

◀問題――さらに考えてみよう▶

Q1　日本の労働政策は他の先進国と比べてどのような特徴があるか，またなぜそうなったのか，考えてみよう。

Q2　労働にまつわる最近の事件について，新聞記事やテレビ，インターネット等で調べてみよう。その問題が起きた背景についても，考えてみよう。

Q3　バイトや就活・インターンシップの中で，「ブラック」な経験をしたことはあるだろうか。お互い経験を話し合い，どのような解決策があるか，考えてみよう。

【岩佐和幸】

Chap. 7

医療政策を考える

▶生活保障としての医療

★医療費と患者負担

病気になったとき，お金が足りるか不安に感じたことはないだろうか。日本の医療制度では，医療機関にかかったとき，医療費の３割を患者が負担することとされている。例えば，風邪などで受診した場合，診察料や薬代などで医療費が6000円になるとすれば，その３割の1800円を，受診するたびに病院や薬局の会計で支払わねばならない。入院して手術を受けるようなケースだと，患者負担の上限額（高額療養費制度）が適用されても，その月の支払額が10万円を超えることも珍しくない。

一見すると大変な負担であるが，しかし医療費の７割は医療保険が支払っている。仮に医療保険がなかったならば，患者の支払額は風邪でも毎回6000円，入院のケースは時に数百万円に達することになる。これでは，よほど裕福な患者以外は，安心して医療を受けることができないだろう。

本章では，人々の生活を支えるのに不可欠な社会制度のひとつである医療制度が，どのように形成され，現在どのような課題に直面しているのか，より望ましい制度改革の方向性はどこに存するのかについて，一緒に考えてゆきたい。

§Ⅰ　医療政策の歴史的展開

1　医療制度の形成と発展

⑴　医療保険制度

医療制度は，医療費を賄うしくみである医療保険制度と，医療従事者や医療施設などの整備に関する医療提供体制とに分けて考えることができる。

日本の医療保険制度は，1922年の健康保険法を起点とする。健康保険法が制定された背景として，日本における資本主義経済が急速に発展するなか，次第に工場労働者の過酷な労働実態が明らかとなり，労働者を保護する法制度の必要性が明らかとなってきたことが指摘できる。加えて，1897年に結成された労働組合期成会が各職域で労働組合の結成を促すとともに，労働運動の一環として労災保険や医療保険制度の創設が強く要求されたという事情もある。そうした情勢のもとで，1922年に労働者を対象とする健康保険法が成立，関東大震災を挟んで27年に施行された。健康保険法は，当初は工場労働者本人だけを対象としていたものの，その後，労働者全般とその扶養家族を対象とする被用者保険として発展を遂げた。

次いで，日中戦争から第二次世界大戦に至る戦時体制のもと，いわゆる健民健兵政策の一環として，1938年に国民健康保険法が制定された。国民健康保険法によって，健康保険が適用されない住民を対象に，市町村等が国民健康保険を設立し加入させるしくみが導入された。制定当初は，国民健康保険の設立は市町村の裁量であり，住民側の加入も任意であった。にもかかわらず，国民健康保険は，当時世界でも例をみない地域保険として，その後の国民皆保険への足がかりとなった。健康保険と国民健康保険を両輪に，1943年にはすでに国民の７割が医療保険に加入していた。

戦後日本の社会保障制度は，日本国憲法第25条と，それを受けた1950年の社会保障制度審議会『社会保障制度に関する勧告』に基づく。この1950年の勧告は，「社会保障制度とは，疾病，負傷，分娩，廃疾，死亡，老齢，失業，多死その他困窮の原因に対し，保険的方法又は直接公の負担において経済保障の途を講じ，生活困窮に陥った者に対しては，国家扶助によって最低限度の生活を保障する」として，社会保障制度の整備を政府に求めた。医療保険に関しては，1958年に国民健康保険法が改正され，61年に国民皆保険制度が実現された。1973年には老人医療費（高齢者の患者窓口負担）が無料化され，政権与党は「福祉元年」を迎えたと自賛した（★コラム７－１）。

⑵　医療提供体制

医療提供体制に目を転じると，江戸時代までの漢方医制度から，1874年の医制発布にともない西洋近代医学に立脚した医学教育が導入され，1906年の医師法をもって西洋医学を修めた者のみに医師免許が認められることとなった。医制はまた，自由開業医制，すなわち開業医に依拠した医療提供体制をも定めた。そのため，日本では，わずかな期間を除いて，私立病院数が公立病院数を一貫して上回った。また，1916年には開業医の全国団体である大日本医師会が

★コラム7-1　米国の無保険者問題

米国では，日本やEU諸国とは異なり，国民すべてを対象とした普遍的な医療制度が存在しない。高齢者や生活保護の対象者を除いて，現役世代とその家族は，民間の保険会社が販売する医療保険に加入する。企業が福利厚生の一環として医療保険を提供する場合もあるが，日本の健康保険のように強制加入制ではなく，企業側にも従業員を医療保険に加入させる義務はない。そのため，医療保険料が負担できない低所得者層や移民労働者を中心に，医療保険をもたない無保険者が多数生じている。その数は，2013年で約4200万人，総人口の13.4%に達する。さらに，医療保険に加入していたとしても，既往症が保険金支払いから除外されたり，あるいは保険金支払額の上限が設定されたりすることで，医療保険の支払いが十分ではない，いわゆる一部保険という問題もある。そうした無保険・一部保険の問題の改善を企図して，2010年に「患者ケアと妥当な医療に関する法律」，通称「オバマケア」が成立したものの，国民皆保険の実現にはほど遠いのが米国医療の現状である。マイケル・ムーア監督のドキュメンタリー映画『シッコ SiCKO』（2007年）を観て，無保険者・一部保険者がどんなに悲惨な状況にあるのか，医療制度がいかに大切であるか，じっくりと考えて欲しい。

結成され，23年には日本医師会へと改組された。

自由開業医制のもとで，多くの国民は医療費が支払えず，医師にかかることが難しかった。また，農山漁村では，そもそも医師がいない無医村も少なくなかった。そうした状況を背景に，1911年に東京・京橋で実費診療所が開設され，また19年に島根県で産業組合法に基づく診療所（医療利用組合）が設立されるなど，1910年代から20年代にかけて，医療運動が広がりをみせた。医療利用組合は，その後1932年の産業組合法改正により東北地方を中心に設立が進み，今日に至る農村医療の拠点ともなった。

戦時中は医療の国家統制が強められたものの，戦後においても自由開業医制は継続された。1948年に制定された医療法は，医療における営利性，すなわち利益の分配を禁止し，病医院が株式発行等を通じて資金を調達することや，株式会社が病医院を経営することを禁止した。その一方で，医療機関の資本蓄積と経営の永続性を容易にすべく，1950年に医療法人制度が創設され，60年には長期かつ低利の貸し付けを行う医療金融公庫（現在の独立行政法人福祉医療機構）

も設立された。自由開業医制を保持しつつ，医療の営利化に歯止めをかけたわけである。

(3) 診療報酬制度と医療産業

医療保険制度と医療提供体制とをつなぐのは，診療報酬制度である。診療報酬制度とは，医療行為や医療材料，処方薬の値段（診療報酬点数）を国が定めるとともに，医療保険からの給付範囲をも決定するしくみである。医療機関は診療報酬点数に基づいて医療費を計算し，その書類（レセプト）を保険者（支払基金および国保連合会）に提出し，患者負担を除く7割の支払いを保険者より受ける。

日本の診療報酬制度では，先進医療や選定療養（差額室料など）などのごく一部を除いて，基本的にすべての医療行為や医療材料，処方薬を保険給付の対象としている。それゆえ，保険診療ですべての医療を賄うことを前提に，保険診療と自由診療（私費で行われる診療）との併用，いわゆる混合診療も制度的に禁止されている。さらに，ほとんどの医師・医療機関が保険医・保険医療機関として登録しているため，患者は保険証さえあれば，国内の医療機関を自由に受診できるフリーアクセスも保障されている。

診療報酬制度においては，診療側と支払い側との対立がたびたび生じており，1971年には医師会が保険医総辞退を宣言するにまで至った。総辞退そのものは，当時の政府・与党を巻き込んで政治的な決着が図られ，ほぼ1か月で終了したものの，医療制度のあり方について国民の関心を高める機会となった。

1961年の国民皆保険の達成は，国民に普遍的な医療保障を実現しただけでなく，産業としての医療の成長にも貢献した。国民医療費は，1961年の5130億円（国内総生産比2.54％）から70年の2兆4962億円（同3.32％），80年には11兆9805億円（同4.82％）と，経済成長を上回るペースで着実な増加をみた。1960年代から70年代にかけては，特に医薬品産業や医療機器産業，医用電子機器（ME）産業が注目を集めた。ただし，医療費の急激な増加は，医療産業と，社会保障関係支出の増加に直面する国ならびに一般租税や社会保険料負担で医療費を分担する経済界との間に経済的な利害対立を引き起こすことにもなる。

2　転換期を迎えた医療制度

(1)　医療費抑制政策への転換

医療を含めた社会保障制度の拡充政策は，2度のオイルショックにともなう経済構造の変化と財政赤字の深刻化，また新自由主義を志向する政権の登場などにより，曲り角を迎えた。1981年に設置された第二次臨時行政調査会は「増税なき財政再建」を至上命題に掲げ，社会保障関係予算の抑制・削減を提唱した。

医療においては，1981年6月1日の薬価基準の大幅引き下げを起点に，診療報酬の改定が1桁に抑えられ，2000年代にはマイナス改定が続いた。その結果，国民医療費の対前年伸び率は，1970年代までの2桁から80年代以降は1桁へ低落，2000年代には対前年度増加率は平均して2％程度にまで落ち込むことになった。老人医療費の無料化も，1983年老人保健法を機に撤廃された。

医療提供体制面では，1985年の医療法改正により病床規制が導入され，公立病院だけでなく民間病院も含めて，病床過剰地域（主に都市部）においては病院の新規開設や増床が認められなくなった。また，1986年には「将来の医師及び歯科医師の需給に関する検討委員会」が医師・歯科医師数の抑制を主張し，90年代頃には医学部・歯学部の定員削減が進められた。医学部の定員削減策は2007年に撤回されたものの，今日に至る医師不足の問題を招いた。

1980年代から2000年代は，経済構造だけでなく，人口構造の面でも転換をなした。1990年には合計特殊出生率が1.57へと落ち込む一方（1.57ショック），94年には65歳以上人口の割合が14.5％を超えるなど，日本は本格的な少子高齢社会へと突入した。高齢者福祉の分野では，1997年に介護保険法が成立，2000年より施行され，高齢者医療の一部を含める形で，第5の社会保険としての介護保険制度がスタートした。

(2)　医療産業の新たな展開

1980年代から2000年代にかけて，医療産業は新たな展開をみせた。第1に，医療費抑制政策がとられるなか，病医院の各種業務を低コストで受託し代行する医療関連サービス業が成長したことである。検体検査，患者給食，滅菌・消毒，清掃，洗濯など様々な業務が委託され，その市場規模と受託業務範囲は今日なお拡大している。医療関連サービス業に対しては，医療法および医療法施行規則において，患者の診療や収容に著しい影響を与える8業務について法的な規制が導入されたほか，1990年には業界団体である医療関連サービス振興会が設立され，受託業者の評価認定制度などを行っている。

第2に，高齢者介護ニーズの高まりを背景に，各種のシルバービジネス・介護ビジネスが登場したことである。介護保険法によって，居宅介護事業が株式会社も含めて民間事業者に広く開放されたことを機に，訪問介護や訪問入浴介護，福祉用具貸与などにおいて，営利事業者が参入した。ただし，介護給付費の抑制や制度自体の改変，さらには介護従事者の確保困難といった問題に直面し，その後事業撤退する事業者も少なくない。

第3に，医業経営の非営利性をめぐって，株式会社による病院経営の解禁と混合診療の解禁とが，1980年代以降，繰り返し主張され，小泉政権時代には医療構造改革として閣議決定されるまでに至った。しかし，医療構造改革においてすら，最終的に株式会社による病院開設は認められず，むしろ医療法人制度において，持分あり社団形態での新設不可や既存医療法人の持分解消を促すなど，非営利性を強める方向で法改正がなされた。混合診療禁止の原則も維持され，がん治療に係る新薬等の扱いについては，保険外併用療養費制度のなかで，将来の保険導入を前提に安全性と有効性を確認する「評価療養」に位置づけられた。株式会社参入と混合診療解禁が否定された背景として，医師会をはじめとする強固な反対運動があったことに加え，米国における医療経済研究の知見によって，そうした制度改変が医療費を急増させ，医療費の抑制策と矛盾するためという指摘もある。国民皆保険の枠内で医療費が増大するならば，国と経済界全体にとってさらなる負担増を意味するからである。さらに，株式会社は短期的な利益の見通しによって容易に参入・撤退するがゆえに，安定した地域の医療提供体制の構築にはふさわしくないという政策的判断もあったであろう。

(3)　日米摩擦の医療への影響

第4に，1980年代以降，日米貿易摩擦に起因する米国からの圧力が強まったことが，医療制度にも影響を及ぼした。1985年の日米MOSS協議（市場指向型分野別協議）を皮切りに，日米構造協議（1989～90年），日米包括経済協議（1993～97年），日米規制緩和対話（1997～2001年）と，それに基づく「年次改革要望書」

(2008年まで)，さらには日米経済調和対話（2011年）など，1980年代以降，日米政府間で繰り返し政策協議が行われた。

それらの協議において，米国側の主要な関心事項のひとつが医療分野であり，医薬品や医療機器に関わる制度や診療報酬に関して，基本的には米国側の要求に沿う形で，制度の改正がなされている。医薬品と医療機器のいずれも日本側の輸入超過が続いており，特に医療機器では最大の貿易赤字相手国は米国である。とはいえ，1990年代頃より，日本の医薬品産業も多国籍企業へと本格的に飛躍し，医療機器分野でも医用電子機器を中心に，いくつかの製品セグメントにおいて競争優位を築いた。

また，民間医療保険の分野においては，米国側の要求に沿う形で，1996年にがん保険等のいわゆる第３分野保険の販売が，日本の保険会社や簡保を締め出しつつ解禁された（現在は日本企業も販売可能）。

§Ⅱ　近年の医療政策の動向

1　医療制度改革の現段階：医療介護総合確保推進法と改正国保法

では，最近の医療政策動向はどのような特徴をもつのだろうか。ここでは，３つの動向について，クローズアップしてみよう（図表７－１）。

近年における医療制度改革の柱は，2014年６月に成立した医療介護総合確保推進法（確保法）である。確保法は，2012年の自民・民主（現在は民進）・公明の３党合意による社会保障制度改革推進法と，同法に基づき設置された社会保障制度改革国民会議での検討，さらには13年末に制定された社会保障改革プログラム法という流れを踏まえて成立した。これら一連の社会保障制度改革は，いわゆる団塊の世代が75歳に達し，人口の３分の１が65歳以上高齢者で占められる2025年を念頭に，医療と介護を中心に，社会保障制度の改革を行うことを企図している。

確保法では，医療提供体制に関して，医療機関の機能分化・連携と在宅医療の充実を図るとする。具体的には，病床機能報告制度によって医療機関から報告された情報に基づき，都道府県が地域医療構想（ビジョン）を策定し，高度急性期，急性期，回復期（集中的なリハビリテーション），慢性期（長期の療養）

図表７－１　近年の医療政策動向の概要

①医療費抑制政策	②成長戦略	③日米協議，TPP
医療介護総合確保推進法 ・病床機能報告制度と地域医療構想ビジョン ・地域包括ケアシステムと介護給付抑制	日本再興戦略2014 ・非営利ホールディングカンパニー型法人制度の提唱 ・保険外併用療養費制度の拡大	日米経済調和対話 ・医薬品・医療機器の償還制度の見直し
国民健康保険法改正 ・患者負担の引き上げ ・患者申出療養の創設	日本再興戦略2015 ・医療・介護の基幹産業化	TPP協定交渉 ・知的財産権の保護強化 ・投資家対国家の紛争解決手続きの導入

といった類型別に，地域（主に２次医療圏）ごとに必要な病床数を定める。必要病床数は医療機関と共有され，類型ごとに過不足がある場合には，医療機関が集まって協議を行い，自主的に調整する。「自主的」とはいえ，民間病院が協議に応じない場合は，都道府県知事による要請や勧告がなされ，最終的には法人名の告示や各種指定の取り消しといった行政上のペナルティが課せられるため，一定の強制力をともなう。確保法により，都道府県は，これまでの単なる量的な病床規制から，民間病院も含めた病床機能の分化と連携へと踏み込むことになる。

介護保険との関わりでは，確保法は，医療，介護，住まい，予防，生活支援サービスの５つを総合的に提供する地域包括ケアシステムの構築を掲げる。地域包括ケアシステムでは，病院や介護施設（介護老人保健施設や特別養護老人ホーム）ではなく，むしろ居宅（自宅のみならず，有料老人ホームやサービス付き高齢者住宅なども含む）での医療・介護の提供を重んじる。

また確保法は，介護の費用負担を公平化するとの観点から，一定の介護サービスを介護保険の給付外とし，利用要件や利用者負担の厳格化も定めている。具体的には，①訪問介護・通所介護を，現行の予防給付から市町村が実施する地域支援事業へと移行する，②特別養護老人ホームへの入所を中重度の要介護者（原則，要介護度３以上）とする，③一定所得以上の利用者負担を２割に引き上げ（現行１割），低所得者に対する補足給付要件に資産などを追加する等である。居宅介護で利用率の高い訪問介護・通所介護が地域支援事業へ移行し，市町村が設定する介護報酬が現行の予防給付の単価を下回るならば，多くの居宅介護事業者が撤退し，「保険あって介護なし」という事態が生じるかもしれない（★コラム７-２）。

確保法が定めた介護分野での負担強化に加え，2015年５月には医療分野の患者負担を引き上げる方向で，国民健康保険法が改正された。この改正国保法では，患者負担強化の一環として，入院時食事代を引き上げる（現行１食260円を段階的に460円へ）とともに，紹介状なしでの大病院受診時の定額負担を新たに導入した。また，後述する患者申出療養も創設している。

2　成長戦略と医療制度

医療の産業振興という観点からは，日本経済再生本部（本部長は内閣総理大臣）が定める『日本再興戦略』が注目される。2014年６月24日に閣議決定された『「日本再興戦略」改定2014――未来への挑戦』（2014年再興戦略）では，新たな成長エンジンと地域の支え手となる産業を育成するとの観点から，農業や観光と並んで医療分野を取り上げ，医療・介護等を一体的に提供する非営利ホールディングカンパニー型法人制度の創設と，保険外併用療養費制度の大幅拡大などを盛り込んだ。

非営利ホールディングカンパニー型法人は，もとは産業競争力会議医療・介護等分科会の中間整理（2013年12月26日）において，米国の統合ヘルスケア・ネットワークを事例に，大学附属病院，国公立病院，保険者等を含めた連携を進め，医療におけるイノベーションや国際展開を促進するためのしくみとして提案された。また，医療と介護が密接に関連しているにもかかわらず，現行制度上は，医療法人が特別養護老人ホーム等の開設・運営を行うことが認められておらず，ゆるやかなグループを形成するしかないという事情もあった。

そこで，厚生労働省の「医療法人の事業展開等に関する検討会」は，非営利ホールディングカンパニー型法人について検討を行い，2015年２月に報告をとりまとめた。検討会では，非営利ホールディングカンパニー型法人の構成員は医療法人や社会福祉法人であり，持ち株会社のような統括が困難であること，また，株式会社形態をとる居宅介護事業者や調剤薬局等を構成員として含むかどうか，あるいは非営利ホールディングカンパニーから営利法人への出資を認

★コラム７－２　介護離職者10万人時代の到来

日本では，医療よりもむしろ介護の分野で，家計の負担が重くなっている。2000年より介護保険法が施行されているものの，世界に例をみないスピードでの高齢者人口の増大と介護給付費の抑制政策により，介護の提供体制が介護ニーズに追い付かない状況にある。とりわけ，終の棲家というべき特別養護老人ホームの入所待機問題は深刻であり，厚生労働省の調査でも，2013年度に全国で52万人が待機している。介護施設へ入所できない場合，老人ホーム（サービス付き高齢者住宅を含む）や在宅で居宅介護を行うことになるが，介護保険を通じた居宅介護サービス給付には限度があり，家族が介護を担うことになる。そのため，毎年７万人から10万人が家族の介護・看護を理由に離職しており，離職にともなう逸失所得は数千万円から１億円に達するという。こうした家族介護に要する巨額の費用負担と経済損失をどのように解決すべきか，日本の社会保障制度の真価が問われている。

めるかどうかなど，医療法人の非営利性に関わる論点が提起された。検討会での討議を踏まえ，厚生労働省は，非営利ホールディングカンパニー型法人制度とは異なる，地域医療連携推進法人を創設することとした。

地域医療連携推進法人は，一般社団法人として都道府県知事の認定を受け，自ら設定した「地域医療構想区域」において，医療従事者の研修や医薬品等の調達，病院間での病床の融通などの連携を行うことができる。ただし，①参加法人は医療法人等の非営利法人に限定され，剰余金の配当禁止等，医療法人の非営利原則が準用されること，②参加法人は各１個の議決権をもつこと（不当に差別的な取り扱いをしないこと等を条件に，定款で別に定めてもよい），③地域の関係者を代表とする評議会が意見を述べること，④代表理事は都道府県知事の認可を要する等，医療法人の非営利性を堅持する内容となった。

2014年再興戦略が策定した今ひとつの制度改革である患者申出療養は，同年３月に規制改革会議が提案した「選択療養」を起点とする。選択療養は，現行の保険外併用療養費制度において，新たに患者の申出を起点とする選択療養という区分を設け，患者・医師の診療契約を保険者に届け出ることで，保険診療との併用を認めるとした。現行の保険外併用療養費制度，特に新薬などの先進医療を対象とする評価療養においては，先進医療部会や先進医療技術審査部会によって，技術的・社会的妥当性が審査され，医療機関ごとに可否が判定されている。選択療養は，そうした厳重な「事前規制」を「事後チェック」へと転換し，混合診療を広く解禁するしくみにほかならない。

ところが，選択療養に対しては，医師会をはじめ医療団体からの反対運動が直ちになされ，最終的には，国の事前確認制，実施医療機関の限定，速やかな保険収載措置など，現行の保険外併用療養費制度における評価療養とほぼ同等の事前規制が設けられた患者申出療養へと転換された。

以上のように，地域医療連携推進法人と患者申出療養のいずれもが，当初の提案から修正され，既存の医療制度にほぼ沿う形での決着となった。そうした政策論的経緯を踏まえ，2015年6月30日に閣議決定された『「日本再興戦略」改定2015――未来への投資・生産性革命』では，医療分野については制度改革の色彩を弱め，ローカル・アベノミクスの一環として医療・介護の基幹産業化を図るとする。一見すると医療・介護の充実強化を図るようであるが，その具体的な方策に着目すると，「地域ヘルスケアビジネス事業化プラットフォーム(仮称)」を通じて，ビジネスモデルの作り込みやリスクマネーの供給を一体的に促進すると明記している。すなわち，成長戦略の一環として，不動産投資信託（ヘルスケアリート）などの投資マネーの活用を前提に，既存の医療・介護施設とは異なる新しいビジネスを創出することを企図しているといえる。

3　グローバル化と医療制度

日本の医療制度改革を考えるうえでは，国際的な動向や米国との政策協調を看過すべきでない。1980年代半ばからの日米2国間協議を通じた薬事制度の改変に加え，2000年代以降になると，2国間および多国間の自由貿易協定の影響が無視できなくなる。昨今の自由貿易協定交渉では，主たる交渉分野がもはや物品貿易に係る関税制度ではなく，各国固有の社会制度を非関税障壁ないし非関税措置とみなし，その撤廃や改変を企図しているためである。

一例として，TPP（環太平洋連携協定）を取り上げよう。TPPの交渉プロセスは秘匿されているため，交渉の経緯は不明であることが多い。とはいえ，公表ずみの協定文をみる限り，知的財産権の保護強化や医薬品・医療機器に係る制度的事項，さらには投資家対国家の紛争解決手続（Investor-State Dispute

Settlement：ISDS条項）など，交渉参加各国の医療制度に様々な影響を及ぼす事項を定めていることが注目される。

例えば，知的財産権分野では，世界貿易機関で合意ずみのTRIPS協定（知的所有権の貿易関連の側面に関する協定）を超える水準での保護強化が導入されている。具体的には，①特許の適用範囲の拡大（外科手術や検査，あるいは既知の物質の新たな使用法にも適用），②新薬開発に係る臨床データ等の保護強化，③新薬の特許期間の延長，④特許権者の許諾を得ないジェネリック医薬品の販売に対する司法手続きの導入（特許販売連携）などである。交渉のプロセスにおいて，公定薬価制度をもたない米国とその他の先進各国，また，ジェネリック医薬品に依拠する途上国との間で，抜き差しならない対立が生じた。

いまひとつ重大なのはISDS条項である。ISDS条項は，外国企業が相手国政府の収用により損害を被った場合に，相手国政府に損害賠償を請求するための申し立てを認めるしくみである。TPPでは，資産接収や国有化といった直接収用だけでなく，相手国の制度や政策によって収益機会が侵害されたという間接収用をもISDS条項の対象に含めている。そのため，例えば，株式会社による病院開設を禁じた日本の医療法が米国の病院経営株式会社によって間接収用だと訴えられるかもしれない。TPPからの離脱が望めないのであれば，日本の医療制度の特徴である医業経営の非営利性や混合診療禁止の原則を守るために必要な留保を確保し続けなければならない。

§Ⅲ　これからの医療政策――展望と課題

1　国民皆保険制度の重要性

日本の医療制度の特徴は，社会保険方式に基づき，国民皆保険を実現したことにある。ここで社会保険とは，保険加入や保険料，保険給付が公的に決められた保険であり，日本の医療保険においては，国民皆保険の観点から，強制加入，応能負担，平等な現物給付（医療費の７割が保険から支払われる）といったしくみが設けられている。同じ「保険」の用語を用いていても，任意加入制で，リスクや保険金に応じて保険料が異なる民間保険とは異なるしくみであることに注意する必要がある。さらに，社会保険には事業主の保険料負担があり，公費も投入されている。

しかしながら，第２節で詳しく述べたように，近年の医療制度改革においては，医療と介護の両面で，患者・利用者の負担が強められている。現状でも高額療養費制度が適用されるまでは医療費の３割が自己負担であり，加えて，個室料などの室料差額などを支払うケースも少なくない。そうしたなかで，患者給食費の引き上げや新たな定額負担の導入がなされれば，患者の負担感がさらに強まり，医療制度への信頼が損なわれる危険性がある。また，低所得者や高齢者を中心に，患者負担が経済的な障壁となって，受診抑制や受診の遅延といった医療へのアクセス上の問題が深刻化することも予想される。

2012年度の日本の国民医療費を財源ベースでみると，公費38.6％（うち国庫25.8％），保険料事業主負担20.3％，そして家計40.4％（保険料被保険者負担28.5％，患者負担11.9％）である。憲法第25条に基づき，生活保障としての医療を充実するためには，いたずらに患者負担を高めるよりも，国庫負担や社会保険料（事業主と折半）を通じた財源調達に依拠すべきであろう。

2　医療制度・医療産業と地域経済循環

地域経済の観点からは，医療・介護は戦略的に重要な産業部門である。政府試算では，医療・福祉において，2000年代の10年間で238万人の雇用を新たに創出し，2025年にはさらに200万人以上の雇用を生み出すと推計している。同様に，国民医療費と介護給付費を合わせて，現行の44兆円から，2025年には30兆円増の74兆円へと拡大すると見込まれており，産業連関を通じた地域への生産誘発や経済効果も十分に期待される。

同時に，医療は成長が期待される国内産業のひとつだけに，成長戦略に限らず，営利化や投資マネーの導入を促す議論が今後も繰り返されることが予想される。さらには，TPPをはじめとする自由貿易協定の締結によって，外圧を理由とする医療制度の改変も懸念されよう。いったん国民皆保険が掘り崩されてしまえば，所得水準に応じて医療の中身が異なる不公平が現出し，社会保険を支える国民の意識も損なわれてしまうだろう。非都市部では医師・病院不足が深刻化し，地域で暮らしを続けることが困難になる一方，都市部では公的医療保険の枠外で医療費が急騰し，やはり十分な医療を受けられない人々が増えるだろう。

その意味では，人々の暮らしと地域経済の充実をもたらす医療制度を堅持する立場と，医療市場をグローバル競争での資本蓄積に供する立場との対抗関係が，今後さらに鋭く現れるのではないだろうか。

【文献ガイド】

デヴィッド・スタックラー＆サンジェイ・バス（橘明美・臼井美子訳）『経済政策で人は死ぬか？―公衆衛生学から見た不況対策』草思社，2014年（原著は，Stuckler, David and Basu, Sanjay *The Body Economic: Why Austerity Kills,* Basic Books, 2013）

経済危機とそれに引き続く緊縮財政が人々の生命と健康にいかに悪影響を及ぼすかについて，世界大恐慌からリーマンショックまで，豊富な事例に基づき分析。

松田亮三編『健康と医療の公平に挑む―国際的展開と英米の比較政策分析』勁草書房，2009年

健康格差・医療格差についてどのような政策的対応が可能であるかについて，欧米各国の取り組みを比較分析する。

野村拓『新版　講座医療政策史』桐書房，2009年

医療政策の起源と歴史的な展開過程について，社会科学の視点から，豊富なエピソードを交えて論じる。

◀問題――さらに考えてみよう▶

Q 1　日本の医療制度はどのような歴史的経緯をへて今日に至ったのだろう。発展段階に分けて考えてみよう。

Q 2　最近の医療制度改革の主な内容と問題点について，考えてみよう。

Q 3　医療や介護に要する費用の負担はどうあるべきだろうか，自分の考えをまとめてみよう。

【髙山一夫】

Chap. 8

住宅政策を考える

▶自己責任の原則を超えて

★住宅政策の役割とは

東日本大震災をはじめ，近年激甚災害が頻発するもとで，被災者の生活の復興は容易には進んでいない。その障害の1つとなっているのが，住宅の再建の遅れである。住宅が地震で全壊したり，また津波で流されたりしても，住宅に貼りついた住宅ローンは消えることはない。地震保険や一定の公的支援金制度があるものの，ローンを返済して住宅を再建するには不十分であり，多くの場合，住宅の再建には新たなローンが不可欠である。こうした二重ローン問題は，迅速な住宅の再建を妨げている要因の1つであるが，目下のところ，こうした状態から被災者を救済する公的なしくみは存在しない。その背景には，私有財産である住宅に対しては，国はその損失を補償しないという原則が存在している。しかし，はたして住宅の取得や保全は，個々人の自己責任に委ねられるべきものだろうか。国の責務として住宅政策があるのだとすれば，そもそも住宅政策にはいかなる役割が求められるのだろうか。日本における住宅政策の歩みを振り返りつつ，改めてその役割について考えてみたい。

§ I　住宅政策の成立と展開

1　日本における住宅政策の成立

(1)　戦前期における住宅政策の形成

住宅政策は，歴史的には，産業革命後の工業化の進展にともなって発生した都市問題への対処を目的として成立した。日本では，明治政府の富国強兵・殖産興業政策に始まる近代化の過程で農村から都市への人口流入が生じたが，とりわけ第一次世界大戦以降，重化学工業化の進展によって急速な都市化が進行した。その結果，深刻な住宅不足や家賃の高騰が生じるとともに，貧困な工場労働者層は劣悪な狭小住居への集住を余儀なくされ，その不衛生な環境はしばしば伝染病の温床ともなった。こうした都市問題の深刻化は，大正期における労働運動の高揚や米騒動の頻発による社会不安の増大を背景に，国による住宅政策の成立を促した。公衆衛生の観点からも，また社会秩序の安定の観点からも，国による住宅難の解消が求められたからである。こうして，当時の内務省において住宅政策の枠組みが検討され，まず1919年に，国からの補助金をもとに自治体や公益団体が低家賃の賃貸住宅を供給するしくみとして公益住宅制度が創設された。また，1921年には住宅組合法が成立し，住宅の建設・取得を目的として結成された住宅組合に対し，国が低利融資を行うしくみが整備された。以上の経緯は，当時の住宅政策が社会政策の一環として成立したことを示している。

公益住宅制度と住宅組合法は，それぞれ戦後に展開される公営住宅と住宅金融公庫の先駆けといえるものであったが，国の財政難のもと，その供給実績は低位に留まった。解消されない都市・住宅問題は，日中戦争を契機とする戦時経済への移行により，軍需工場で働く労働者が大量に都市に流入したことでさらに深刻化した。内務省から1938年に独立した厚生省は，住宅問題への対処を省の中心課題と位置づけ，39年に省内に社会局住宅課を設置するとともに，41年に住宅営団を設立した。住宅営団は，労働者および庶民向けに賃貸住宅や分譲住宅を供給しようとするもので，日本で初めて国による直接的な住宅供給を実現したものであった。しかし，折からの国家総動員体制のもと，実績としては軍需工場の労働者向け住宅の建設が大半となり，庶民向け住宅の供給においては目立った成果をあげることはできなかった。終戦によって戦災復興院が設立され，厚生省社会局住宅課が廃止されると，住宅営団もまた閉鎖されることになった（西山卯三記念すまい・まちづくり文庫編 2001）。戦後，戦災復興院が建設院をへて建設省になると，厚生省社会局住宅課が担っていた住宅政策は建設省の所管へと移行した。

(2)　高度経済成長と住宅政策

戦時中の空襲によって甚大な建築物の被害を被った日本は，戦後，深刻な住宅不足に直面した。当時の住宅需要に対する不足数は一般に420万戸といわれるが，民間部門にそれを埋める能力はなく，住宅不足の解消には公的部門の役割が不可欠であった。1950年代に日本経済が復興の軌道に乗り始めると，住宅難の解消は差し迫った課題となり，以下のような戦後住宅政策の骨格となる諸

★コラム8-1　DK（ダイニング・キッチン）

DK（ダイニング・キッチン）とは，日本住宅公団が公団住宅の間取りにおいて採用した，居間（ダイニング）と台所（キッチン）とが一体化した空間を表す和製英語である。予算の制約上，それぞれを独立した空間とする居室面積を確保できず，いわば苦肉の策として生まれた空間であったが，日当たりの良い南側への配置や，ステンレス製流しの採用，食寝分離（衛生上，食事場所と寝室とを分離すべきとの考え方）の実現など，先進的な考え方を多数採り入れ，当時「宝くじよりも当たりにくい」といわれた公団住宅の人気を支える要因となった。DKはのちにLDK（リビング・ダイニング・キッチン）へと拡張されていくが，今日でも，住宅の間取りを2DK，3LDKなどと寝室数＋DK(LDK)で表すのは，公団住宅の間取りが，その後の民間部門による住宅供給にも影響を与え，日本の住宅の間取りの標準となったからである。

立法が相次いで成立した。

まず1950年には住宅金融公庫法が成立し，主として個人に対し，住宅の購入資金を長期かつ固定の低金利で融資するしくみが創設された。融資の原資は大蔵省資金運用部からの借入に基づいていたが，住宅金融公庫（以下，公庫）はその借入金利よりも低利で貸付を行い，その差額は一般会計からの補助金（利子補給金）によって補填された。次に1951年には公営住宅法が創設され，地方自治体による公営住宅の建設に対し，その建設費の一部を国が補助することで，低所得層向けに低家賃の賃貸住宅を供給するしくみが作られた。さらに1955年には，日本住宅公団（以下，公団）が創設された。その背景には，公営住宅の対象は低所得層，住宅金融公庫の対象は比較的高所得層であり，その中間の所得層に対する施策を欠いていたことがあった。公団の事業内容は，個別の住宅建設および管理に留まらず，宅地の造成や大規模住宅団地の開発，それに必要な公共施設の整備など多岐にわたり，その事業資金としては公的資金に加えて，民間資金も活用するものとされた。当時，公団の供給した集合住宅は高い人気を集め，以後供給される住宅の質にも多大な影響を及ぼした（★コラム8-1参照）。こうして1950年代半ばには，公営（低所得），公団（中所得），公庫（高所得）という所得階層別の住宅政策が確立し，その後1990年代に至るまで，基本的にこれら「３つの柱」を軸とする住宅政策が展開されることになった。

1960年代に入ると，日本はいわゆるマスハウジング，すなわち住宅の大量建設の時代を迎える。終戦後の住宅難に加え，高度経済成長にともなう農村から都市への人口流入が，新たに大量の住宅需要を生み出していた。このため，大規模な住宅地開発が求められ，国は1963年に新住宅市街地開発法を制定するなどして，いわゆるニュータウンの建設を促進した。また，1965年には地方住宅供給公社法を制定し，積立方式（一定の建設資金を積立てたうえで残額を融資する方式）による分譲住宅の供給を行う，自治体出資の住宅供給公社を各地に生み出した。さらに，1960年代には大和ハウス，積水ハウスといったハウスメーカーも登場し始め，これら民間部門もまた住宅の供給主体として成長した。

当時の住宅政策の目的は，何よりも住宅不足の解消であり，具体的には１世帯１住宅の実現であった。その財政的裏づけを強固にするため，1966年には住宅建設計画法が制定され，以後，国が「住宅建設５カ年計画」によって公営，公団，公庫等の公的部門および民間部門による住宅の建設目標を定め，それを都道府県レベルに分配する形で住宅供給を促進する枠組みが構築された。

2　住宅政策の展開と再編

(1)　オイルショックからバブルへ：経済政策としての住宅政策

1973年の第一次オイルショックを契機とする高度経済成長の終焉は，それまでの住宅政策のあり方にも一定の反省機運をもたらした。1960年代のマスハウジングにより，68年には全国レベルで１世帯１住宅が達成され，また73年にすべての都道府県で住宅戸数が世帯数を上回るなど，量的には住宅不足は解消された。しかし，住宅の質よりも量を重視したいわば戸数主義ともいえる住宅政策は，一方で低質な住宅ストックが大量に累積する結果を生み出した。このため，1976年から始まる第３期住宅建設５か年計画では，国民すべてが達成すべき「最低居住水準」と，誘導すべき「平均居住水準」とが定められ，その達成・誘導目標が盛り込まれるなど，「量から質」への転換が図られた。

しかし，オイルショック後の長引く不況で設備投資や個人消費などの内需が低迷するもとで，住宅政策もまたその影響を受けることになった。すなわち，住宅政策の経済政策としての性格の強まりである。住宅は，それ自体高額であることに加えて，その販売にともなって建築資材や住設機器，家電製品，装飾品等の需要が拡大するなど，内需への波及効果がきわめて大きい。このため，図表8－1に示したように，第3期住宅建設5か年計画では民間部門の需要喚起につながる住宅金融公庫の役割が重視され，計画戸数350万戸のうち公庫分が190万戸と半数以上を占めるなど，景気対策として持家の供給促進が位置づけられた。

こうした持家促進策にもかかわらず，1980年代には，国民の住宅取得はむしろ困難化した。いわゆるバブル経済化によって地価が高騰し，住宅価格もまた高騰したからである。「集中豪雨的輸出」とも称された1970年代末からの日本製品の輸出の急増は，米国との間で深刻な貿易摩擦を引き起こし，それは85年のプラザ合意による円高誘導の背景ともなった。このため，対外協調のためには輸出主導ではなく内需主導型の経済構造への転換が必要であるとされ，当時の中曽根政権は，「アーバン・ルネッサンス」と称される規制緩和と民間活力の導入による都市再開発を推進した。加えて，急激な円高への対応と，対外的な政策協調の一貫として日本銀行が低金利政策を採り続けたことは，不動産開発へと大量に資金が流入する背景となった。首都圏の商業地から始まった地価高騰は住宅地へと波及し，さらに全国の地価へと波及していった。

バブル経済下での地価高騰は，一方では公的住宅供給の停滞をもたらした。土地取得費の高騰は自治体財政を圧迫して公営住宅の建設を困難にし，また住宅・都市整備公団（1981年に日本住宅公団と宅地開発公団が合併）による公団住宅は，地価上昇にともなって開発用地が遠隔化する一方，供給される住宅は高額化，狭小化し，「遠・高・狭」と揶揄されるようになった。住宅建設5か年計画の重点が住宅金融公庫と持家にシフトしていくもとで，そもそも建設目標に占める公営住宅や公団住宅の比重は低下していたが，その目標すら達成できない状況が常態化していった（図表8－1）。

(2)　ポストバブルの住宅政策：住宅政策の縮小・再編

1991年をピークとするバブル経済の崩壊は，戦後以来続いてきた右肩上がりの地価上昇の終焉をもたらすとともに，開発半ばで放置された大量の土地と，

図表８－１　住宅建設５か年計画の達成状況

（単位：千戸，％）

	第１期（1966～70）			第２期（1971～75）			第３期（1976～80）			第４期（1981～85）		
	計画戸数	実績	達成率	計画戸数	実績	達成率	計画戸数	実績	達成率	計画戸数	実績	達成率
公営住宅等	520	479	92.1	678	494	72.9	495	361	72.8	260	251	69.7
公庫住宅	1,080	1,087	100.7	1,370	1,664	121.5	1,900	2,547	134.1	2,200	2,457	111.7
公団住宅	350	335	95.7	460	284	61.7	310	163	52.6	200	105	52.6
その他の住宅	480	664	138.3	945	666	70.5	620	578	93.2	600	418	69.7
計	2,430	2,565	105.6	3,453	3,108	90.0	3,325	3,649	109.7	3,260	3,231	96.2
調整戸数	270			385			175			140		
合計	2,700	2,565	95.0	3,838	3,108	81.0	3,500	3,649	104.2	3,400	3,231	92.3

	第５期（1986～90）			第６期（1991～95）			第７期（1996～2000）			第８期（2001～05）		
	計画戸数	実績	達成率	計画戸数	実績	達成率	計画戸数	実績	達成率	計画戸数	実績	達成率
公営住宅等	280	216	77.1	315	333	105.8	202	172	85.0	262	186	70.9
高齢者向け優良賃貸住宅等							18	24	134.4	110	25	22.7
特定優良賃貸住宅							205	115	56.3	141	23	16.3
公庫住宅	2,250	2,496	110.9	2,440	3,139	128.6	2,325	2,718	116.9	2,185	751	34.4
公団住宅	130	107	81.9	140	108	77.4	105	83	78.7	125	97	77.6
公的助成民間住宅				150	87	58.1	120	83	69.2	90	62	68.9
その他の住宅	490	319	65.1	455	350	76.9	350	292	83.4	212	131	61.8
計	3,150	3,138	99.6	3,500	4,017	114.8	3,325	3,487	104.9	3,125	1,318	42.1
調整戸数	150			200			200			125		
合計	3,300	3,138	95.1	3,700	4,017	108.6	3,525	3,487	98.9	3,250	1,318	42.1

注：第８期の「その他の住宅」の実績は2004年度までの実績見込み。

出所：住宅産業新聞社『2006年度版　住宅経済データ集』120頁より作成。

バブル期の野放図な融資に起因する大量の不良債権とを生み出した。それらはまた，低金利と地価・株価の上昇によって下支えされてきた個人消費の減退と相まって，日本経済の長期低迷をもたらした。

深刻な景気後退に直面した政府は，相次いで大規模な景気対策を打ち出し，これまでと同様，その手段として住宅政策を活用した。まず住宅金融公庫については，融資枠が拡大されるとともに，融資金利の引き下げや貸付比率（住宅価格に対する融資額の割合）の引き上げが行われるなど，住宅投資の促進に向けて積極的な活用が図られた。また，住宅・都市整備公団と地方住宅供給公社は，土地の有効活用と公共事業の担い手として位置づけられ，1990年代以降も積極的に土地を取得し続けた。

しかしながら，公庫による融資枠の拡大は，必然的に利子補給金の増加によって国の財政を圧迫し，また公団や公社による未利用地の保有の拡大は，両者の経営状況を悪化させた。折しも1990年代半ばには，国の財政状況の悪化を背景として行財政改革をめぐる議論が高まりをみせ，さらに公庫や公団，公社などの存在は民間部門の事業機会を奪うものであり，これらを廃止して住宅供給を市場に委ねるべきであるとする市場原理主義的な論調が強まった。こうして1990年代末から2000年代にかけて，公庫・公団の廃止ないし縮小の方針が決定され，公庫は直接の融資事業から撤退して住宅金融支援機構へ，また公団は住宅の供給事業から撤退して都市再生機構へと再編されるとともに，公社については自治体によって解散ないし民営化が進められていった。また，公営住宅については新規供給が抑制され，1996年の法改正によって下位の低所得層と高齢者，障害者にのみ入居者を限定する方針が明確化された。

このような住宅政策の「３つの柱」の廃止・縮小は，必然的にそれらに依拠していた住宅建設計画法の廃止へと帰結した。同法に代わって2006年に成立した住生活基本法は，住宅の新規供給よりも既存住宅の活用，すなわち「フローからストックへ」の移行を強く打ち出すと同時に，民間事業者の能力の活用を積極的に位置づけるなど，「公から民へ」という市場原理主義的な潮流を反映したものとなった。

一方，住宅建設計画法の廃止は，住宅政策の主体を国から地方へと移す，地方分権の流れを促進した。2005年に成立した「地域における多様な需要に応じた公的賃貸住宅等の整備等に関する特別措置法（公的賃貸住宅特措法）」では，地方自治体と都市再生機構，地方住宅供給公社等が「地域住宅協議会」を組織し，地域の実情に応じた公的賃貸住宅等の整備計画である「地域住宅計画」を策定すると，その実施費用の一部に対して国が交付金を交付するしくみが創設された。しかし，この交付金は従来の公営住宅建設に対する補助金が廃止される代わりに創設されたもので，しかもその金額は従前の補助金額を大幅に下回った。結果として，住宅政策における地方分権は，目下のところ，公的住宅供給の縮小を招くものとなっている。

以上みてきたように，日本の住宅政策は，その初発においては国民の住環境の改善に国が積極的に関与するという社会政策的な性格を有しており，また戦後においても国民の住宅難の解消に一定の役割を果たしてきた。しかし，やがてそれは経済政策としての性格を強めるようになり，さらに新自由主義的潮流の台頭を背景として，自らの役割を限りなく縮小する方向へと展開した。では，このような住宅政策のあり方は，今日の日本にどのような問題をもたらしているだろうか。節を改めて考えてみたい。

§Ⅱ　市場原理主義と今日の住宅問題

1　高まる持家のリスク

持家を取得できる層は比較的所得に余裕のある層であり，住宅政策の支えがなくとも市場を通じて住宅を取得できる層であるかのようにみえる。しかし，はたして持家取得層に対して，国の住宅政策は不要なのだろうか。

そもそも「持家」とは，文字どおり住宅を所有しているということであるが，この「所有」はきわめて不安定である。なぜなら，大半の持家層は住宅ローンを利用して住宅を購入しており，ひとたび住宅ローンの返済が困難になれば，その「所有」を放棄せざるをえないからである。もとより，住宅の資産価値がローン残高を大幅に上回っていれば，住宅を処分した代金でローンを返済し，新たな住宅を取得することも可能である。しかし，日本では，住宅の資産価値は購入時をピークとしてほぼ20年でゼロになるのが一般的であり，好立地のマンションなどを除けば，こうしたケースはまれである。そして，住宅ローンの返済不能による住宅喪失のリスクは，近年むしろ増大している。

住宅ローンのリスクを増大させている要因は，近年における住宅ローン商品の変容である。その1つは，変動金利型ローンの拡大であり，いま1つは，貸付比率（住宅価格に対する融資額の割合）の上昇である。

変動金利型ローンには，金利が年2回見直される完全な変動金利型と，一定期間（通常2～10年）は固定金利で，固定期間終了後に変動金利か固定金利かを選択する固定金利期間選択型とがあるが，いずれも借入期間中に金利（それゆえ返済額）が変動するリスクを借り手が負う点で共通している。これに対し，固定金利型ローンとは，借入期間を通じて金利が変わらず，逆に期間中の金利変動リスクを貸し手（金融機関）が負うローンのことである。一般に，資金調達を預金などの短期の資金に依存する金融機関にとって，貸付期間が長期に渡る固定金利型の住宅ローンはリスクが高い。なぜなら，金利の上昇によって調達金利（預金金利）が上昇しても，それに応じて貸付金利を見直すことができず，場合によっては調達金利が貸付金利を上回る逆ザヤの状態に陥るからである。このことは，市場原理にまかせれば，住宅ローンは変動金利型に収斂していく傾向があることを意味する。

1950年に住宅金融公庫が創設された際，公庫融資が長期かつ固定金利で提供されたことは，金利変動リスクが公的に肩代わりされたことを意味した。それゆえ，借り手は返済額の変動を気にすることなく，負担能力に見合った借入が可能となり，それが人々の持家取得を促進した。その後民間の住宅ローン商品が登場し，その利用割合も増えていくが，公庫融資は民間融資と併用されるケースも多く，国民の間に広く定着することとなった。

上述のとおり，住宅金融公庫は2007年に廃止されて新たに住宅金融支援機構（以下，機構）が創設され，公庫による直接融資は廃止された。しかし，長期固定金利ローンに対する国民の根強いニーズから，その存続が図られ，民間金融機関が融資した長期固定金利ローンの債権を機構が買い取り，証券化するという手法を通じて，公庫融資と同等のローンが維持されることになった。

もっとも，こうした措置にもかかわらず，住宅金融公庫の廃止以降，住宅ローンに占める長期固定金利型ローンの割合はむしろ低下の一途をたどった。**図表8-2**に示したように，融資機関別の住宅ローン新規貸出額に占める公庫お

図表8－2　機関別の住宅ローン新規貸出額の推移

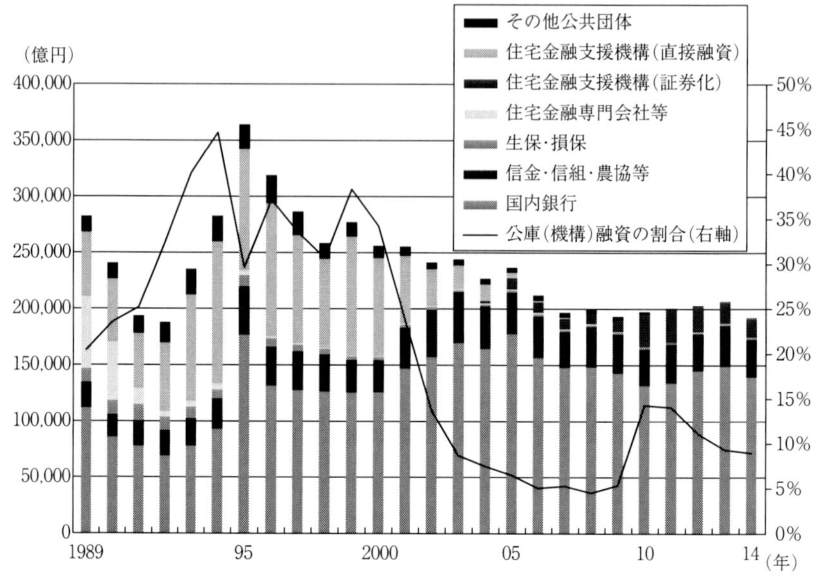

出所：住宅金融支援機構『業態別住宅ローンの新規貸出額及び貸出残高の推移』（http://www.jhf.go.jp/about/research/loan_zandaka.html）より作成。

よび機構の割合は，ピーク時の1994年には44.6％を占めていたが，2014年には9.1％に留まっている。その背景としては，以下のような要因が考えられる。

第1に，日本銀行が1990年代後半以来採り続けている低金利政策により，住宅ローンの低金利が定着し，金利の先高観が乏しいうえ，低金利のメリットを最大限享受できる（変動型は固定型よりも金利が低い）ことから，借り手による変動金利型への選好が強まったことである。第2に，金融機関としても，長期固定金利型ローンの債権を機構に売却するよりも，変動金利型ローンを貸し付けた方が利益も大きく，同商品を優先して勧める傾向が強いことである。第3に，住宅ローンの販売は住宅メーカーと提携してなされる場合が多く，住宅メーカーとしても，より月々の返済負担が少なく，それゆえより高額の住宅を購入できる変動金利型ローンを勧める傾向が強いことである。実際，住宅ローン利用者に対するアンケート結果でも，当初の計画では固定金利型の割合が高いが，実際の利用では変動金利型の割合が高くなる傾向がみてとれる。借り手は，市場原理を通じて変動金利型へと誘導されているともいえよう。当面，住宅ローン金利が大幅に引き上げられる見込みは薄いが，30年以上の長期でみた場合，その可能性は決して低くはない。変動金利型ローンによる持家層の累積は，金利上昇によって住宅を喪失するリスクを抱えた層の累積でもある。

また，最近の住宅ローンの傾向として見逃せないのが，貸付比率の上昇である。貸付比率が上昇すれば，借り手はわずかな頭金で住宅を購入することができるが，それだけ返済負担は大きく，また返済不能に陥った際，担保物件を処分しても住宅ローン残高に及ばない可能性が高くなる。貸付比率の上昇を客観的に裏づける統計データは存在しないが，機構が提供する証券化ローンでも貸付比率の上限が100％まで引き上げられたほか，民間金融機関でも100％が一般化するなど，貸し手間競争の激化にともなう貸付比率の上昇傾向が顕著である。ここでもやはり，そのリスクを負うのは借り手である。

最後に，住宅ローンにともなうリスクに関わって，災害による住宅の喪失リスクについても触れておきたい。阪神・淡路大震災や東日本大震災，熊本地震の経験，さらには近年の豪雨災害などが示すように，日本では，突然の大規模な自然災害によって住宅を喪失する高いリスクが存在している。しかし，それに対するセーフティネットはきわめて脆弱であるのが実情である。

第1に，住宅が倒壊したり津波で流されたりしても，住宅に貼り付いた住宅ローンは消失することはない。東日本大震災では，被害者救済の一貫として，破産手続きをへることなく私的整理によって既往債務の免除を行うしくみが作られた。しかし，あくまで臨時であり，恒常的・全国的なしくみにはなっていない。第2に，地震保険というしくみがあるものの，保険料が割高であるうえに，住宅が全壊しても補償額は火災保険の保険金額の50％が上限であるなど，住宅の再建には不十分である。第3に，1998年に被災者生活再建支援法が成立し，自然災害等の被災者に公的支援金を支給するしくみが作られたが，その上限は300万円に留まっている。結果として，住宅ローンを抱えた住宅を災害によって喪失した人は，既存のローンを抱えつつ，住宅再建のために新たなローンを組まなければならないのが現状である。こうした二重ローン問題が被災者の住宅再建を妨げていることは，冒頭で触れたとおりである。

景気対策としての住宅投資促進のため，政府は公庫の融資枠を拡充し，そして公庫の廃止以降は住宅ローン利子の減税措置を拡充することで，国民の持家取得を推進し続けてきた。しかし，持家取得後のリスクについては，買い手（ローンの借り手）の自己責任に任されているのが現状である。国民の安定した住宅の確保のために何ができるのか。国の役割が問われているといえる。

2　増加する「ハウジングプア」

住宅を購入しない，あるいはできないとすれば，住宅を借りるしかない。しかし，近年，市場を通じて良質な住宅が借りられず，不安定で劣悪な住環境での生活を余儀なくされる人々が増加している。すなわち「ハウジングプア（住まいの貧困）」の問題である。稲葉剛は，「ハウジングプア」を「貧困ゆえに居住権が侵害されやすい環境で起居せざるをえない状態」と定義したうえで，それを３つのタイプ，すなわち，①「屋根がない状態」（いわゆるホームレス），②「屋根はあるが，家がない状態」（ネットカフェや簡易旅館，住み込みの宿舎など），③「家はあるが，居住権が侵害されやすい状態」（いわゆる「ゼロゼロ物件」など）に区分している（稲葉 2009）。なお，ゼロゼロ物件とは，敷金・礼金などが無料の賃貸借物件のことで，ひとたび家賃支払いが滞ると，勝手に鍵を交換されたり，無断で部屋に侵入して荷物を撤去されたりといった違法行為がなされることが多く，一時期，社会問題化したものである。

民間の賃貸住宅への入居では，家賃に加えて，敷金・礼金が必要とされ，さらに契約に際し連帯保証人が必要とされるのが一般的である。しかし，所得の低い人々にとって，こうした初期費用の負担は大きく，また，家族や親族の紐帯から切り離された人が多いため，連帯保証人を見つけることも困難である。こうして民間賃貸住宅市場から排除された人々は，上記のような「ハウジングプア」の状態におかれることになる。

また，こうした定義には当てはまらず，民間賃貸住宅に入居している人々でも，劣悪な住環境を強いられているケースは多い。総務省の『平成25年土地・住宅統計調査』によると，最低居住面積水準（10㎡×世帯人員＋10㎡）を満たしている世帯の割合は，持家の場合99.1％であるが，借家では81.6％に留まり，特に民営借家の場合79.4％に留まっている。実に２割以上が最低居住水準を満たさない住宅への入居を余儀なくされているわけであり，こうした世帯もまた

「ハウジングプア」といいうるであろう。

本来，このような人々に安価で良質な住宅を提供するのが，低家賃の公営住宅の役割である。しかし，上述のとおり，近年，公営住宅の供給は減少の一途をたどり，1995年に5万戸を上回っていた供給戸数は，2000年には2万6574戸，10年には1万6147戸にまで減少した。このため，公営住宅のニーズに対してそのストックは慢性的に不足し，公営住宅への応募倍率は全国平均で10％弱，東京都では30％程度で高止まりする状態が続いている。

また，日本において，先進諸国でみられるような家賃補助のしくみがないことも，「ハウジングプア」の増加をまねく一因となっている。家賃補助とは，借り手が負担しうる家賃水準と市場家賃との差額を支給するもので，これを利用すれば，通常であれば市場家賃の負担に耐えられない人々であっても，民間の賃貸住宅を借りることが可能となる。しかし，目下のところ，日本では失業者に対する一時的な住宅手当の支給を除けば，生活保護を受給しない限り家賃補助を受けることはできない。生活保護制度の問題点についてここでは詳述しないが，生活保護受給者への偏見は依然根強く，また受給のためには預貯金や車といった資産を処分しなければならないなど，要件も厳しい。このため，家賃補助（住宅扶助費）を受けるためだけに生活保護を受給することは難しく，受給資格がありながら受給しない人や，受給要件を若干上回る人たちは，重い家賃負担や，狭小な住宅への入居を余儀なくされているのが実情である。

一方で，生活保護が受給できたとしても，それで「ハウジングプア」が解消されるわけではない。住宅扶助費が支給されても，敷金・礼金や保証人の問題がなくなるわけではなく，民間賃貸住宅への入居は容易ではないからである。このため，生活保護受給世帯の多くは「屋根があるが，家がない状態」におかれ，しばしば不衛生で劣悪な施設での寝泊りを余儀なくされている。また，施設側が受給者の預金口座を管理し，生活保護費から宿泊費と食費を徴収するといった「貧困ビジネス」の犠牲になるケースも多い。

もとより，「ハウジングプア」の増加の背景には，雇用環境の悪化や派遣労働，請負労働といった不安定就業層の増加など，住宅政策のみでは対処できない構造的な要因が存在する。しかし，少なくとも住宅政策が充実していれば，劣悪な住環境での起居を強いられたり，重い住居費負担のために過重労働を強いられたりといった問題ははるかに軽減できるはずである。ここでもやはり，問われているのは国の役割である。

§Ⅲ　改めて住宅政策の役割を考える

日本の住宅政策が，戦前期における都市・住宅問題への対処を契機として成立したことはすでにみた。それは，国民の住宅難の解消を国の責務とする考え方を打ち出したという点で画期的な意味をもつものであるが，同時にそれは，社会秩序の安定という国家的要請に基づくものでもあった。今日求められているのは，このような「原点」に立ち返るということではなく，戦後民主主義のもとで確立された国民の基本的権利という観点から，改めて国の責務としての住宅政策の役割を確認することである。それは，憲法の定める「生存権」，すなわち「健康で文化的な最低限度の生活を営む権利」という観点から，「居住権」を国民の固有の権利と認め，その保障を国の責務とすることにほかならない（本間 2009）。

「居住権」の保障を国の責務として定める契機は，戦後の日本において幾度か存在した。すなわち，「住宅建設計画法」の制定時であり，最近では「住生活基本法」の制定時である。しかし，結局そのような規定は盛り込まれず，現在に至っている。その背景には，住宅を私的財，すなわち車や家電製品などと同様，個人が市場を通じて取得すべき財であり，国はその市場に介入すべきでないとする考え方があり，それがまた，住宅の確保を自己責任とする考え方の根拠ともなっている。しかし，こうした見方はきわめて皮相的であるといわざるをえない。人々が「健康で文化的な最低限度の生活を営む」うえでは，何よりも，精神的・肉体的な平穏を脅かされることなく，正常に体力を回復し，また家族を養育することのできる空間が不可欠である。それは，ホームレスという状態がもたらす社会的困難や，自然災害にともなう避難所生活の困難を思い浮かべれば，容易に理解できるはずである。住宅は単なる私的財ではなく，「生存権」の保障にとって不可欠の財であること，それゆえ安価で良質な住宅の保障は国の責務であることが確認されなければならない。ではこのような観点に立ったとき，今日の住宅問題に対してどのような政策が求められるだろうか。以下ではごく簡単に，要点のみを述べることにしたい。

まず持家に関しては，過度にリスクの高い住宅ローン商品の供給を規制するとともに，返済困難に陥った際の債務の減免や，少なくとも担保物件を手放せばそれ以上の返済義務を負わないしくみ（ノン・リコース）の導入などが検討される必要があろう。また，災害による住宅喪失のリスクに対しては，既存債務を免除するしくみや，住宅再建のための補償金の拡充が求められる。これには当然財源が必要であるが，地震保険のような任意加入の保険ではなく，全国の住宅の建設主体（あるいは購入主体）すべてに一定額の拠出を求める共済のようなしくみを作り，全国で頻発する災害のリスクに備えるべきであろう。

次に借家に関しては，何よりも公的賃貸住宅の供給増を図ること，そして家賃補助のしくみを導入することである。その際求められるのは，公的賃貸住宅への入居要件や，家賃補助の資格要件を低所得層にのみ限定しないことである。公的賃貸住宅の入居者が低所得層に限定されると，税収が増えない一方で福祉費がかさみ，自治体財政を圧迫する。このことが，地方自治体による公共賃貸住宅の供給が進まない最大の要因となっているからである。また，家賃補助に関しても，生活保護の受給を前提にするのではなく，一定の所得や財産を有していても受給できるしくみにすべきである。繰り返し指摘されてきたように，こうした家賃補助のしくみを欠いているのは，先進国では日本のみである。

最後に，経済政策としての住宅政策の性格についても述べておきたい。住宅が内需の重要項目であること，それゆえ，住宅投資の促進が景気対策としての性格をもちうることは，それ自体否定されるべきものではない。経済のグローバル化が進展する今日では，内需中心の経済循環を実現するうえで，住宅投資の意義はむしろ強まっているともいえるからである。問題は，公的住宅供給を民業圧迫として排除し，民間部門による住宅供給のみを促進しようとする今日の政策のあり方である。公的住宅供給は，内需への波及効果をもつという点では民間住宅供給と変わるところはない。地方自治体が域内の中小企業に優先的に発注すれば，地域循環型の経済構造の実現にも寄与するであろう。この点では，公的賃貸住宅特措法の成立による地方分権の進展は，こうした可能性をむしろ高める契機となりうる。

もとより，このことは，住宅政策の責任主体を，国から地方へと移管することを意味するものではない。所得や居住地域にかかわらず，すべての国民が「居住権」を保障されるしくみと財源を整えることは国の責務であり，そのもとで，具体的な住環境の整備が地方に委ねられるべきであろう。このような体制の実現に向けてなすべき課題は多いが，日本の住宅問題の現状は，猶予のない政策の転換を求めている。

【文献ガイド】

稲葉剛『ハウジングプア―「住まいの貧困」と向きあう』山吹書店，2009年
「ハウジングプア」という用語が広まる契機となった本。住まいの貧困の実態と政策課題が丁寧に整理されている。

島本慈子『大震災で住宅ローンはどうなるのか』筑摩書房，2012年
東日本大震災が住宅ローンの保有者にどのような影響をもたらしたか。その実態と政策課題について論じている。

本間義人『居住の貧困』岩波新書，2009年
日本の「居住の貧困」の実態と，その背景としての住宅政策の問題点を網羅的かつ平易に解説している。

◀問題――さらに考えてみよう▶

Q 1　「居住権」の保障という観点から，日本の住宅政策の歩みと現状について改めて考えてみよう。

Q 2　自然災害による住宅喪失のリスクに対して，国にはどのような政策対応が求められるだろうか。過去の災害の事例も踏まえて考えてみよう。

Q 3　なぜ「ハウジングプア」のような問題が生じるのだろうか。日本の経済構造という視点から考えるとともに，住宅政策の役割について考えてみよう。

【豊福裕二】

Chap. 9

コミュニティ政策を考える

▶住民主体の地域づくり

★地域に暮らし続けるためには

いま，全国的に「子ども食堂」が次々と誕生している。「子ども食堂」とは，子どもが働いている食堂ではなく，お客さんが子どもの食堂である。

最近は，夕食を１人で食べる子どもが多いという。時には，食べていない子どももいるという。そんな状況を知った地域の有志が「子ども食堂」を運営し，子どもたちに料理と場所と話し相手を提供しているというのだ。地域には，子ども食堂と同じような場として「コミュニティ・カフェ」がある。「コミュニティ・カフェ」とは，地域住民が交流や情報交換をする場所であり，当初は，高齢者など地域で孤立しがちな人々が集まる場であった。こうしたカフェの運営は，地域問題に気づいた住民や当事者たちが，力を合わせて運営してきたものだ。それは，「子ども食堂」と同じ構図だ。

なぜ，このような活動をする住民がいるのだろうか。多くの人は，暮らしをたてるために，日々，朝から晩まで仕事をしている。自分のことで精一杯だという人がほとんどだろう。しかし，それでも，「コミュニティ・カフェ」や「子ども食堂」を支える人がいる。なぜか。それは，地域に暮らし続けたいという，あたりまえで切実な願いを叶えるためである。

いま，地域は，経済政策や地域政策では支えきれない現実のなかにある。本章では，地域経済の再生には何が必要なのか，暮らしの一番近くにある「コミュニティ」からみていく。

§Ⅰ　コミュニティ政策の変遷

コミュニティ政策は，社会経済の変化に対応しながら発展してきた。以下では，コミュニティ政策の変遷を時代ごとにみていこう。

1　戦時体制と住民自治組織

私たちの暮らしには，基礎自治体のなかにある小さなまとまりとして，町内会等の組織が存在する。これらは「町組」「部落」といった形で江戸時代から存在しており，住民自治組織などと呼ばれる。公権力はもたないが，公共的利益のために自主的な活動をしている団体である。

明治維新以降もこうした組織は存続していたが，政策対象となることはなかったといわれる。明治政府は，「行政上の目的である“教育，徴税，土木，救済，戸籍の事務処理”に合った規模」である市町村制の確立をめざしていたため，行政上の単位である市町村よりも小さな住民自治組織は，政策の対象にはなりにくかったのである。しかし，1930年代後半になり戦時体制に突入すると，住民自治組織は，急速に政策対象としてクローズアップされることになる。

1938年，地方制度調査会が町内会などの住民自治組織を「町村活動の補助機構」と認めると，内務省は40年に「部落会町内会等整備要領」を示し，全国的に町内会などの整備を指示した。そこには，部落会および町内会は全戸組織とすること，部落会および町内会のなかに10戸程度からなる隣保班を結成することなどが示されていた。

そして1943年の市町村制改正によって，町内会が法的に位置づけられると，町内会等は，市町村長が認める範囲で財産所有が可能になり，市町村の事務を援助できることになった。その結果，隣保班や町内会等は市町村とその上部組織である国や都道府県から発せられた指示の実行組織となり，全国民は国家統制のシステムに組み込まれることになったのである。

だが，1945年，日本の敗戦とともに，「部落会町内会等整備要領」はGHQによって廃止され，47年の政令によってすべての町内会等は解散することになった。その後，わが国の主権回復により，47年の政令は失効，各地で町内会が復活したが，戦前のように強制的なものではなくなった。

2　高度経済成長と「コミュニティ」概念の登場

戦後におけるコミュニティ政策の原点とされるのは，1969年に報告された『コミュニティ――生活の場における人間性の回復』である。これは，同年1月の総理大臣による国民生活審議会への諮問に対する，国民生活審議会調査部会コミュニティ問題小委員会の答申である。そこでは，日本社会には「個人の力では処理できない問題についての不満感や無力感が蓄積される」おそれが指摘され，「コミュニティ」の必要性が強調されていた。

戦後のわが国は，農村部から都市への労働力移動が進み，都市化が進展した。旧来の家族制度をもとにした地域共同体は解体し，都市部では，他人に煩わされないような生活が理想とされ，個人や家庭といった単位での暮らしが重視された。しかし，実際の生活では，地域の人々との交流や相互扶助の関係がまったくないわけではない。そこで，旧来の共同体に代わる新しい「生活における集団形成」が必要であるとされ，「コミュニティ」という概念が持ち出されたのである。

> 生活の場において，市民としての自主性と責任を自覚した個人および家庭を構成主体として，地域性と各種の共通目標をもった，開放的でしかも構成員相互に信頼感のある集団を，われわれはコミュニティとよぶ。(『コミュニティ——生活の場における人間性の回復』156頁)

この報告には，忘れてはならない原則が盛り込まれている（森岡 2008)。それは，①住民自治の回復と住民参画の必要性，行政システムとの対応で必然的に導きだされる地域性という指標，②大都市社会にこそコミュニティ形成が必要であるという判断，③コミュニティとは期待概念，すなわち目標とする地域社会像であること，④コミュニティとは意識や関係だけに偏った戦略ではないこと，である。とりわけ重視されたのは住民参画であり，住民が行政に参画できるシステムの構築が期待された。そして，そこで想定されていた住民とは，「市民としての自主性と責任を自覚した」人々であった。

この報告以降，コミュニティ政策は，住民参画を政策の軸にしながら展開していくことになる。

3 都市化とコミュニティ対策

(1) 自治省「コミュニティ（近隣社会）に関する対策要綱」(1971～73年度)

これは，上述の「コミュニティ」づくりのための予備的な施策とされる。この施策の特徴は，モデル・コミュニティ地区が選定（83地区）され，各モデル・

コミュニティでは，市町村と地区住民が協力してコミュニティ計画を策定することである。この計画に基づいて，モデル・コミュニティにはコミュニティセンター等の集会所が建設され，環境整備が進んだとされる。だが，モデル・コミュニティの選定には，いわゆる都市部以外の地区が多く含まれており，「大都市社会にこそコミュニティ形成が必要であるという判断」に対応しているわけではなかった。

⑵　自治省「コミュニティ推進地区設定要綱」(1983〜85年度)

1980年前後になると，都市化はいっそう進み都市圏も拡大していった。そのため，中核となる都市部とその周辺部に重点をおいた政策が展開された。ここでも「コミュニティ推進地区」(147地区）が選定され，主としてコミュニティ活動に対する支援が行われた。その結果，地区内にある各種団体の相互連絡の進展や近隣協議会の結成などが進んだといわれる。

⑶　「コミュニティ活動の活性化について」(1990〜92年度)

1980年代後半から90年にかけて，わが国はバブル景気に沸いた。その一方で，都市部では開発が急激に進み，全国的に「コミュニティの希薄化」が指摘された。この時期の施策では，まちづくり活動（花いっぱい運動やリサイクル運動など）や文化イベント活動等の企画・実行を支援し，コミュニティ活動を活発化させることに重点がおかれた。それはこうした活動が，地域のコミュニティ計画の策定を促すと考えられたからである。ここでも，「コミュニティ活動活性化地区」が設定された（141地区)。

以上のように，1969年の報告以降，自治省によるコミュニティ政策が３度にわたって実施された。ここでは，コミュニティ形成がめざされ，技術的支援のほか，特別交付税等の財政措置があり，コミュニティ形成に一定の成果があったといえる。しかしながら，住民参画という視点からみると，与えられた政策の枠組みのなかでの活動であり，住民・行政の双方で主体的な取り組みであったかという点で疑問が残る施策であった。またこれらの施策は，環境整備が中心だったことから，選定されなかった市町村に不公平感をもたらし，1970〜80年代は「ハコモノ行政」と呼ばれることになった。

4　防災とコミュニティ：阪神・淡路大震災とNPO

1995年1月17日の早朝，淡路島北部を震源とするマグニチュード7.3の地震が発生した。この地震による被害は，死者6000名を超え，全壊家屋は10万棟にものぼった。

被災地では約1万8000名の救出者がいたが，そのうち約8割が近隣住民によって救出されていた。そのため，コミュニティや自主防災組織の重要性がいわれるようになった。

また，震災によって，ライフラインは大きな被害を受け，多くの住民が震災直後から避難所生活を余儀なくされた。被災地では，救援・救護，がれきや家屋の片づけに加え，炊き出しや生活支援物資の配給，トイレやゴミの処理，風呂の提供や問診など，暮らしにまつわる多様な支援が必要となった。これらを支えたのが，民間企業や市民団体，NPOやNGO，災害ボランティアであった。阪神・淡路大震災で活動した災害ボランティアは延べ140万人にものぼり，1つの社会現象にもなったとされる（「ボランティア元年」）。

このように，災害をきっかけに，コミュニティやNPOといった様々な団体が私たちの暮らしを支える有効な存在であることがわかってきた。特にNPOは，コミュニティの新たな担い手として期待され，1998年にはNPO法人が成立している。

5　自治体再編とコミュニティ：平成の大合併と地域自治組織

1990年代後半になると，コミュニティに関する新たな政策が展開することになる。それが，「地域審議会」，「合併特例区」および「地域自治区」制度の導入である。これらは，平成の大合併の際に設けられた制度で，1999年「市町村の合併の特例に関する法律」（「合併特例法」）と2004年「市町村の合併の特例等に関する法律」（「合併新法」）によって規定されている。

平成の大合併では，1999～2014年までの15年間に，自治体数は3299から1718まで減少し，町村は3割程度にまで減少した。それは新市町村の領域が拡大することを意味し，旧市町村からは，行政と距離ができることを不安視する意見が出された。そこで総務省は住民の意見を吸い上げる組織を設置し，合併市町村に対して意見を述べることができるようにしたのである。

★コラム9-1　まちのお茶の間「アテラーノ旭」（高知市旭）

「アテラーノ旭」とは，2007年に「地域のお茶の間」をめざして誕生した地域団体である（2015年にNPO法人認可）。有償・無償のボランティアが，ほぼ毎日，手作りの昼食を600円程度で提供している。昼食時になると，アテラーノ旭には近所のお年寄りが来て，食事をしながらおしゃべりをして帰っていく。和やかでおだやかな空間である。

現在の活動は，「まちのお茶の間」「食のおたすけ」「やさしさのお助け」「安心で活力ある地域づくり」「生活･就労支援の相談」である。特に配食サービスを含む「食のおたすけ」の需要が高い。

アテラーノ旭の特徴は，地域の課題を的確に把握している点である。「まちのお茶の間」や配食サービス時の会話で，アテラーノ旭には様々な情報が集まる。そこで人々は，具体的で意外な「地域で起こっていること」を知る。例えば，一人暮らしの高齢者は，資源ゴミの分別ルールを守れないことがある。それは，一か月分が重いだけでなく，細かな分別作業が大変なのである。だから，ゴミを溜めこんだり，ゴミ出しルールを破ってしまう。こうしたことに気づくことができるのは，アテラーノ旭が地域の最前線にいるからである。

アテラーノ旭の活動は，まるで役所の出先機関のようであるが，アテラーノ旭に対する行政からの支援は限定的である。また，既存の地域自治組織との関係を構築していくことも，難しい課題である。

しかし，その設置期間と権限には差がある。先に設置された「地域審議会」と「合併特例区」の場合は，設置期間が定められており，合併移行期に役割を果たすものとされた。一方「地域自治区」は，合併関係自治体だけでなく，すべての自治体に適用されるものであり，市町村内の一定区域を単位として設定される。設置期間の規定はなく，「行政と住民や地域の諸団体が協働して担う地域づくりの場としての機能を有するもの」である。また地域自治区は「協働活動の要」と位置づけられており，町内会等のコミュニティ組織と基礎自治体の中間にあるものと考えられた。すなわち，地域自治区が多様な団体を結び付ける機構となることで，町内会等の組織やNPO等とともに地域を支えていくことが想定されていた。

地域自治区は，住民自治が可能となる制度的なしくみである。うまく利用すれば，住民自治や新しいコミュニティ形成を促す可能性がある。

§Ⅱ　コミュニティ形成と担い手

1　政策主導のコミュニティ形成と担い手

1970年代から90年代にかけて実施されたコミュニティ政策は，政府によるコミュニティ形成支援であった。また，各期ともに財政措置があり，モデル・コミュニティに選定された地区は，コミュニティセンター等の集会所が整備され，様々なコミュニティ活動が行われた。その結果，スムーズなコミュニティ形成が行われ，住民の理解も深まったといわれる。つまり，ハードとソフトの両面でコミュニティ活動の環境整備が進んだとされた。

だが，その一方で，行政サービスやシステムには変化がなく，住民の政策決定過程への参画はほとんどなかったとの指摘がある。また，モデル・コミュニティにはコミュニティ協議会がつくられたが，その主要構成団体は町内会等であったり，コミュニティセンターなどの管理運営委員会も同様に町内会等が担っていたという。すなわち，コミュニティ形成が政策主導で行われた結果，住民参画は実践されず，また，実際に動いていたのは旧来の「地縁型コミュニティ」だったのである。「生活における集団形成」がなされたとは言い難かった。

2000年代に入るとコミュニティは，地方分権が推進されるなかでますます重要性を帯びてくる。2005年３月，『分権型社会における自治体経営の刷新戦略——新しい公共空間の形成を目指して』が総務省の研究会によってまとめられると，住民やNPOなどは公共サービスの一部を担うものとして期待され，議論され始めた。これは，少子高齢化の影響下で自治体だけが公共サービスを提供するには限界があるという見解から，これまで公共サービスとして提供されていた一部領域を「新しい公共空間」とし，その部分を民間企業や住民組織，NPO等が担うことを求めるものである。自治体は，地方分権一括法（2000年）により地方分権の受け皿として期待されていたが，自治体内部の生活圏内でも，何らかの組織が受け皿として想定された。それは「新しいコミュニティ」の担い手をつくるというよりは，すでに人的ネットワークや情報伝達システムが形成されている町内会等の地縁型コミュニティに頼るところが大きかった。

2　住民主体の「まちづくり」とコミュニティ形成

一方，現在では，「まちづくり」や「地域づくり」が全国各地でいわれている。これらはコミュニティ形成とどのような関係があるのだろうか。

⑴　新しい貧困問題

高度経済成長期，わが国では都市化が急速に進み，過密を要因とする都市問題が深刻化した。それは，公害問題のように地域住民全体に被害が及び，地域全体を貧困化させるものであった。これは，低賃金に代表されるような古典的貧困とは異なり，従来のような労働運動では解決できない課題である。ここに，地域住民が主体となって課題を解決していく必要があり，公害反対運動や景観保存運動といった住民運動が展開されたのである。

1960年代から70年代には，こうした住民運動を受けて行政への住民参加が行われるようになった。例えば神戸市では，1964年に住民参加による公害防止協定の締結が行われている。

また，景観保存や環境保全運動も各地でみられるようになり，地域づくりの主体形成が行われた時期でもある。こうした動きは「内発的発展」と呼ばれ，外来型開発に頼らず地域内の資源を利用した地域開発として注目された。

⑵　地区計画の創設

地区計画は，1980年に都市計画法および建築基準法の一部改正によって創設された制度である。それまでの都市計画とは異なり，地域の実情に応じたきめ細やかなまちづくりを可能にするといわれている。それは，まず第1に，地区計画が一定のエリアを対象にしたものであり，生活空間に密着した計画であること，第2に，住民が主体となって作成する計画であること，第3に，建物や道路，公園などの施設を計画できることによる。

この計画で重要な点は，地区計画は「土地や建物の所有者などの住民が主役となって，話し合い，考えを出し合いながら地区の実情に応じた計画を作っていくこと」である。つまり，住民自らがまちづくりに主体的に関わることを可能にした制度なのである。また，高層マンション建設などの大規模開発を抑制するルールを決めることも可能であり，住民が地域開発をコントロールする1つの手段にもなる。このほか，「建築協定」（建築基準法），「緑地協定」（都市緑地法），「景観協定」（景観法）といった制度もあり，地域には，住民が主体的に地域のあり方を決めることができる制度が整えられた。

以上のような建築物や都市計画に関する制度は，自治省のコミュニティ政策とは異なり，都市計画に関する地域課題の解決に利用されることが多い。ここでは，あらかじめコミュニティが設定されるのではなく，課題解決のためにコミュニティが主体的に形成されていくのである。

(3)「開発指導要綱」から「まちづくり条例」へ

現在，全国各地で「まちづくり条例」が制定されている。「まちづくり条例」とは，国の開発規制だけに頼らず地域の課題に対処するために制定される独自の制度である。この制度の主な目的は，開発コントロールにある。

1960年代後半から90年代初頭にかけての開発は，「開発指導要綱」によって，自治体が規制をかけようとしていた。「開発指導要綱」は，都市やその周辺部における乱開発に自治体が対応するためのもので，開発情報の事前公開および住民への事前説明会を義務づけていた。しかし，これには法的根拠がなく強制力もないとの地裁判決（1975年）が出るなどしたため，自治体の開発コントロールが難しくなっていった。一方で，2000年に地方分権一括法が施行され，一部では国や都道府県の関与が弱まる傾向がみられ，自治意識を高める動きもみられた。こうした背景から，「まちづくり条例」の制定への機運が高まったのである。

わが国最初のまちづくり条例は，「神戸市地区計画およびまちづくり協定等に関する条例」（1981年）と「東京都世田谷区街づくり条例」（1982年）である。上述の地区計画を決定するには，その手続きに関して条例を定める必要があったが，神戸市と世田谷区の条例は単なる手続き条例ではなく「独自のまちづくり推進条例」として定められたものである。神戸市のまちづくり条例は「住民提案型」，世田谷区のまちづくり条例は「行政指定型」といわれるが，どちらの場合も，条例制定以前から進められてきたまちづくり活動を基盤として成立したものである。

以上の過程をコミュニティ形成の視点からみた場合，以下の２点が注目される。まず１つめは，まちづくり条例は，行政の内規（開発指導要綱）ではなく，議会を通して制定されたものである点である。２つめは，神戸市や世田谷区の条例には，住民等による「街（まち）づくり協議会」の設置が明言されている点である。これらは，地区計画が住民参画の足がかりとなると同時に，「街(まち）づくり協議会」が「まちづくりの政策テーマ別に従来の地縁組織とは異なる新しい地域組織」として登場したことを示している。

3　新たなコミュニティの担い手としてのNPO

私たちが暮らす地域には，様々な団体が存在する。町内会，自治会や老人クラブ，婦人会などがその例であり，これらは地縁型コミュニティといわれ，旧来の住民自治組織である。これに対して，近年，「テーマ型コミュニティ」と呼ばれる新しい組織が登場している。

「テーマ型コミュニティ」とは，「市民活動団体を中心にして，必ずしも地理的な境界にとらわれず，特定のテーマの下に有志が集まって形成される」コミュニティである（国民生活審議会総合企画部会報告『コミュニティ再興と市民活動の展開』2005年)。したがって，NPO法人や任意団体によってその活動が担われることが多く，2008年に内閣府国民生活局で実施された『市民団体等基礎調査』によれば，その数は全国で７万986団体にものぼる。これらの活動内容をみると，全体の３割が「高齢者福祉」「障がい者福祉」，１割が「まちづくり・むらづくり」，残りの６割は，環境保護や文化振興，教育，国際協力など20以上の分野にわたる。団体数の多さはもちろん，活動の専門分化と幅広さがうかがえる。このように，テーマ型コミュニティは，問題意識を強く共有した仲間とともに，課題解決をめざす新たなコミュニティの担い手として期待されている。

だが，テーマ型コミュニティにも課題がある。まず第１に，小規模であることである。スタッフの規模は，10人未満が半数を占め，50人以上の団体は１％程度である。また会員規模をみても，20人未満が半数となっており，組織力の弱さが明らかである。第２に，経済的自立が難しい点である。年間収入総額が1000万円を超える団体は全体の15％程度である。そのため，外部からの支援が欠かせない。そして第３に，活動の継続性である。テーマ型コミュニティは個人の自由な意志で参加するものである。したがって脱退も自由であり，組織の維持が難しい。また，スタッフは60歳代以上で構成されていることが多く，後継者問題もある。第４に，地縁型コミュニティとの軋轢である。同じ地域にある地縁型コミュニティとテーマ型コミュニティは，活動の基盤が同じである一方で，活動目的や内容，構成メンバーに違いがある。既存の組織との関係をどのように構築するのかが大きな課題である。

以上のほかにも，経理担当者不在など，細かな課題は多くある。しかし，最大の課題は，地縁型コミュニティと同様に，行政のアウトソーシング先になりつつある点である。上述の「新しい公共空間」は，市民が主体となって地域課題を解決し，公共サービスを協働によって担うことが想定されている。だが，実際には，テーマ型コミュニティは行政にとって破格のコストで利用できるアウトソーシング先になっている。これでは，行政との協働というよりも下請け，あるいはそれ以下の関係であるようにみえる。経済政策では対応できず発生した問題は，孤立や失業，子どもの貧困などという形で地域に直接的な打撃を与える。テーマ型コミュニティはこうした打撃から地域を守るために活動しているが，現在のような状況が続けば，継続的な活動は期待できないだろう。テーマ型コミュニティは，その成り立ちからみれば，確かに専門性を有している。だが，その専門性を期待するのなら，組織が自立できるような支援が必要である。

§Ⅲ　これからのコミュニティ政策――課題と展望

1　コミュニティは形成されたのか

2014年３月，総務省『今後の都市部におけるコミュニティのあり方に関する研究会報告書』が発表された。ここでは，都市部のコミュニティが機能しなくなっており，その再生が必要であることが指摘されている。1969年にコミュニティ概念が提示されて以降，３次にわたるコミュニティ政策が実施されたが，40年以上たった今も，コミュニティは「近隣住民との希薄な関係」などといった当時と同じような課題を抱えている。では，これまでのコミュニティ政策はどのようなコミュニティを形成してきたのだろうか。

自治省が推進してきたコミュニティ政策は，その実践の段階で，町内会等の地縁型コミュニティが受け入れ組織として機能した。また，震災や地方分権改革は，地縁型コミュニティの存在意義を多くの人に意識させることになった。結果として，「新しいコミュニティ」が形成されたというよりも，旧来の地縁型コミュニティを視覚化し，強化したのである。

しかし，その地縁型コミュニティは活発に機能しているとはいい難い。その原因は，第1に，高齢化や担い手不足がある。そして第2に，現代地域に新たな課題が次々と発生していることがあげられる。例えば，地場産業や商店街などの衰退，ニュータウンなど団地の高齢化，これらを基盤に発生する社会的孤立の深刻化である。これは，介護や福祉，教育など本来なら行政が担うべき領域を多く含んだ重い課題である。はたして人口が減少した地区の地縁型コミュニティが，この課題を担うだけの余力があるだろうか。

コミュニティ概念が提示されて以来，行政と協働する組織として，コミュニティには大きな期待が寄せられている。だが，これまでのような行政主導のコミュニティ政策では，行政の受け皿としての地縁型コミュニティが強化されるのみで，行政と協働するようなコミュニティ活動は期待できない。

2　コミュニティは「現れる」

コミュニティは，形式や組織を整えても，主体的な活動がなければ意味がない。では，主体的な活動はどのようなときに生じるのか。

それは，自らの生活領域に何らかの課題が発生したときである。例えば，低層住宅地域に高層マンション建築計画がもちあがる場合や，ゴミ焼却場などの施設が生活領域に建設される場合などがそうである。このような状態になると，住民一人ひとりの利害関係や地域に対する考え方がはっきりする。住民たちが，どのような地域にしたいのか，どのような暮らしをしたいのかを考え，住民同士の話し合いが必要になる。このとき，住民は主体的に動き始め，コミュニティが姿を現すのである。

ここでのコミュニティ活動は，生活の質を左右する直接的かつ重要なものである。そして，コミュニティ活動の結果は，そのまま地域住民の暮らしに反映する。したがって，地域の有力者の発言に左右されるような話し合いではなく，自由な意見交換ができ，実効があるものにしなければならない。こうしたやりとりができる人々こそ，おそらく1969年の答申に記された「市民としての自主性と責任を自覚した人々」であろう。そして，行政は，地区計画やまちづくり条例，地域自治区などの制度とその運用を通してコミュニティ活動を支えるのである。

このように，本来的なコミュニティ形成とは，コミュニティの組織化ではなく，地域課題に主体的に取り組むコミュニティと，それを支える行政によって形成されていくものであろう。

その意味では，住民自治組織として期待される「地域自治区」は，その運用に注意を払う必要がある。行政との協働といっても，コミュニティが行政業務の受け皿となる可能性があるからである。多くの地域住民と問題意識が共有できるのか，担い手は誰なのか，財源は委譲されているのか，そして市町村の役割は何か。これらの点を確認しなければ，行政への住民参画という本来の意味をもつ行政との協働はできない。総務省主導で中山間地域に設置される「小さな拠点」や「集落活動センター」も同様である。

3　コミュニティと経済政策との関係

最後に，経済政策とコミュニティの関係について触れておこう。

これまで述べてきたように，コミュニティは時代や地域を反映した課題を抱えている。だからこそ，コミュニティ政策が重要視され，新たな経済主体としてNPOが期待されるのである。

しかし，この課題をつきつめてみれば，これまでの経済政策では解決できない課題が生活空間に凝縮されているとみることができる。地域課題の多くは，経済的要因から発生する。例えば，子どもが朝食を抜く，不登校になる，学力や体力が低下するといった問題の原因は，就労条件や賃金水準，基幹産業の喪失などの地域経済の停滞，財政難が関係しているのである。高齢者の場合も同様である。老老介護や孤立死，漂流老人といった問題は，自己責任で片づけられるものではない。背景には，年金や介護保険など国レベルの財政問題や，フードデザートなどの地域経済の課題まで幅広くある。だが，生活を維持するためには，１つ１つの課題が解決するまで待つことはできない。経済政策の効果が出るまで待てない。これが現代地域のおかれている状況である。

コミュニティは，地域問題の最前線にあり，住民の暮らしに一番近い。地域を基盤にした生活を守る組織として，最もふさわしいはずである。そして，少子高齢化が進み，国際化が進む時代には，企業や行政が生き残るかよりも，ど

★コラム9-2　「ここは地域問題の先進地だったことに気づきました」

この言葉は，「アテラーノ旭」代表の山中雅子さんの言葉である。

NPOの運営は，資金や担い手のことなど悩みは多い。しかも，アテラーノ旭に持ち込まれる話題は，楽しいことばかりではない。それなのに，なぜ，山中さんは，このような活動を続けるのだろうか？

それは，旭街で「入浴弱者」が発生したことが発端であった。旭は，1960年代までは高知市内でも最大の人口を抱える製造業の街であった。中小零細の製紙業・製糸業が集積し，商店街が発達，歓楽街もあった。しかし，高度経済成長期をへて軽工業が衰退していくと，旭でも空洞化が深刻になった。2000年代に入るとマンション開発が始まったが，それは幹線道路に面した場所だけだった。開発に取り残された古い住宅にはお風呂がなく，住民は銭湯に通う。銭湯通いは，1980年代までの都市生活では珍しいことではなかったが，開発が進み古い住宅が減少すれば銭湯利用者は減る。こうして2004年，旭の銭湯がすべて廃業してしまい，入浴弱者が発生したのである。そこで，山中さんたちは銭湯復活運動を展開し，数日間で6000名を超える署名を集めた。その結果，行政と協働で，地域の福祉施設を利用したお風呂を復活させることに成功した。

そのとき，山中さんは気づいたのである。「この地域には，お風呂の問題以外にもたくさんの問題があるのではないか。」そこから，問題意識をともにする仲間と話し合いを繰り返し，「旭を元気にしたい」とアテラーノ旭を立ち上げた。行政の力もコンサルの力も借りなかった。すべて，自分たちの力である。

アテラーノの語源は，「あてらの」である。これは土佐弁で，「わたしたちの」という意味だそうだ。「わたしたちの旭」。ここに，山中さんたちの思いが詰まっている。コミュニティ活動とは何か。行政の役割とは何か。暮らすこと，働くこと，地域をつくることとは？　多くの問いかけが，この活動のなかにある。

うすれば住民が生き残ることができるかに視点をおいた地域経済分析が求められる。そのためには，一人ひとりの生活全体を支える視点からみた地域経済のしくみが必要になる。そのときコミュニティは，地域経済を捉える際に重要な要素となり，政策対象となりえるのである。

では，これからのコミュニティ政策に必要なことは何だろう。それは，地域経済をコントロールする住民を育てることである。そのためには，足元の地域を自分たちで調査することが大切である。それは，地域の課題は何か，原因は何か，資源は何かを考えることにつながる。これが，地域で暮らし続けるために，住民が主体的に地域づくりに関わる第一歩である。そして，この活動を支えるためには，実はコミュニティ活動を支援するだけではなく，住民がコミュニティ活動に参加できる働き方をつくりだすことが必要である。これからのコミュニティ政策には，住民の立場から経済活動を捉え直すことが求められているといえる。

【文献ガイド】

宮本憲一『現代の都市と農村』日本放送出版協会，1982年
1980年出版の古典的名著『都市経済論』をもとに書かれたテキスト。住民主体の地域づくりが，なぜ必要となってきたのかがよくわかる。

岡田知弘『地域づくりの経済学入門』自治体研究社，2005年
住民主体の地域づくりには，地域経済を住民が主体的にコントロールしていくことが必要である。それが具体的な事例解説によって理解できる1冊。

石原武政・西村幸夫編『まちづくりを学ぶ』有斐閣ブックス，2010年
まちづくりの担い手は「生活者」であるという視点から，官と民の協働のあり方を都市計画や地域経済，景観，安全学などから多面的に考えた著作。

◀問題——さらに考えてみよう▶

Q 1　なぜ，コミュニティ政策が必要だといわれたのか。当時の日本社会の状態を踏まえて，考えてみよう。

Q 2　あなたが住む地域が抱えている課題は何か。その課題解決に，自分はどのように関わることができるだろうか。みんなで議論してみよう。

Q 3　Q 2の議論を踏まえて，「まちづくり条例」をつくってみよう。

【宇都宮千穂】

第Ⅳ部 「パブリック」と経済政策

Chap. 10

財政政策を考える

▶なぜ財政危機が発生するのか

★財政危機の未来予想

日本の一般政府の総債務残高は，2013年度末で1173兆円であり，日本のGDP（国内総生産）の2倍を超えている。これは先進資本主義国の中で最悪の水準にあり，財政破綻の危機に直面するギリシャの対GDP比177％をも上回る。このまま借金が増え続ける現状を放置すれば，将来いずれかの時点で物価の大幅な上昇が起こり，国債価格が一気に下落するおそれがある。通貨の信用も失われ，大幅な円安により日本国民の資産は急激に目減りし，物価や金利は激しく乱高下して国民生活は混乱に陥るかもしれない。また，政府は，市場の信認を得るために歳出削減に取り組み，高齢化が進むなかで社会保障給付を大幅に減らさざるをえなくなるだろう。そして，信用が失われた日本政府の資金調達は困難となり，政府としての統治能力は奪われ，犯罪の増加など社会は不安定となり，経済も停滞する事態も予想される。今，何もしなければ，私たちは，このような困難な課題を将来の世代に引き継がせることになる。

本章では，日本の財政政策について概観するとともに，財政危機の構造的要因を検討し，今後の改革の方向性について考えてみよう。

§Ⅰ　財政政策の体系と展開

1　政府の機能と財政政策

財政（Public Finance）とは，「政府（国や地方自治体など公権力をもつ組織）の経済活動」である。政府は，民間企業や家計と同様に，財源を調達して，企業の経済活動や家計などを支えるための財を供給し，さらに投資や融資を行うなどの経済活動を営む。こうした「政府の経済活動の総体」を「財政」と呼ぶ。

現代の財政は国民経済のなかで大きな比重を占めており，保育や教育から年金・福祉まで（いわゆる「ゆりかごから墓場まで」）の国民の生活と深い関わりをもつ。また，財政は，産業振興や公共投資，雇用対策などを通じて，民間企業の経済活動などにも強い影響をもつ。財政は，今や，私たちの生活や経済に必要不可欠なものとなっているのである。このような財政の現状について，米国の財政学者アルヴィン・ハンセンは「現代の経済は公私混合の二重経済である」と指摘した。

「混合経済」や「二重経済」と表現されるほどの国民経済における「財政の肥大化」は，私たちの社会経済システムの発展過程のなかで求められた政府の機能の拡大から生じている。この点について興味深い分析をしているのが，19世紀のドイツの財政学者アドルフ・ワグナーである。ワグナーは「経費膨張の法則」を提示した。ワグナーの分析で注目されるのは，経済が発展するにつれて「文化および福祉目的の領域への給付」が継続的に増大し，財政経費が膨張していくことを明らかにした点である。これは国民経済が発展するにつれて，国民のニーズは多様化して，政府の重要な役割である「基本的人権の保障」の内実も豊かになり，生存権の保障だけでなく，生活権や教育権，知る権利などの多様な人権保障が求められて，政府が関わる領域が拡大していくためである。政府は，警察や司法，外交や軍事などの基本的体制維持機能だけでなく，経済発展にともなう「市場化」の進展のなかで市場やコミュニティが処理できなくなった「社会的共同業務」を自らの担当領域に取り込んでいく。つまり，市場やコミュニティでは対応できない課題であるが，社会経済システムを維持するために不可欠な課題の解決を目的とした政府の政策が，財政政策なのである。それは，政府の果たすべき機能と重なる。つまり，財政政策とは，政府の機能を具体的に実現するための手段と位置づけることができる。

政府の社会経済システムに果たす機能は4つある。第1に，経済システムに対する「資本蓄積機能」である。資本蓄積の維持はフィスカル・ポリシー（裁量的財政政策）を軸として，これを産業政策などにより補完しながら実施される。景気動向に基づいて，政策手段を随時操作するのが，フィスカル・ポリシーである。ケインズ理論によれば，実際の総供給が完全雇用水準を下回っていれば，実際の総需要と完全雇用水準の総需要との間にデフレ・ギャップが生じ，上回っていれば両者の間にインフレ・ギャップが生じたことになる。この場合，政府支出を前者で増加させ，後者では減少させ，完全雇用水準の国民所得の達成をめざすのが，フィスカル・ポリシーの基本的考え方である。その

★コラム10-1　「財政の誕生」

財政は，市場社会が成立して初めて誕生した。市場社会が，それまでの封建社会と異なるのは，土地や労働力などの「本源的生産要素」が市場で取引されるようになることである。封建社会では，支配者が「家産」として土地や労働力を所有していた。しかし，市場社会が成立すると，支配者が所有していた「家産」は私的所有財産に分割されて，「土地」「労働」「資本」という生産要素に「私的所有権」が設定される。まさに，支配者が「家産」として所有していた生産要素は支配者の手から離れて，「家産国家」は「無産国家」に転換する。そのため，国家を運営するための「元手」は，租税という形で市場参加者から徴収することになる。

市場社会の政府は，貨幣を調達することでしか，政府の機能を実現することができない「租税国家」になる。逆にいえば，貨幣さえ入手すれば，統治に必要な公共財は市場から調達できるということである。まさに，この点が財政政策の中身といえる。そこでは，租税の徴収をどのような方法で行い，誰から徴収して，徴収額は，どの程度にするのか。さらに，徴収した租税を誰に対して，どのように活用するのか。これは，まさに財政政策そのものであり，財政政策は「無産国家」の運営の軸といえる。

際，財政政策は総需要管理の方法と位置づけられ，補助金や租税特別措置などの政策手段を活用して，それを実現する。第2に，社会システムに対する「生活保障機能」である。この機能は，地域間格差を是正し，国民のナショナル・ミニマム（国家最低限）を実現して，国民の基本的人権を保障する政策を促す。第3に，社会経済システムの課題を調整するための「体制維持機能」である。この機能は，社会保障，社会福祉，社会保険制度や所得税制などの発達を促す。第4に，「環境維持機能」である。私たちが構築した社会経済システムは，当然のことながら，地球環境を物理的土台としている。そのため，地球環境に損傷を与えることは，社会経済システムの維持に重大な危機をもたらす。地球環境との調整を行うこの機能は，私たちの経済活動が環境に多大な影響を与えるようになった近年では，特に顕著に求められるようになっている。

2　財政政策の目標と手法

次に，財政政策の目標について考えてみよう。多くの財政学者がこの点について様々に論じている。例えば，米国の財政学者リチャード・マスグレイブによれば，財政政策の主要な目標は，次の３つに整理される。

第１は，資源の最適配分である。資源の最適配分とは，資源制約という前提条件のもとで，経済的厚生をめざして，政府が公共財を供給することである。政府は，市場システムの中では十分に供給されない様々な公共財の供給，市場価格に反映されにくい外部不経済などとの調節を図ることにより，この課題を実現しようとする。市場システムの公正なルール整備なども，この機能に含まれる。日本の場合，この目標に関しては，財政が社会資本の供給を積極的に担ってきたことに大きな特徴がある。道路や港湾などの生産基盤整備は，前述した「資本蓄積機能」の維持に貢献した。

第２は，所得の再分配である。所得の再分配とは，政府が介入して所得や資産の格差是正を図ろうとするものである。所得の再分配は，最低賃金制度などの法的規制でも実施されているが，財政政策としては，生活保護などの公的扶助や非課税限度の設定など，政府支出や租税制度によるものが重要である。こうした所得再分配措置は，前述した社会経済システムの課題を調整するための「体制維持機能」や「生活保障機能」を実現する政策目標と位置づけられる。

第３は，経済の安定化である。経済の安定化とは，雇用，物価，国際収支などの安定により，経済の変動を緩やかなものにすることである。経済の安定化を実現する財政政策のうち，財政のしくみが自動的に安定化に寄与するものを「ビルトイン・スタビライザー（自動安定化機能）」という。例えば，累進税率を適用した所得税，失業保険などの社会保障制度がそれである。好況期には，税収が経済成長率以上の伸び率で増加して民間の消費・投資を抑制する。他方，不況期には租税が逆の方向に作用して，失業保険給付が増加して需要を増加させる。こうした安定化措置は，前述した社会経済システムに対する「資本蓄積機能」を実現する政策目標と位置づけられる。

財政政策の目標を実現するための主要な手法は，３つある。第１は，歳出政策である。まず，生産関連基盤としては重要であるものの，市場では十分に供給されない道路，港湾，空港などの社会資本整備のための歳出は，資源の最適配分機能を果たすことになる。また，福祉，教育，医療など生活関連基盤のための歳出は，資源の最適配分であると同時に，所得の再分配に寄与する。さらに，直接的に所得の再分配をめざす歳出としては，社会関係保障費がある。これには，所得を保障して貧困層の救済を図る公的扶助と，老齢，疾病，失業などに備えて拠出した保険料を主要財源として給付する社会保険とがある。一方，国民経済を視野に財政規模を調節して経済の安定化を図ろうとするのが，総需要管理の考え方である。その際，投資的経費（道路，住宅などの長期的効果をめざすもの），消費的経費（人件費，消耗品などの短期的効果をめざすもの），移転的経費（補助金や利払いなどの購買力を移転するだけのもの）などの区別が重要となる。

第２に，租税政策である。租税政策のポイントは，課税対象，納税義務者，税率，免税点，諸控除などを操作することである。例えば，所得税，住民税などの所得課税に超過累進税率を適用することにより，所得格差を是正できる。

第３に，公債政策がある。公債は政府による民間からの借り入れであり，現在の民間部門の資源配分を減少させ，将来の租税負担を増加させる。したがって，公債発行による政府資金需要の増加が民間の資金調達を困難にするクラウディング・アウトを発生させないかどうか，また，将来世代に負担を転嫁する可能性がないかどうかが，公債政策のポイントとなる。

3　戦後日本の財政政策の展開

日本の国家財政は，前述したとおり，巨額の債務残高を抱えている。それは，これまでの財政政策の結果でもある。ここでは，公債発行の動向に着目して，戦後の財政政策の変遷を概観する（図表10-１）。

日本の場合，第二次世界大戦後，財政の膨張がなかったわけではないが，それよりも経済成長のスピードが勝っていたこと，日米安保体制のもとで防衛費の負担が相対的に小さかったこと，社会保障制度の整備が立ち遅れたことなどから，1970年代の初頭まで一般政府支出の対GDP比は20％に留まっていた。しかし，1973年以降２度にわたるオイルショックをへて，先進各国では経済成長の停滞が始まり，財政の膨張に対する危惧や批判が高まる。日本でも景気対策のための公共投資や社会保障制度の整備，防衛費の拡大が進むなかで，1980年度に政府支出の対GDP比は33.6％に上昇した。1980年代に入り，米国のレーガノミックスや英国のサッチャーリズムに代表されるような「小さな政府」論

図表10-1 建設公債と赤字公債の残高推移

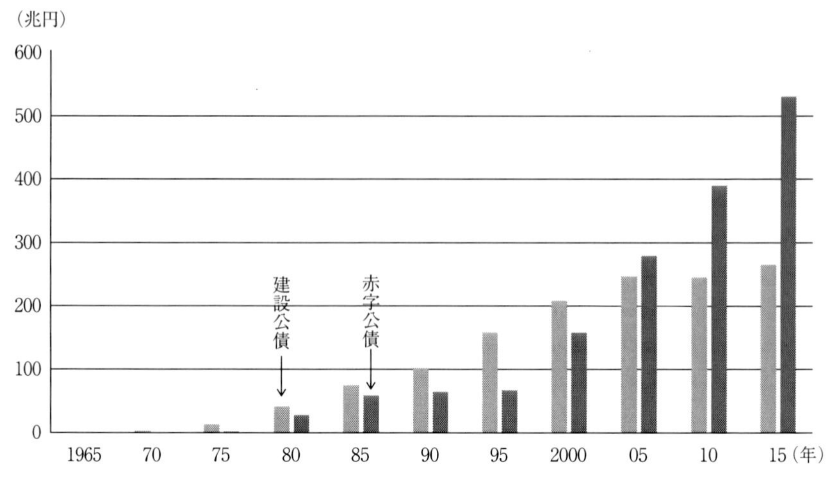

出所:財務省「わが国の税制・財政の現状全般に関する資料」から作成。

や自由市場の復権を求める政策が主流となり,各国とも経費の抑制に向けて財政政策は転換していく。日本では,中曽根内閣による行革路線により経費は抑制された。しかし,その後のバブル経済崩壊をへて1990年代には再び膨張に転じ,2000年度には対GDP比は36.4%にまで達している。ここでは,このような動向を詳細にみていく。

敗戦後の日本経済は空前のインフレに見舞われ,公債は大暴落し,日本経済に大きな打撃を与えた。そのため,戦後の財政運営は,公債発行を厳しく制限して公債に依存しない「健全財政主義」が財政運営の基本とされた。すなわち,1947年に制定された財政法の第4条により,原則として国の公債発行は禁じられた。また,同法第5条により,国は公債を発行する場合,日本銀行の引受や借入が禁じられた。

しかし,こうした健全財政主義は,1965年の不況で転換し,景気対策の財源を調達するために戦後初めて建設公債(財政法第4条の但し書により発行が認められている)が活用されることになった。しかし,まだ,この当時は,公債依存度(国の一般会計に占める公債収入の割合)は10%台前半に留まり,裁量的景気対策の主要な手段は金融政策が担っていた。

ところが，1973年の第一次オイルショックを契機に，インフレーションが昂進し始め，74年には日本経済は戦後初めてのマイナス成長となった。日本経済は不況とインフレが併存するスタグフレーションに陥り，不況により税収は激減する一方で，インフレーションが経費増を引き起こし，さらに財政の増分主義（前年度予算を基準として，それにどれだけ上積みするかという基準で意思決定する方法）を容易に変換できなかったため，財政収支の赤字が拡大した。これを埋めるために，建設公債だけではなく，財政法の特例として歳入補塡に充てられる「赤字公債」を発行せざるをえなくなり，1977～80年の間は公債依存度が30％を超えるなど，高水準を続けた。

こうした大量公債発行に先導されながら，日本財政の規模は増大していく。その原因は，景気刺激の継続，福祉政策の拡充に加え，高度成長の弊害，対外経済摩擦，インフレ，不況などの諸問題が噴出して社会的課題が増大するなか，社会的安定を図るために中小企業や農業，過疎地域などへの財政支出を増大せざるをえなかったことにある。

1970年代後半以降，大量の公債発行が継続された結果，公債残高の対GDP比は74年に７％であったが，80年代半ばには40％を超えた。このような状況のなか，巨額の財政赤字を解消して財政の再建を図るため，1981年に「第二次臨時行政調査会（以下，第二次臨調）」（会長は土光敏夫経団連会長）が発足した。第二次臨調は「増税なき財政再建」のスローガンを掲げて，「官から民へ」「国から地方へ」という基本方向により，歳出削減を進めた。翌年11月に発足した中曽根内閣は，1982年度予算では前年度と同額のゼロ・シーリング，83年度以降は前年度より減額するマイナス・シーリングを設定して予算編成を進めた。シーリングとは，予算編成過程において各省庁の要求に対し，事前に大蔵省（現在の財務省）が設定する概算要求枠のことである。この結果，一般会計予算額は1983～87年度にかけて５年連続で減少となった。歳出削減と並ぶもう１つの柱は，民営化である。第二次臨調は，まず，３公社の民営化を提示した。その結果，日本専売公社は1985年に日本たばこ産業株式会社（JT），日本電信電話公社も同年に日本電信電話株式会社（NTT）に民営化された。また，日本国有鉄道は1987年に，６つの旅客鉄道会社，貨物鉄道会社，日本国有鉄道清算事業団に分割・民営化された。

★コラム10-2 「リカード仮説」と財政政策

経済の安定化は，財政政策の重要な柱である。その政策効果を検討する際に，「短期と長期」という時間軸の視点を入れることは重要である。例えば，所得税などの減税政策は，短期的にみれば，景気刺激効果をもつと考えられる。減税分だけ可処分所得が増加するので，消費は増加すると考えられるからである。しかし，長期の視点を入れると，この議論は大きく修正される。「現在の減税は将来の増税を意味する」と考えられるからである。このような考え方を打ち出したのがリカードである。リカードの仮説によれば，現在減税されても，その減収分の穴埋めは借金によるため，将来，借金の返済をしなければならず，そのための資金は増税により賄われる。そのため将来の増税に備えて貯蓄するため，消費はそれほど増えず，減税政策は効果をもたないとする。

1990年代の日本経済をみると，政府は様々な減税政策を実施したが，消費は増加しなかった。国民の意識には，深刻な財政危機のなかで，年金などの支払いも危ういのではないかという不安があるからである。減税しても消費ではなく貯蓄に回る。このような状況は，リカード仮説の想定するそれと同じである。その意味で，国民の将来に大きな影響を及ぼす社会保障制度改革のビジョンを早急に示すことは，今後の重要な財政政策といえる。

あわせて，税制度の改革も行われた。政府税制調査会は，EC型付加価値税を範とする課税ベースの広い間接税の導入を軸とする税制改革の検討を開始した。1988年には少額貯蓄非課税制度（通称「マル優」）の原則廃止と利子源泉分離課税という増税が実施された。さらに竹下内閣は，クロヨン是正など水平的公平の実現，高齢化社会に備えた国民全般による広く薄い負担，直間比率（直接税と間接税の税収比率）の是正などを根拠として，国民の反対を押し切って1989年に消費税を導入した。消費税の最大の特徴は，広範な生活必需品を課税対象とし，低所得層ほど負担率が高い逆進性を示すことである。もっとも，国民の反発を緩和するために，税率は３％に留め，しかもその増収分を所得税・住民税減税へ回す「レベニュー・ニュートラル（増減税同額）」という形をとったため，税収の安定的基盤を創出することはできなかった。

一方，1980年代半ばの日本経済は，85年の「プラザ合意」により「円高不況」に見舞われていた。政府は金融緩和政策を実施したが，それは設備投資などには結び付かず，結果として「金余り」現象をもたらしたに過ぎなかった。銀行など金融機関は，これらの資金の有利な運用先を求めて，株式取得や土地融資に傾斜していく。このような投機的行動に拍車をかけたのが，民活（民間活力の導入）路線である。1986年に「民活法」が制定され，民間参入や公有財産の利用を容易にする規制緩和や，特定施設整備を財政金融面で支援する体制が整えられた。1987年には，社会資本整備特別措置法，総合保養地域整備法が制定され，88年には都市再開発法，建築基準法の改正などにより，全国土が投機的な開発の波，いわゆる「バブル景気」の波に呑み込まれた。このような背景から，1989年後半からは一転してバブル抑制政策が打ち出された。そして，金融引き締めや地価税の導入などにより，バブルは崩壊し，株価と地価のスパイラル的な下落が発生した。こうして，1991年には３％近くあった実質経済成長率は，92年から３年連続して０％台となった。いわゆる「平成の大不況」である。

不況が深刻化するなかで，宮澤内閣は1992年８月に大規模な総合経済対策を実施した。その柱は，「生活大国５か年計画」での生活関連社会資本の充実を軸とする公共事業であった。この背景には，日米構造協議を通して策定された1990年の公共投資基本計画（10か年で430兆円の公共投資の実現）があった。こうして始まった大規模公共事業は，宮澤内閣後の細川・羽田内閣にも引き継がれ，村山内閣では景気回復の遅れのなかで，公共投資の目標額は630兆円に増額された。バブルの崩壊と不況の長期化のもとで税収が激減する一方，公共事業を軸とする積極的予算を組んでいけば，間違いなく財政赤字は増大する。実際，1991年に9.5％で底を打った公債依存度は，再び急伸し，95年には28.0％に達した。バブル景気崩壊から約５年で，日本は先進国では最も深刻な財政危機に見舞われることになった。財政赤字を縮小して公債負担を削減することは，各国共通の重要な課題であるが，特に日本においては財政のサスティナビリティ（持続可能性）の確保が喫緊の課題となっている。

§Ⅱ　財政危機の構造的要因

1　中央集権型財政システムと地方財政

1990年代の日本の国家財政で公債依存度が急増した背景には，前述したように，1990年代以降の公共事業を軸とした景気対策の影響が大きい。この公共事業を担ったのは，実は，国家財政ではなく地方財政であった。日本の場合，地方が公共事業の約８割を担当している。国が景気対策を決定するとしても，それを実行するのは地方財政なのである。この枠組みのもと，地方財政も財政危機が深刻化している。なぜ，地方財政は国家財政の関与を受けるのか。そして，なぜ，地方財政は財政危機を引き起こすまでに財政規模を拡大させていったのか。結論を先取りすれば，それは地方財政制度の中に「特定財源縦割組織対応システム」が組み込まれているためである。このような中央集権型財政システムが地方財政を巻き込みながら，財政規模を膨張させているのである。

ここでは，その典型的事例として，1990年代の岡山県財政を取り上げる。岡山県は1980年代後半から90年代にかけて大規模建設事業を拡大させた結果，財政危機に陥っている。ここで強調したい点は，岡山県の財政危機が表面化したのは1990年代に入ってからのことであるが，県財政危機の本質は1980年代後半の「バブル期」の財政運営にあったということである。この時期に企画されたリゾート開発を中心とした大規模建設事業が，1990年代に入り，リゾートブームが終わったにもかかわらず継続され，リゾート施設が県内各地に建設された。

このような岡山県の地方公共投資の動向を規定した要因の１つは，1988年に開通した瀬戸大橋である。岡山県は，瀬戸大橋を活用して地域間競争を勝ち抜くことで中四国の「雄県」になるため，「瀬戸内３橋時代」となる1999年までの11年間に大規模な社会資本整備を急いだ。当時のバブル景気も追い風となって，岡山県は強気の地方公共投資を計画し，1988～97年度までの10年間で実施された事業規模10億円以上の大規模事業は50件にものぼり，総額は4500億円となった。その中には，1985年度から87年度にかけて３次にわたり策定された瀬戸大橋架橋記念事業も含まれている。また，1988年度に立ち上げられたリゾート対策室で計画されたリゾート開発などの大規模拠点施設建設も多く含まれる。1987年には前述した「総合保養地域整備法」(以下，「リゾート法」)が成立し，日本列島全体がリゾートブームに沸き返った。当時，地域振興の切り札として登場したリゾート開発は全国の地方公共団体を巻き込んだ。特に中山間地域市町村などは，当時の大都市圏を中心としたバブル景気とはまったく無縁であっただけに，その期待は一気に高まった。中山間地域を多く抱えた岡山県においても，前述のように1988年度に「リゾート対策室」が立ち上げられるなど，この「リゾート法」の成立は，その財政運営に大きな影響を及ぼした。1980年代後半に，リゾート開発は岡山県内各地で企画されただけでなく，90年代に入ると，県主導で推進されることになり，岡山県の財政負担は大きくなったからである。

さらに，このような地方公共投資の動向に拍車をかけたのが，前述の1992年度以降の国の景気対策である。岡山県では総額1500億円にもなる景気対策を実施した。国は地方債と地方交付税の活用により，地方単独事業を積極的に推奨した。岡山県もこの資金を活用して，1990年代に入ってからも，ブームの終わったリゾート開発を含む大規模地方公共投資を積極的に推進した。このように，1985年度以降の岡山県の財政運営の実態を概観すると，「リゾート法」や景気対策などの国の政策動向が岡山県財政の運営に大きな影響を与え，地方公共投資を拡大させていったことがわかる。

岡山県の投資的経費の動向で注目されるのは，1988年度から93年度までの６年間で投資的経費が1500億円台から3000億円近くまで急増したことである。この「投資急増期」の特徴は，単独事業費が急増し，絶対額においても補助事業費を上回ったことである。その財源は県債である。岡山県の積極的起債は，主として道路事業とリゾートなどの大規模施設建設事業に向けられた。

1980年代後半以降の岡山県財政の動向におけるポイントは，積極的起債政策，特にバブル期のそれにある。この積極的起債政策は，平成不況期に入り，国の景気対策が加わり，さらに促進されたといえる。このような起債を中心とした財源により実施された公共投資はリゾート開発などに向けられた。その背景には，1987年に「リゾート法」が施行されたことに加えて，88年に開通した瀬戸大橋の影響が大きいと考えられる。これが，その後の岡山県財政の積極投資の呼び水となり，その後の財政運営の基本となったのである。

問題は，なぜ歳入構造が大きく変化したなかで地方公共投資は減少することなく，財政危機を引き起こすまで続けられたのか，ということにある。その本質は国と地方の関係に規定された地方行財政システムそのものにある。そこで次に，1985年度以降のリゾート開発事業を推進した地方行財政システムについて，岡山県の行政組織の動きや財源面などに着目して分析してみよう。

2 公共事業をめぐる行政組織と財政の動き

岡山県庁では1984年度に大規模な組織改正が実施され，企画部に開発調整局が設置された。その目的は，第１に，大規模プロジェクトを推進すること，第２に，重要施策の総合調整機能を強化することにあった。開発調整局設置の背景には，1988年の瀬戸大橋の開通が前提とされている。当時の岡山県においては，瀬戸大橋を足がかりにして，中四国の「雄県」に飛躍することが大きな政策課題であった。この開発調整局を開発推進主体として，瀬戸大橋架橋記念事業等の大規模プロジェクト関連施設整備や，その波及効果を全県下にもたらすための道路網の整備などが本格的に計画された。

この岡山県の開発路線を継承・発展させる組織改正が，1988年度に実施されたリゾート対策室の設置である。1988年以降の「ポスト瀬戸大橋」の発展プロジェクトとしてリゾート開発を位置づけ，リゾート地域の整備対策を推進するため，企画部の中に設置された。このリゾート対策室は大規模プロジェクトの推進主体と位置づけられ，リゾート地域の整備が本格化した。しかし，その後，1991年のバブル景気の崩壊などにより，民間資本のリゾート開発からの撤退などで岡山県の思惑どおりに地域開発は進まなかった。このような経済環境の変化は，岡山県の組織改正の動向にも反映される。すなわち，1994年度には，リゾート対策室は企画部内の地域政策課に統合されてリゾート対策班となり，リゾート開発は事実上の格下げになった。

さらに，岡山県の財政危機の打開をめざして打ち出された1997年度の「行財政改革大綱」を受けて，翌98年度には大規模な組織改正が行われる。ここでの柱は，企画部の再編整備による企画振興部の設置である。そのなかで，地域政策課が再編されて地域振興課が新たに設置された。この組織改正で，リゾート関連事業の見直しが行われ，前述したリゾート対策班は地域整備班に改められた。この1998年度の組織改正において，岡山県庁組織の中から「リゾート」という言葉が完全に消えることになった。

これらの一連の組織改正の流れのなかで注目されるのは，リゾート対策室の動きである。1988年度に企画部に立ち上げられ，94年度にリゾート対策班に格

図表10-2　投資的経費の財源動向

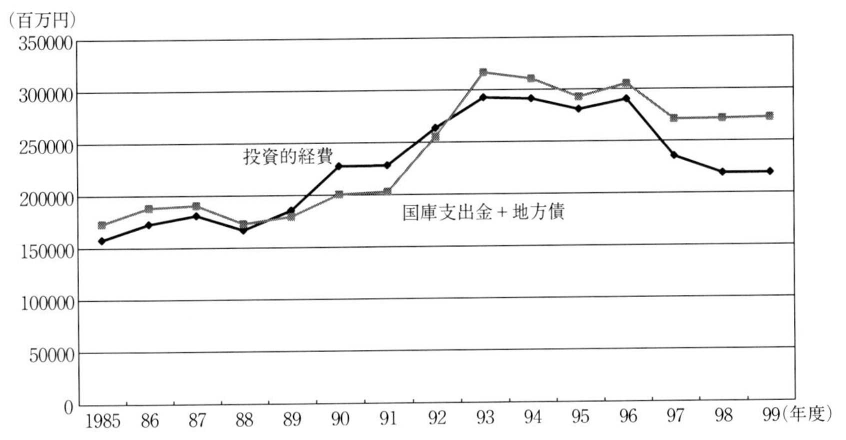

出所：岡山県「歳入歳出決算書（各年度)」から作成。

下げになるまでの6年間は，歳出が急増した「投資急増期」と完全に重なる。その意味で，リゾート対策室は岡山県の歳出動向を規定した推進主体のひとつと位置づけられる。この時期は，バブル景気と，その崩壊という日本経済の激変期であり，民間資本のリゾート開発に対する姿勢も消極的な姿勢に変化する。そのような経済環境の変化のなかで，岡山県はリゾート対策室を中心にリゾート開発に邁進するのである。

さらに，リゾート開発を含む投資的経費の財源の実態を分析すると，**図表10-2**のとおり，国庫支出金や県債などの特定財源の動向とリンクしていたことがわかる。すなわち，投資的経費は特定財源を主要な財源として賄われていたことが浮き彫りになる点である。このことの意味は大きい。特定財源は国から使途を特定されて渡される財源である。つまり，特定財源でファイナンスされた地方公共投資には，必然的に国の関与が入り込むのである。

3 「特定財源縦割組織対応システム」と膨張する地方公共投資

これまで，岡山県のリゾート開発を素材に，行政組織の動向とファイナンス構造の2つの観点から分析を試みた。その結果，浮き彫りになったことは，岡山県のリゾート開発がリゾート対策室と特定財源に支えられていたという事実である。

リゾート対策室は，どのような機能を担っていたのであろうか。まず第1に，地元市町村との調整機能である。リゾート開発の受け入れ先である地元市町村との協議を行い，調整することである。そのことにより，リゾート対策室は，事業推進のための様々な協力を得る一方で，市町村からの要望の受け皿にもなる。第2に，国との調整機能である。リゾート法に基づいたリゾート構想の申請など，リゾート開発に関する国との折衝窓口となる。第3に，この機能が最も重要と思われるが，リゾート開発の具体的推進を担うという機能である。リゾート対策室の使命はリゾート開発を実施することであり，それが実施できなければ，その存在意義はない。行政組織は，事業実施それ自体が自己目的化するのである。事業を完結させることが究極の目的であり，事業は組織によってその実施が担保される。この組織が消滅しない限り，事業は継続されるのである。このことは，投資的経費の動向と投資的経費の中心の1つであったリゾート開発を担うリゾート対策室をめぐる組織改正の動きが完全に一致していることで浮き彫りになる。

ここで重要なのは，この組織改正をめぐる「行政組織の論理」である。すなわち，立ち上げられた組織は，相当の理由がない限り整理消滅されないこと，そして仮に整理消滅されたとしても，後継組織がその事業を引き継ぐことである。これにより，事業は組織により絶えず保存され，継続されるのである。

一方，リゾート開発が特定財源によりファイナンスされていることは，どのような意味をもつのだろうか。第1に，事業に対する「国の関与」を招くということである。特定財源は国から使途を特定されて渡される財源であるため，国の意図が強く働く。岡山県は国の意図どおりに公共投資を実施しなければ，公共投資の財源がないということになる。第2に，特定財源により実施した事業は途中で止められないしくみになっていることである。具体的には，事業を途中で止めた場合の国庫支出金の返還問題などがそれに当たる。また，事業を中止した場合，岡山県が予定している他の事業に対する国の財政支援にも影響が出る可能性もある。

1980年代後半以降の岡山県のリゾート開発は，国からの特定財源を基礎としてリゾート対策室などを媒介に国と地元市町村の要望を調整しつつ，実施されているという構造が浮き彫りにされた。このような地方公共投資の実施システムを，ここでは「特定財源縦割組織対応システム」と呼ぼう。このシステムのもとでは，一度提示された地方公共投資は，財源面における国の関与，実施主体としての県庁担当組織の関与，事業の受け入れにおける市町村行政組織の関与がビルトインされる。地方公共投資に対する3主体の関与システムは，「三位一体」の地方公共投資強力推進システムとして機能する。地方公共投資を止めるためには，この「特定財源縦割組織対応システム」を改革することが重要となる。

§Ⅲ　「中央集権型財政」から「地方分権型財政」への転換をめざして

財政政策の目標の1つである経済の安定化は，一般に国の責任と考えられている。ところが，日本のように地方が公共事業の約8割を担当している場合には，国が景気対策を決定するとしても，それを実行していくためには地方財政を動員していかなければならない。オイルショックの時期における地方財政の動員方法は，主として国庫補助金の増額によって行われた。さらに，国が決定する地方財政計画を活用して，人件費などの経常的経費を削減して，投資的経費を増やして地方の投資的経費を引き上げていく手法が定着していった。

1985年から，国家財政危機を背景に補助金の削減が本格化すると，地方財政を動員する方法は次のように変化した。第1に，補助率の高い補助金に対しては，補助率を引き下げることによって，より少ない国費で公共事業の総額確保を図った。第2に，バブル期において税収が増大した大都市地域に対しては，公共事業の起債充当率（事業に必要な財源のうち地方債で調達できる割合）を高めて事業規模の拡大を誘導した。第3に，「交付税の補助金化」をもたらした「交付税措置」という手法が活用されたことである。これは，公共事業を起債により進めさせ，その元利償還金の一定割合を地方交付税の基準財政需要額に組み入れるという手法である。地域総合整備事業債や過疎債などが代表的起債であるが，地方交付税の「先食い」的意味をもっていた。

1990年代に入ると，対米公約である「公共投資基本計画」の消化，長引く平成不況に対する景気対策の実施という状況のもとで，国の地方財政の動員政策はピークに達した。国は生活関連社会資本の代表として下水道，都市公園，廃棄物処分場を重点項目に決定し，各地方は国から配分された事業費の消化が至上命題となった。こうして地域振興のために何が必要かが十分に検討されることなく，巨額の公的資金が投入されたのである。

本章では公共事業に焦点を当てて分析したが，公共事業の分野に限らず，日本の財政制度は国が財政執行の意思決定を行い，地方が財政執行を行うというしくみになっている。財政執行の決定権限がもっぱら国に存在する状況を「集権型」と呼び，地方に自己決定権が幅広く存在している状況を「分権型」と呼ぶ。また，財政執行面において，国と地方の事務配分の中で国の比率が高い場合を「集中型」と呼び，地方が高い場合を「分散型」と呼ぶ。このような枠組みでみると，日本の財政制度は，事務配分は分散型である一方，地方交付税や国庫支出金などの依存財源の比重が高く，地方の自己決定権が弱いことから，日本の政府間財政関係は「集権型分散システム」と位置づけられる。

このような「集権型分散システム」の形成は，1920年代に「福祉国家」という名のもとに，英国などの先進国で形成され始めた。さらに，この福祉国家への動きを決定的としたのは，1940年代のことである。これには，財政政策による経済の安定と完全雇用，税制や公債の活用による所得再分配などを主張したケインズ理論（1936年），国の社会保障制度によってすべての国民の生存権を保障することを提示した『ベバリッジ報告』（1942年）が大きく影響している。

「集権型分散システム」の現状は，国家財政の支出構造からも確認できる。図表10-3の経費の「使途別分類」の状況がそれである。経費を「使途別」に，①人件費，②旅費，③物件費，④施設費，⑤補助費・委託費（地方自治体などへの補助金，負担金，交付金等），⑥他会計への繰入，などに分類してみよう。図から明らかなように，わが国の一般会計は，2015年度では約55％が他会計へ繰り入れられ，約32％が地方団体などへ補助金などとして分配され，実に，国家財政の一般会計総額の約9割が国以外の団体で執行されている。つまり，日本の国家財政の本質は，国民や企業から税金を集めて，それを他会計や様々な団体へ配分するという巨大な「資金配分システム」になっているのである。国家を維持する所得税や法人税，消費税などの租税の徴収や公債発行は中央政府が担当し，福祉・医療・教育などの公共サービスや公共投資の実行は地方政府が担

図表10-3　一般会計歳出予算使途別経費構成比率（2015年度）

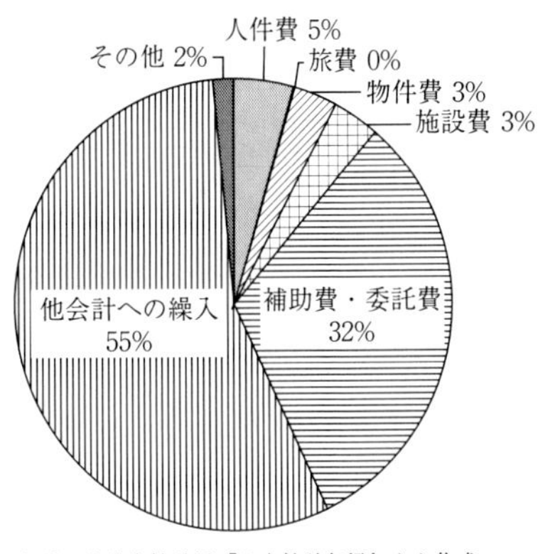

出所：総務省統計局『日本統計年鑑』から作成。

当する。ここから，中央政府が政策を決定して，地方政府がそれを実行するという，意思決定と実行主体との乖離が生じ，財政責任がどこにあるのか不明確となっていった。その実態については，第2節で岡山県財政を事例に私たちは確認することができた。このシステムこそが，財政の規律を喪失させ，経費の膨張，財政支出の非効率，巨額の財政赤字を生み出す構造的要因である。

今後，財政政策を国民の満足度を引き上げ，実効性の高いものにしていくためには，財政政策を実施するシステムを作り替えなければならない。すなわち，これまで述べた「中央集権型財政」から「地方分権型財政」への転換である。これまで，1999年の地方分権一括法による機関委任事務の廃止，2004年度から06年度にかけての「三位一体改革」による地方財源の変更などが行われたが，いずれも真の地方分権改革と評価できるものではない。人口減少，高齢化の進む日本において，財政政策はますます重要性を増してくる。その意味で，財政政策を実施する土台の作り替えは，喫緊の課題である。

【文献ガイド】

島恭彦『現代地方財政論』有斐閣，1951年

地方財政の現状を地域経済の不均等発展をベースに分析した地方財政研究の代表的古典。

池上惇『財政学—現代財政システムの総合的解明』岩波書店，1990年

「学習」と「インフラストラクチャー」をキーワードに納税者主権による財政学を提唱。

井手英策『日本財政 転換の指針』岩波書店，2013年

財政赤字の原因を日本の社会構造から解明して，新しい財政のグランドデザインを提言。

◀問題――さらに考えてみよう▶

Q 1　私たちの社会経済システムにおいて，政府が存在しなければならない根拠や財政政策の意義について，政府の機能と関連させて考えてみよう。

Q 2　国家財政と地方財政は，地方交付税や国庫支出金，地方債などのしくみを通じて密接な関係をもっているが，今後の両者の関係はどうあるべきか，考えてみよう。

Q 3　住民協働などの「新しい公共性」と呼ばれる公共部門の改革の動きが注目されている。このような動きが財政政策にどのような変化をもたらすのか，考えてみよう。

【多田憲一郎】

Chap. 11

金融政策を考える

▶金融規制とグローバル化するマネー

★変革を迫られる金融政策

金融政策（マネタリー・ポリシー）は，伝統的には金利操作を通じて通貨供給量を調整し，物価の安定とともに経済成長を実現するものとされてきた。しかし今，この伝統的な金融政策は，大きな変容を迫られている。1つは，金融資産購入を通じた量的緩和による，いわゆる「非伝統的な金融政策」の展開である。もう1つは，個別銀行の健全性を追求するプルーデンス政策が，金融システム全体の安定性を重視するマクロ・プルーデンス政策に転換するなかで，金融政策とプルーデンス政策の効果波及経路が互いに重なりあってきたことである。現代の金融政策は，金利操作を通じた通貨供給量調節という「マネタリー・ポリシー」という枠では捉えきれないものとなっている。

その背景には，金融のグローバル化と，それを媒介する金融取引や金融商品の多様化・複雑化がある。金融の流れは，ファンド等を通じた「シャドウ・バンキング」ともいわれるしくみへと変容しており，伝統的な金融政策の効果が失われるなか，金融政策の大きな変革が，今，国際的に模索されている。

§Ⅰ　伝統的な金融政策の概観

1　日本型金融システムと金融政策

金融政策を担当するのは，中央銀行としての日本銀行（以下，日銀）である。唯一の発券銀行である日銀は，通貨調整を通じて金融の調整と信用秩序の維持を図り，それを通じて物価の安定と国民経済の健全な発展を実現することが，目的ならびに理念として定められている。信用秩序の維持に関しては，日銀考査を通じて銀行の健全性を監視（モニタリング）すると同時に，金融危機時には「最後の貸手」（LLR）として金融システムの機能麻痺を回避することが期待されている。

金融の調整としての金融政策は，金利操作や預金準備率操作，公開市場操作などの政策手段を通じて，物価安定と経済成長という政策目標を達成することが期待されている。この金融政策の展開においては，金融システムの具体的制度が所与の制約条件となる。例えば，戦後の日本型金融システムは，①外国為替取引の原則禁止による国際的資本取引規制，②日銀ガイドラインに基づく預金金利規制，③銀行業務と証券業務の分離，長期金融と短期金融の分離，中小企業金融専門金融機関の設立などの業務分野規制，④郵便貯金等を財源とする財政投融資による政策金融の展開，⑤有担保原則や保証人制度などの取引慣行を特徴としていた。

このような日本型金融システムのもとでは，日銀の対銀行貸出金利である公定歩合の変更に連動して長短の預金金利が上下し，それに応じて貸出金利が変動していた。金融緩和を行うときは公定歩合や預金準備率の引き下げを行うが，国際的な資本取引規制によって海外に資金が流出することはなく，政策効果が維持された。また資本市場が未発達ななかで，銀行の預金貸出を中心にした間接金融が，企業の資金調達において大きな比重を占めていたため，低金利での日銀信用の供給は，メインバンクや専門金融機関（長期信用銀行や中小企業専門金融機関）を通じて企業の資金需要を満たすことで，大きな政策効果を発揮できたのである。

また国内の金融政策は，国際通貨制度（固定相場制度）にも大きく制約されていた。例えば，金融緩和による景気刺激とインフレ率の上昇は，国際収支の悪化と円安を引き起こしたが，固定相場制で認められていた変動幅１％を超えそうになった時点で，金融引き締めに転換せざるをえなかった。いわゆる「国際収支の天井」に絶えずぶつかりつつ，1960年代の金融政策は，人為的な低金利政策を基調として，日銀信用供給によって高度経済成長を支えたのである。

2 日本型金融システムの解体と金融政策の変化

このような日本型金融システムは，1970年代半ばまでの高度経済成長を金融的に大きく支えたが，２つの「コクサイ」化（国債の大量発行と金融の国際化）で，大きな変容を迫られることになった。1971年の金ドル交換停止という，いわゆる「ニクソンショック」によって，国際通貨制度は固定相場制から変動相場制に移行することになった。そして，その後の円高の進行は，日本企業の対外進出を促進するとともに，政府の赤字国債発行による景気刺激策を常態化させることになり，国債流通市場の育成のために金利の自由化を促していった。また，日本の金融機関の対外進出も活発となり，国際金融市場における邦銀のシェアが大きく伸びるなかで，国内の金融規制に対する緩和圧力が高まっていった。

1983年の日米円ドル委員会合意では，70年代末以降の円安是正や日本の金融・資本市場の自由化をめざして，①大口預金金利などの金利自由化や，②外貨の円転換規制の撤廃，ユーロ円取引の自由化，③外国銀行の信託業務などの対日市場進出の促進などが合意された。また，1999年からの「日本版金融ビッグバン」では，①外国為替取引の原則自由化，②金利規制撤廃による預金金利自由化，③金融持ち株会社解禁による金融コングロマリット化を通じた業務の垣根の消失，④公的金融の民営化や再編縮小による民間補完の徹底，⑤担保や保証人に過度に依存しない事業性を重視した貸出の推進などが進められた。

このような金融システムの変貌は，日銀の金融政策の効果波及メカニズムを変化させることになる。第1は，国内の金融政策（金融引き締めや金融緩和）の効果が，国際的な資本取引に影響を大きく受けるようになった。変動相場制への移行を機に，対外不均衡は外国為替相場の変動によって調整されることで「国際収支の天井」から解放され，金融政策は国内不均衡の是正に集中できるとされた。ところが，現実には国際的な投機的・短期的資本取引の影響によって実体経済から大きく乖離した相場変動に，金融政策が大きく制約されることになった。例えば，国際的な資本移動は，2国間の金利格差の影響を大きく受けるため，円ドル相場の安定化のために米国の金融政策への追従を余儀なくされる局面が増大したのである。

第2は，金利の自由化が進み，日銀ガイドラインの形骸化（廃止は1994年）とともに日銀の公定歩合に民間の長短金利が連動しなくなり，公定歩合操作の政策波及経路が消失したことである。また，銀行間の資金調節の場としての短期金融市場の役割が高まるなかで，預金準備率操作の効果も低下した。このため，いわゆる政策金利がコールマネー市場（金融機関同士で短期資金を融通し合う市場）の無担保翌日物金利に変更されるとともに，コール市場などの短期金融

図表11-1　日本銀行の金融政策運営の推移（ゼロ金利政策から包括的金融政策まで）

	政策目標	コールレート	日銀当座預金
～1999年1月	コールレート	0.25%前後	
1999年2月	コールレート	0.15%前後	
1999年9月	コールレート	0.15%前後	「ゼロ金利政策」と初めて表現
1999年10月	コールレート	できるだけ低めに誘導	ゼロ金利政策継続
2000年8月	コールレート	0.25%前後	ゼロ金利政策継続
2001年2月	コールレート	0.15%前後	ゼロ金利政策継続
2001年3月	日銀当座預金		日銀当座預金に操作目標変更，5兆円の量的緩和の開始
2001年8月	日銀当座預金		日銀当座預金6兆円へ
2001年12月	日銀当座預金		日銀当座預金10～15兆円へ
2003年3月	日銀当座預金		日銀当座預金17～22兆円へ
2003年4月	日銀当座預金		日銀当座預金22～27兆円へ
2003年5月	日銀当座預金		日銀当座預金27～30兆円へ
2003年10月	日銀当座預金		日銀当座預金27～32兆円へ
2004年1月	日銀当座預金		日銀当座預金30～35兆円へ
2006年3月	コールレート	おおむねゼロ%	金利に操作目標変更＝量的緩和停止
2006年7月	コールレート	0.25%前後	「ゼロ金利政策」停止
2007年2月	コールレート	0.5%前後	
2008年10月	コールレート	0.3%前後	
2008年12月	コールレート	0.1%前後	
2010年10月	コールレート	0～0.1%程度	「包括的な金融緩和政策」＝資産買入開始

出所：日本銀行政策委員会の発表より作成。

市場の調整手段としての公開市場操作が大きな役割を果たすようになった。預金準備率操作は1991年以降変更されないなど停止状態となる一方で，売りオペ（債券売却による資金回収）や買いオペ（債券購入による資金供給）という公開市場操作（オペレーション）を通じた短期金融市場金利を操作することが，金融政策の中心となったのである（図表11-1）。

★コラム11-1　長期不況は，デフレが原因って本当？

「消費者物価上昇率２％の達成まで，大規模な量的緩和を継続する」と宣言した2013年４月のいわゆる「異次元の金融緩和」導入の有効性が問われている。消費税引き上げ効果を除いた物価上昇率は，2015年春には０％に低下し，14年度の経済成長率はマイナスとなった。

「異次元の金融緩和」を提唱したリフレ派の主張は，デフレ継続が不況の原因であり，「デフレは，円という通貨の財に対する相対価格……つまり貨幣的な問題」(浜田宏一）であり，日銀が金融緩和を断行しさえすれば解決できるものとされた。しかし，年間80兆円の長期国債買い取りなどによって，マネタリーベース（日銀当座預金と貨幣流通高）がGDP比６割超にまで倍増したにもかかわらず，マネーストック（実体経済に流通している通貨量）は反応せず，不況が継続している（図表11-２参照)。

マネタリーベースとマネーストックとの間の定量的関係（貨幣乗数）が崩壊したもとで，日銀は，予想インフレ率上昇による実質金利の低下で投資と消費が増大するという波及経路を強調しているが，その効果も思わしくない。消費税効果を含めれば，デフレは解消しているにもかかわらず，物価上昇が消費を抑制することで，家計支出の低迷が続いている。物価上昇に賃上げが追い付かず，実質賃金が低下しているからである。つまり，デフレが不況の原因であるという想定が，根本から揺らいでいるのである。労働コストの削減による収益増加を推進する成長戦略のあり方が，問われているのではないだろうか。

§Ⅱ　バブルの発生・崩壊と金融政策の試練

1　バブル発生と金融政策

管理通貨制度（不換紙幣制度）のもとでは，経済成長とインフレ率はトレードオフの関係にあるとされる。経済成長促進のための金融緩和（インフレ政策）は，通貨価値安定という中央銀行の使命と対立するのであり，いっそうの金融緩和を求める政治的圧力に抗するために，中央銀行の独立性が制度的に定められることが一般的である。しかし，1944年に制定された当時の日本銀行法は，「国家の政策に即し通貨の調節」を行うことを定めるとともに，主務大臣に役員の解任権と業務の命令権を与えていた。この中央銀行の独立性の脆弱性が大きな問題となったのが，1980年代後半のバブル経済の発生であった。1985年のプラザ合意以降の急激な円高進行のもとで，円高（ドル安）阻止のための外国為替市場介入（円売り・ドル買い）による過剰な通貨供給の放置や，当時としては史上最低水準である3.75％への金利引き下げ，大規模な公共投資などの円高不況対応の経済政策の展開の結果，株や土地などの資産価格上昇（資産インフレ）というバブル経済の暴走を招いてしまったのである。円高是正のために米国の金利引き下げに応じて国内金利を引き下げていかざるをえなかったこと，そして消費者物価上昇率が安定的に推移していたために金融引き締め政策への転換が遅れたことなどが相まって，空前のバブルが継続した。

1990年には不動産業向けなどへの銀行の貸出増加額の総量規制や金利引き上げを通じてバブル経済の抑制に動いたものの，そのときはすでに手遅れであり，かつバブル経済の崩壊をより激化させることになった。物価の安定だけでは金融システム全体のリスク増大を防ぐことができず，実体経済と金融システムの安定を破壊する結果を招きかねないという教訓が，日本の金融政策に残されたのであった。この結果，1997年に日本銀行法が全面改定され，物価の安定を通じて国民経済の健全な発展に資すること，ならびに資金決済の円滑化を通じた信用秩序の維持に資することが目的に掲げられ，主務大臣による役員の解任権の廃止などで日銀の自主性を尊重することが定められた。

2 金融庁設立と金融規制監督の展開

バブルの発生・崩壊後の不良債権問題の顕在化ならびに金融機関の経営危機の深刻化は，大蔵省（当時）の護送船団方式に象徴される金融行政の限界とともに，信用秩序維持に対する日銀の限界をも大きく示すことになった。この結果，金融システムの安定化を担う専門機関として金融監督庁（後の金融庁）が1998年に設立され，金融機関の監督・検査を通じて金融システムの健全性を維持するプルーデンス政策（健全性規制）が展開されることになった。その代表的政策が，自己資本比率規制（バーゼル規制）に基づく早期是正措置の発動であった。これは，個別銀行の健全性を自己資本比率の水準で判定し，一定水準以下の「不健全」と判断される銀行に対して段階的に経営改善などの是正措置を課すとともに，自己資本比率がマイナスとなる危険性の高い銀行は破綻処理を迫るというものであった。個別銀行の健全性維持を重視し，不健全な銀行を淘汰すれば，市場規律が高まることで金融システムの健全化がもたらされるという市場原理（競争原理）が理論的基礎となっている，いわゆる典型的なミクロ・プルーデンス政策であった。

このプルーデンス政策の展開は，日銀の金融政策の波及経路に大きな影響を与えることになった。金融庁は，各銀行の自己資本比率算出の前提作業として自己査定による貸出資産の債務者区分を行わせ，その適切さを金融検査で評価することになったからである。金融検査等で不良債権と判定された資産に対しては，間接償却（引当金）に留まらず，直接償却を行うことが必要になった。債務者区分悪化による引当金の積み増しは，貸出コストを押し上げ，低金利での貸出継続を困難にする。また自己資本比率の低下に直面した銀行は，新たな自己資本調達が行えない場合は，貸出削減を実行せざるをえなくなった。自己資本比率規制は，いわば自己資本に対して保有できる貸出量（リスク量）を制限するレバレッジ規制であるが，自己資本の毀損等は貸出縮小を通じて不況期には景気後退をいっそう促進するといった景気循環増幅効果（プロシクリカリティ）という副作用を発症させるのである。

不況期に日銀が金融緩和を通じてマネタリーベース（日銀当座預金と貨幣流通高）を増大させても，自己資本比率規制のもとでは銀行は十分なリスクテイクを行うことができないばかりか，貸出の抑制を迫られることで，金融政策の緩和効果が打ち消されてしまう。ゼロ金利政策の効果が減殺され，マネタリーベースとマネーストック（実体経済に流通している通貨量）との間の連動（貨幣乗数）が崩壊してしまうことで，中央銀行の金融政策の波及経路が塞がれてしまうのである。バブル崩壊後のミクロ・プルーデンス政策の実施が，ゼロ金利政策から量的緩和政策へといった金融政策の展開にもかかわらず，デフレ不況の継続を招いた一因になったといえる。

§Ⅲ　リーマンショックと金融政策の転換の模索

1　非伝統的金融政策への転換

1930年代以来ともいわれた深刻な経済危機を引き起こしたリーマンショック

は，金融政策のあり方を根底から転換するものであった。金利重視からマネー・サプライ重視をへて，インフレ・ターゲット政策で物価安定を達成すれば，金融システムの安定性や経済成長を「自動的」に実現できるという1990年代以降の金融政策の支配的なパラダイムが崩壊したのである。先進国中央銀行は，ゼロ金利政策の採用とともに，その有効性を補うために量的緩和政策の採用を余儀なくされた。また，個別銀行の健全性のみを達成すれば金融システムの安定性は自動的に達成できるというミクロ・プルーデンス政策も，破綻したのであった。ここに，金融政策における非伝統的金融政策の追求とともに，銀行監督規制におけるマクロ・プルーデンスへの転換が進み，金融システムの安定性重視の政策目標と政策波及経路という点での相互補完関係が深化することになった。

政策金利の操作を通じて物価安定を達成しようとする伝統的金融政策に対して，国債や証券化商品などの金融資産購入を通じた量的緩和政策は「非伝統的金融政策」と呼ばれる。伝統的金融政策は，銀行の資金調節の場である短期金融市場（コール市場やFF〔フェデラル・ファンド〕市場など）における公開市場操作を通じて政策金利を操作し，銀行の貸出行動を誘導することを主な効果波及経路として実体経済に働きかけるものであった。しかし，非伝統的金融政策は，長期国債購入による長期金利の引き下げや，資産担保証券などの民間リスク金融資産の購入でリスク・プレミアムを引き下げるなど，資本市場の価格（利回り）操作を直接行おうとするものである。また，資本市場に対する流動性供給を行うことで，資本市場にお

図表11-2　異次元の金融緩和の効果

（単位：兆円）

	13年3月末実績	14年末実績	15年7月末実績
マネタリーベース	146.0	275.9	325.7
日銀当座預金	58.1	178.1	230.1
現金	87.9	97.3	95.7
長期国債	91.3	201.8	249.3
ETF	1.5	3.8	5.7
J-REIT	0.12	0.18	2.37
マネーストック（M２）	834.4	893.6	911.4
消費者物価指数コア	－0.5	2.5	0.0
家計消費支出（実質）	5.2	－3.4	－0.2
銀行貸出	1.5	2.5	2.6
長期金利（10年国債）	0.564	0.325	0.414

出所：日本銀行『マネタリーベースと日本銀行の取引』ほかより作成。

ける「取り付け騒ぎ」を防止しようとするものでもあった。

非伝統的金融政策への転換の背景にあるのは，実体経済における深刻なデフレ・ギャップ発生のもとでは，金利をゼロ水準にまで誘導しても政策効果が発揮できないという現実である。同時に，「シャドウ・バンキング・システム」と呼ばれる銀行以外の金融機関等による資金仲介の拡大といった金融システムの変貌も無視できない。「オリジネイト・ツー・ホールド・モデル」から「オリジネイト・ツー・ディストリビュート・モデル」への転換と呼ばれるように，銀行の預金・貸出を通じた資金仲介から，投資銀行等の各種ローンを担保にした証券化商品の組成と販売による資金仲介への変貌が進んできたのである。その結果，「バンク・ラン」（銀行取り付け騒ぎ）と類似の「クレジット・ラン」（急激な投資引き上げ）が発生し，資本市場における信用喪失と資金流出による流動性の枯渇がたちまちのうちに金融市場を機能麻痺に追いやり，金融システム全体の金融仲介機能が崩壊するという現実が明らかになった。金融政策そのものも，物価の安定だけではなく，金融システムの安定をも重視した政策への変貌を余儀なくされたのである。

2　日本銀行の非伝統的金融政策の展開

この非伝統的な金融政策のパイオニアは，日銀であるといわれる。バブル崩壊後の不良債権問題の深刻化や「デフレ不況」と呼ばれる長期不況のもとで，ゼロ金利政策から量的緩和政策という新たな金融政策の展開を行ったからである。

1999年２月からのゼロ金利政策では，政策金利であるコールレートがほぼゼロ水準になるように，公開市場操作を通じた資金供給が行われた。この段階では，短期国債を中心に，いわゆる銀行券ルールの枠内での資金供給が行われた結果，日銀当座預金は10兆円程度の水準にまで増大した。しかし，コールレートによる短期金利の低め誘導だけでは効果が薄かったため，2001年３月からは操作目標がコールレートから日銀当座預金に変更された。同時に，資金供給オペの対象としては長期国債の比重を増やすことで長期金利の低め誘導が図られ，かつ株式や上場投資信託（ETF）などのリスク資産の購入を通じて資本市場におけるリスク・プレミアムの軽減が行われるようになった（**図表11-１参照**）。

図表11－３　量的・質的金融緩和の効果波及経路

大規模な長期国債買い入れ
量的：年間80兆円
質的：平均残存期間延長

２％のインフレ率への
明確なコミットメント
――レジーム転換――

リスク資産の買い入れ
量的：倍増
質的：プレミアム引き下げ

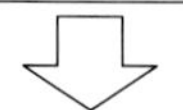
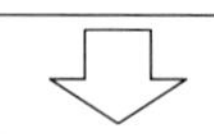

①名目金利低下と予想インフレ率上昇による予想実質金利低下と投資増大
②増加したマネタリーベースから貸出や投資の増加（ポートフォリオ・リバランス効果）
③予想インフレ率上昇による家計の消費支出増大
④資産価格上昇による資産効果と消費支出増大

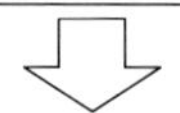

投資と消費の増大による経済好転から
雇用・賃金増加と成長の好循環始動

この量的緩和政策は，短期間の停止期間をへて，国債買い取り基金の創設による2010年からの包括的金融政策へと継承され，国債買い取り額も銀行券ルールの適用停止によって100兆円を大きく超えることになった。このような量的緩和の規模拡大にもかかわらず，デフレ克服の目途が立たないとして，インフレ・ターゲット政策の導入と目標インフレ率２％をめざした大規模な金融緩和を行うよう，政治的圧力が高まることになった。

2013年１月には，２％の目標インフレ率が明示され，４月からは「量的質的金融緩和政策」，いわゆる「異次元の金融緩和政策」が導入されることになった。この異次元の金融緩和政策では，効果波及経路としてはインフレ目標率達成まで大規模な長期国債の買い取り等を継続することをコミットメント（確約）することで，予想インフレ率上昇を通じた実質金利の引き下げ効果やポートフォリオ・リバランス効果が発生すると想定された（図表11－３）。しかし，異次元の金融緩和政策導入から２年以上が経過したが，インフレ率は逆に低下し，経済成長率もマイナス状態となるなど，その効果に大きな疑問が生じている。

3　マクロ・プルーデンス政策と金融政策

リーマンショックは，個別銀行の健全性を維持しても金融システム全体の不

図表11-４　金融政策とプルーデンス政策の相互連関

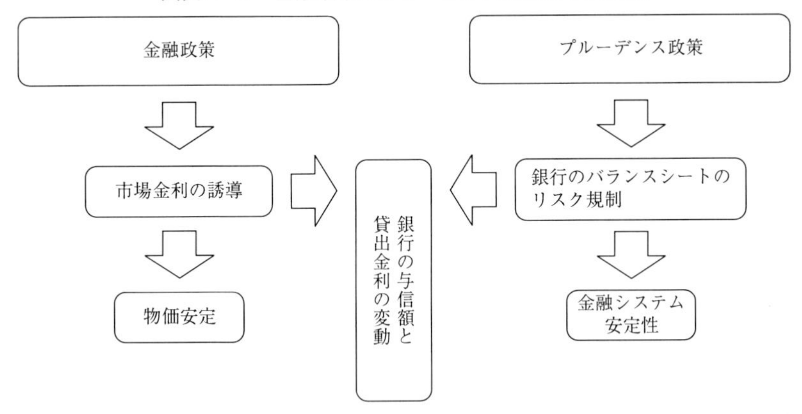

出所：Grant Spencer ニュージーランド中央銀行副総裁「金融政策とマクロ・プルーデンシャル政策の協調」（2014年３月，BIS central bankers' speech）参照。

均衡拡大や潜在的リスクの膨張を阻止することはできず，金融システム危機を発生させて実体経済にも深刻な損害を与えることを明らかにした。「今や全員がマクロ・プルーデンス信奉者である」といわれる国際的な銀行監督体制の転換が進んだのである。しかし，マクロ・プルーデンス政策の具体的な内容については，コンセンサスが成立しているわけではないとされる。

現在，マクロ・プルーデンス政策の有力な手段とされているのが，バーゼル銀行監督委員会が進めている「バーゼルⅢ」と呼ばれる自己資本比率規制の改訂版である。主な焦点は，自己資本比率規制の内在的欠陥とされていた景気循環増幅効果の是正である。すなわち，①株主資本や利益剰余金等で占められるコア自己資本比率を６％に高めるなど，自己資本の損失吸収能力を高める，②好況期に自己資本を上積みすることで不況期の自己資本減少の影響を緩和する，バッファーとしての自己資本比率２％の設定，③流動性の高い準備金の保有などである。このほか，リスク評価の不十分さを前提にした単純な自己資本に対する保有資産比率の上限規制や，安定的な資金調達の基準など，金融システム全体の不健全なリスク膨張の抑制ならびにリスク顕在化時における各銀行の損失処理能力の向上が図られている。

このようなマクロ・プルーデンス政策の展開は，自己資本充実や安定的資金調達比率の向上等という形での銀行の資金調達コストを増加させるばかりか，自己資本比での貸出額の量的規制を通じて銀行の貸出行動に大きな影響を与えるものである。短期金利や長期金利の操作を通じて銀行の貸出行動に影響を与えようとする金融政策の効果波及経路と大きく重なり合うことになる。このことは，中央銀行の金融政策と金融監督規制当局のマクロ・プルーデンス政策が，逆方向で発動された場合は政策効果が大きく減殺されることを意味する（図表11-4）。両者の政策的協調が大きな課題になるのであり，英国では金融監督規制を担っていたFSA（金融サービス庁）が解体され，その機能はイングランド銀行の中の「金融政策委員会」（FPC。この下に「健全性規制局」と「金融規範局」がおかれている）に吸収されることになった。イングランド銀行は，金融政策を担う「通貨政策委員会」（MPC）とプルーデンス政策を担う「金融政策委員会」（FPC）を同時に抱えることで，両者の政策的相互補完関係を機能させようというのである。米国やEUでも，マクロ・プルーデンスを担当する「金融安定化監視審議会」（FSOC，米国），「欧州システミックリスク理事会」（ESRB，欧州）という形での対応が進んでいる。

§Ⅳ　21世紀の課題と金融政策の挑戦

1　非伝統的金融政策が直面する課題

リーマンショック以降，先進国の多くの中央銀行は，政策金利のゼロ水準までの引き下げを余儀なくされた。それればかりか，量的緩和政策を通じた金融資産の購入により，危機前の３倍というバランスシートの膨張を余儀なくされた。それは，低金利での巨大マネーの国際的な供給をもたらしたほか，途上国や資源市場への資金流入や投機的な金融活動の増大による新たなリスク要因を増大させている。それにもかかわらず，実体経済の停滞は継続しており，金融システム危機を緩和することには成功したとはいえるものの，実体経済活性化に対する金融効果は期待以下であった。結局，デフレ克服に対する金融政策の有効性の限界が明らかになるとともに，国際的な過剰マネーの投機的動きによるバブル形成をどうコントロールするのか，そして金融機関の複雑な金融取引拡大による市場の不透明性の拡大をいかに防ぐのかという根本的課題に対し

★コラム11-2 異次元の金融緩和政策とマイナス金利政策

日本銀行は，2016年１月に「量的・質的金融緩和」に加えてマイナス金利政策を導入した。黒田総裁は「中央銀行の歴史の中でおそらくもっとも強力な枠組み」としている。実質金利を引き下げるうえで，名目金利のマイナス化は大きな効果を発揮するというわけである。

名目金利には「ゼロ金利の制約」があるとされてきた。名目金利がマイナスになれば，預金からゼロ金利資産としての貨幣への転換が進む一方で，金利を支払うことになる銀行は貸出を行わなくなるため，預金・貸出による金融仲介が機能しなくなるからである。

日本銀行のマイナス金利政策は，日銀当座預金の一定額に対して0.1%の金利を徴収することで，銀行に対して貸出等を促そうとするものだが，貸出金利があまり低下しないなかで，長期金利のマイナス金利化が大きく進んでいる。

欧州でもECBのマイナス金利政策で各国の国債金利のマイナス金利化が大きく進んだ。しかし実体経済への効果は乏しく，インフレ率低下が進むもとでECBはマイナス金利の再度の引き下げに追い込まれている。また預金金利のマイナス金利化ができないなか，貸出金利低下による銀行収益の悪化や資産運用の収益悪化は新たな金融システムへのリスク増加をもたらしているとされている。日本でも投資信託の解約が発生したほか，銀行収益への悪影響の懸念が広がっている。

て，金融政策は答えを見出せていない。そのなかで，2014年にECB（欧州中央銀行）が導入したマイナス金利（国際的にはネガティブ金利）政策が，16年１月には日本銀行でも導入されるに至っている。

金融政策の効果については，金融引き締め時と金融緩和時において，政策効果の非対称性があるとされる。例えば，政策金利の操作において金利は上限なく引き上げ可能であるが，下限として「ゼロ金利の制約」があるとされてきたからである。《名目金利－物価上昇率》である実質金利をマイナスにしようとすれば，インフレ率を引き上げるしかない。量的緩和政策は，この金融緩和時の限界を克服しようという試みであった。しかし，インフレ率の低迷が進むなかで，実質金利を引き下げるために試みられたのがマイナス金利政策であった。銀行が中央銀行に預けている準備金に対して一定の金利を徴収するというマイナス金利政策は，償還額以上に価格上昇（利回り低下）した国債等を中央銀行が買い取ることで支えられているが，この結果，欧州ならびに日本で長期金利のマイナス化が広がっている。しかし，このマイナス金利政策もまた，不況克服において期待された政策効果が発揮できていないとされる。需要不足のもとで投資に対する収益が期待できない場合は，依然として金融政策のみでは資金需要を発生しえていないのである。

ここで，実体経済の活性化に貢献しないまま，低金利で大量に供給されたマネーが引き起こす「インフレ高進」という潜在的リスクへの対応が，大きな課題となる。放置すれば，高インフレ発生時のリスクを高めることになるが，かといって量的緩和の縮小や量的引き締めは，国債等の金融商品の中央銀行による大量購入で維持されている金融商品価格・市場を崩壊させてしまうというリスクが大きいからである。特に，量的金融緩和が国債購入によって行われている場合は，赤字財政の中央銀行によるファイナンスが縮小することで，国債価格の下落や国債利回りの上昇を通じて財政危機を引き起こすことになる。マイナス金利政策は，この危機を増幅する可能性が高いといえる。この点でも，マクロ・プルーデンス政策の中で金融機関が保有する国債のリスクに対する自己資本準備の義務化が進められており，民間銀行と中央銀行の国債保有リスクの顕在化への対応が課題となっている。

2 日本社会に求められる金融機能と金融政策の課題

金融政策の役割は，もはや政策金利の操作を通じた物価安定確保に留まらないものになっている。金融システムの安定や実体経済の持続可能な成長に向けた，金融政策の役割発揮が求められているのである。21世紀における金融政策への期待も込めて，以下の点を指摘しておきたい。

第１は，国際的な過剰マネーの投機的活動に対する金融政策の責任と役割である。管理通貨制度のもとでは，過剰なマネーの供給は中央銀行の信用創造を根源とする。中央銀行による過剰な通貨供給，とりわけ量的金融緩和による通貨供給が中央銀行のバランスシートの膨張に象徴されるような巨大マネーを世界中に供給し，その投機的な運動が世界各国でのバブルの発生・崩壊，さらには金融システム危機を引き起こしている。国際的な中央銀行の連携による適正な通貨供給と外国為替相場の安定が，金融政策の主要課題とされなければならない。

第２は，グローバルな金融活動の一方でローカルな金融活動を活性化させるうえでの金融政策の責任と課題である。貧困格差の拡大など，実体経済そのものに原因がある経済的危機に対して，金融政策の有効性は限られる。需要がなくて投資の必要がない企業は，どんなに金融が緩和されようと，資金調達はしない。また，金融によって無理やり需要を作り出す政策は，投機的な金融活動をもたらし，経済的に大きな傷跡を残すことになる。実体経済のレベルで解決すべき問題の解決を，金融政策に求めることは自制されなければならない。

第３は，狭義の金融政策である通貨政策と，プルーデンス政策も含めた広義の金融政策の協調を強化しなければならない。個別銀行の健全性の確保というボトムアップの結果，金融システムの安定性が確保されるというミクロ・プルーデンス政策から，金融システム全体のリスク管理というトップダウンの視点で個別銀行の貸出政策には柔軟に対応するという転換が，日本の金融監督規制でも進んでいる。例えば，中小零細企業向けの貸出については，個別の金融検査を行わずに銀行の判断に基本的には委ねるという方向性は，中小零細企業の特性に配慮した信用供給を促進するうえでも重要である。借り手としての中小零細企業，そして貸し手としての地域金融機関，とりわけ協同組織金融機関の特性に合わせた金融円滑化を進めるための金融政策の展開が求められているのである。

【文献ガイド】

建部正義『金融危機下の日銀の金融政策』中央大学出版部，2010年

新日銀法施行（1998年）以降のゼロ金利政策から量的緩和政策という「異例中の異例の政策」展開を，金融政策のあるべき姿を問いかけながら批判的に検証している。

翁邦雄『経済の大転換と日本銀行』岩波書店，2015年

リーマンショック以降の先進国の金融政策の大きな変化を踏まえながら，日本銀行の量的・質的緩和の突出ぶりとそのリスクの大きさに警鐘を鳴らしている。

高田太久吉『金融恐慌を読み解く─過剰な貨幣資本はどこから生まれるのか』新日本出版社，2009年

金融政策の大きな変容を余儀なくさせたリーマンショック以降の金融危機が，先進国の政府・監督機関の誤った政策等によって起こされた人災であることを明らかにしている。

◀問題――さらに考えてみよう▶

Q 1　中央銀行の金融政策の目標と政策手段ならびに政策波及経路について，伝統的金融政策と非伝統的金融政策を比較しながら整理してみよう。

Q 2　リーマンショックがなぜ防げなかったのかを，金融政策とプルーデンス政策の両面から考察したうえで，金融政策の変容に与えた影響について考えてみよう。

Q 3　デフレ経済の克服や地域経済活性化など，現代日本が直面する問題に対する金融政策の役割や課題について考えてみよう。

【鳥畑与一】

Chap. 12

科学技術政策を考える

▶産学連携・イノベーションと市民社会

★日本は「科学技術立国」になれるか！？

科学技術政策の基本的な枠組みをあたえる法律は科学技術基本法である。この法律は議員立法であり，1995年に与野党全会一致で可決された。同法案の共同提出者となり，自民党科学技術政策部会長として立法プロセスをリードした尾身幸次は，著書『科学技術立国論』（読売新聞社，1996年）のなかで次のように述べている。

「今我が国は，われわれ自身の手で未開の技術分野に挑み，独自の基礎技術，創造技術を育てなければならない。単なる技術立国ではない『科学技術立国』とならなければならない。それこそが，社会に活力をもたらし，国民の生活水準を上昇させ，フロントランナーであり続ける唯一のあるべき姿であると考える。」

しかし，2002年頃から主要国のうち唯一日本だけが論文数が減少し，2012年時点で5位となっている。さらに，2013年，日本の人口当たり学術論文数は世界35位まで下がり，台湾（日本の1.9倍）や韓国（同1.7倍）の後塵を拝している。基本法が成立してから20年以上がたつ現在，日本は「フロントランナー」になるどころか，むしろ学術研究水準が低下しているのである。

そこで本章では，戦後日本の科学技術政策の展開過程を振り返り，現在の科学技術政策のもつ矛盾を具体的に指摘することで，こうした状況に至った要因を明らかにしたい。また，本章では技術や科学技術政策に対する市民的関与を促すうえで必要な視点も示唆する。

§Ⅰ　日本の技術力

まず，日本の科学技術の水準を客観的な資料を通じて確認しておこう。図表12-1は，日本の技術貿易の推移をみたものである。

この表からわかるように，日本銀行統計に従えば2002年から，総務省統計に従えば1993年から，日本の技術貿易は赤字から黒字へと転換し，2013年現在の技術貿易収支は大幅な輸出超過の状態にある。その主因は北米収支の好転にあ

図表12-1 技術貿易の支払額に対する受取額の比率（倍）

	日銀統計	総務省統計		日銀統計	総務省統計
1975年	0.23	0.39	1995年	0.66	1.44
1976年	0.20	0.47	1996年	0.69	1.56
1977年	0.23	0.49	1997年	0.80	1.90
1978年	0.22	0.64	1998年	0.80	2.13
1979年	0.27	0.55	1999年	0.88	2.34
1980年	0.26	0.67	2000年	0.98	2.39
1981年	0.31	0.67	2001年	0.90	2.27
1982年	0.29	0.65	2002年	1.02	2.56
1983年	0.30	0.86	2003年	1.12	2.68
1984年	0.30	0.99	2004年	1.16	3.12
1985年	0.30	0.80	2005年	1.27	2.88
1986年	0.30	0.86	2006年	1.34	3.37
1987年	0.33	0.76	2007年	1.36	3.49
1988年	0.33	0.79	2008年	1.33	3.71
1989年	0.40	1.00	2009年	1.37	3.77
1990年	0.43	0.91	2010年	1.48	4.60
1991年	0.46	0.94	2011年	1.60	5.75
1992年	0.45	0.91	2012年	1.52	6.07
1993年	0.55	1.10	2013年	1.78	5.88
1994年	0.63	1.25			

注：日銀統計は1996年１月分から集計方法等が変更され，1991年度以降の値も改定された。
出所：文部科学省科学技術・学術政策局『科学技術要覧』各年版。

る。北米との技術貿易を牽引したのは自動車産業の親会社・子会社間の取引であった（沢井 2011）。自動車産業が牽引したとはいうものの，一応は戦後日本の技術力が大きく向上したことは指摘できよう。

こうした科学技術研究の主な担い手は民間企業だった。文部科学省科学技術・学術政策局『科学技術要覧　平成27年版』によれば，2013年の研究費総額18兆1336億円に占める「企業等」（「会社」および「特殊法人・独立行政法人」）の占める割合は70.0％であり，「非営利団体」が1.2％，「公的機関」は8.4％，「大学等」は20.4％であった。

図表12-2　主要国等の政府負担研究費割合の推移（国防研究費を除く）

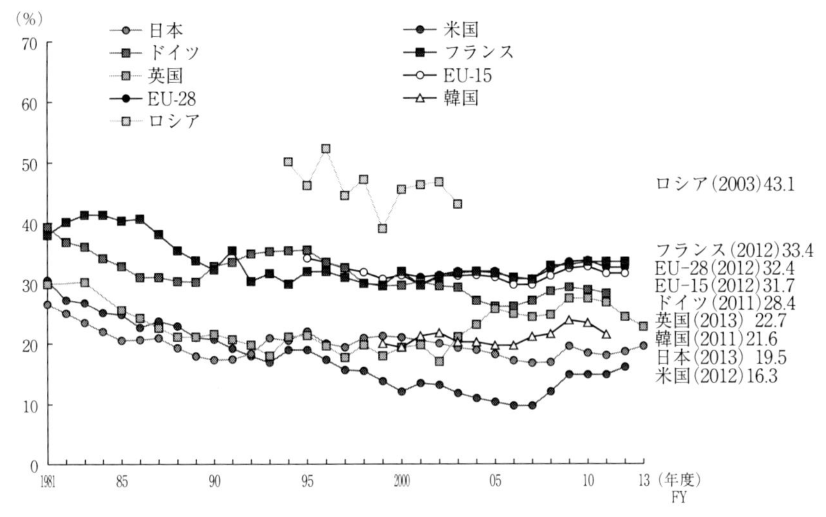

出所：文部科学省科学技術・学術政策局『科学技術要覧　平成27年版』日経印刷株式会社，2015年，10頁。

図表12-2は国防研究費を除いた政府研究費負担の国際比較であるが，日本の水準がフランス，ドイツ，英国などと比べて著しく低い水準にあることがみてとれよう（米国は国防研究費の割合がきわめて高いことに留意されたい）。このような民間主導型の研究開発が定着したのは1960年代のことである。次節では，戦後科学技術政策の展開過程を概観しよう。

§Ⅱ　戦後科学技術政策の展開

1　敗戦と科学者コミュニティ

「科学技術」という言葉が公に使われ始めたのは，第二次世界大戦中の1941年のことであった（第二次近衛内閣で閣議決定された「科学技術新体制確立要綱」が初出である）。敗戦直後の1945年11月29日，貴族院本会議で子爵の河瀬真が「科学技術なる用語は大東亜戦争中戦力増強の為の所産であります」と発言したように，日本の科学技術は戦争と密接に関係していた。

したがって，敗戦とともに科学者たちが民主主義を求める運動を展開したの

★コラム12-1　敗戦と知識人

民主主義科学者協会に参加した戦後を代表する知識人・丸山眞男は，敗戦直後の日本の知的状況を「過去への悔恨」を共有する「感情共同体」である，と特徴づけた（「近代日本の知識人」『後衛の位置から』未來社，1982年）。これは戦時中，体制に対して主体的に抵抗せず，結果として軍部の暴走を黙認してしまった当時の科学者・知識人の心理状態を的確に捉えた発言である。敗戦直後，日本の知識人たちは，旧体制の変革とともに，「精神の復興」（ハワード・M・ジョーンズ）に向けて護憲運動や反戦平和運動などの大衆運動に積極的に取り組んだのである。

現在からはあまり想像できないかもしれないが，こうした知識人たちの運動には雑誌編集者も加わっていた。その代表例が岩波書店の編集者であり日本を代表する総合誌『世界』の編集長だった吉野源三郎である。吉野は「戦争と平和に関する日本の科学者の声明」（1948年12月12日）をまとめた平和問題談話会の組織者となり，あらゆる学問分野の代表的知識人55名を結集した。

当時の知的雰囲気を知るには，毎日新聞社編『岩波書店と文藝春秋――「世界」・「文藝春秋」に見る戦後思潮』（毎日新聞社，1996年）が便利である。ぜひ一読されたい。

は当然である。1946年１月，全国規模の民主主義科学者協会（民科）が組織された。その綱領には「科学の創造と普及によって民主主義日本を再建する」とあった。これは現場の技術者も加わる大規模なもので，かれらは日本の学術研究の自主的で民主的な発展をリードしようとしたわけである。

大学で「教室民主化」運動が取り組まれたのもこの時期である。その中心となったのは名古屋大学理学部物理学科の坂田昌一研究室だった。戦前日本の「講座制」を廃し，教授・院生・学生が参加する「教室会議」がものごとを決めるもので，科学者の足場から民主主義を復興させようという目論見だった。ノーベル賞受賞者の益川敏英は後のインタビューのなかで当時の雰囲気を「自由な討議など研究室の民主的な運営がすすめられました」と振り返っている（「学問の府としての大学の役割」『経済』第127号，2006年４月）。

2　科学技術政策の台頭

しかし，「戦前のアカデミズム科学の時代なら，すぐれた個人の活動に科学

図表12-3　米国企業における科学技術研究の成長（1921～57年）

	研究開発費（100万ドル）	研究開発に従事する科学技術者数（人）
1921年	29	9,000
1940年	234	60,000
1953年	3,400	554,000
1957年	7,200	728,000

出所：デュプレ・レイコフ（中山茂訳）『科学と国家』東海大学出版会，1965年，39頁。

的成果の大部分を帰せしめることができるかもしれないが，それが戦後の科学技術の少なくとも主流を特徴づけるものではない」（中山 1986）。政府の役割，すなわち科学技術政策の役割に注目する必要がある（なお，「大きな政府」時代における科学技術政策の位置については，水口憲人『「大きな政府」の時代と行政』法律文化社，1995年を参照されたい）。

科学技術の政策的後押しに影響を与えた第1の要因は産業である。20世紀にビッグ・ビジネス（巨大企業）の時代が到来して以降，科学技術は産業にとってなくてはならないものに変貌した。その結果，研究開発費も巨額になっていった。

米国の例をみてみよう。図表12-3にあるように，米国企業の研究開発費は，1921年から57年の間に2900万ドルから72億ドルにはね上がり，科学技術者の数も9000人から72万8000人へと桁違いの伸びを示した。産業における研究開発の重要性の高まったことを受け，政府も科学技術政策を通じてビッグ・ビジネスの研究開発活動を直接・間接に支援した。

第2は，軍事である（ただし，戦後日本はやや特殊な事情をたどる）。軍事史家のデヴィッド・エジャートンがいうように，ミリタリズム（軍事主義）は20世紀の科学技術の発展にとって決定的に重要であり，これは戦前の日本，ナチス・ドイツ，イタリア，ソ連に限ったものではなかった（Edgerton 2006）。とりわけ冷戦期の米国において，その傾向は顕著だった。

3　科学技術庁と科学技術会議の成立

では，戦後日本の科学技術政策は，どのように展開したのか。その画期となったのは，1956年の科学技術庁の成立である。科学技術庁を設置する議論は1952年に始まったが，それは国家的な大規模技術開発，いわゆるビッグ・サイエンス（巨大科学）を振興する必要性が高まったことと無縁ではない。

1952年４月にサンフランシスコ講和条約が発効し，航空機研究や原子力研究が解禁された。それにともない，1954年には科学技術行政協議会が航空技術審議会を設置し，翌年７月に総理府のもとに航空技術研究所が設けられた。原子力については，民主党（当時）の中曽根康弘が中心となって議員立法を提出し，1955年12月に原子力基本法が制定された。正力松太郎が原子力担当の国務大臣となり，56年１月に総理府に原子力局が設けられた。科学技術庁は科学技術政策の立案・調整に加え，こうしたビッグ・サイエンスを担うことになったのである。

そして，1959年には，内閣総理大臣を議長とし，大蔵・文部大臣，経済企画庁・科学技術庁長官，日本学術会議議長，総理大臣指名の３人の学識経験者から構成される科学技術会議が成立した。同会議の設置は占領期から模索されてきた行政機構の整備が完了したことを意味する。科学技術会議は科学技術庁と一体となり，科学技術政策の策定と推進の中心的役割を果たすことになった。

こうして確立した科学技術政策は民間巨大企業のリスクの高い，巨額な費用を要する研究開発を可能にする，プロ・ビジネス的な性格をもっていた（大西・大橋 1990)。科学技術政策が「ときどきの政府の経済計画，すなわち政府・財界の全政策といかに深くかかわりあい連動したものであ」ったか，ということである（植村 1989)。

なお，戦後復興期においては，民間企業による外国技術の導入もさかんに進められた。1950年代の科学技術政策にとって最重要課題のひとつは技術導入の「音頭取り」であったが，外国技術を受け入れる重層的な民間の「ネットワーク」の存在がそれを助けた面もある（Morris-Suzuki 1994)。

§Ⅲ　1990年代の科学技術政策

1　「国費支出なき高度成長」

しかしながら，ここで注意しなければならないことは，日本の政府研究費負担は国際的にみて著しく低かったという事実である。1972年当時の数値をみると，このことは明らかである（図表12-４)。日本の政府の研究開発支出は米国，西ドイツ，フランス，英国に比べておおむね半分の水準に留まっていた。この

図表12-4　全研究費に占める政府研究開発支出の比率（1972年）

日　本	27.2%
米　国	55.5%
西ドイツ	49.2%
フランス	62.7%
英　国	49.5%

注：西ドイツのみ1973年の数値。
出所：Morris-Suzuki, T., *The Technological Transformation of Japan*, Cambridge UP. 1994, p.183.

結果，「国費支出なき高度成長」（中山 2006）ともいわれる状況があらわれた。この傾向は，1970年代の２度のオイルショックをへても変わらなかった。米国とは違って日本の場合，一時的な民間企業の研究開発投資の落ち込みはみられたものの，すぐに回復した。

これが極点に達したのが1980年代である。日本の「集中豪雨的輸出」に基づく世界的成功とは対照的に，米国は鉄鋼から自動車，電機産業に至るまで見る影もなかった。この時期，米国の産業競争力には深刻な懸念が投げかけられ，製品開発と製造プロセス開発への投資，設計と製造の協調，多能工の育成や労使一体的な生産性向上・品質改善運動，メーカーと部品業者の協力関係といった，産業／企業レベルの諸要因が突っ込んで議論された（坂井 2004）。

当時，議論を主導したマーティン・ケニーとリチャード・フロリダはこう述べている。「……日本においては，生産とイノベーションの密接な連関および組織的フレキシビリティという，より一般的な遺産が，シフト化と深化の統合に帰着した。その結果，技術が急速に普及し，成熟部門の活力を取り戻す一助になるばかりでなく，大企業は，発明，効果的模倣，ないし知識吸収をつうじて，新興分野に急速に浸透することができる。このことが，しだいに，産業構造全体を新しい技術的フロンティアへと押しやったのだ」（Kenny and Florida 1988）。

2　科学技術基本法の成立

こうした状況が一変するきっかけが，バブル経済の崩壊である。1992年以降，実質研究費の増加率は大幅に低下したが，その主たる要因は，「会社等」の研究支出の大幅な落ち込みであった。1992年には前年度の半分以下に落ち，93年から95年に至ってはマイナスになっている（図表12-5）。

「国費支出なき高度成長」が崩れ日本の産業技術力に暗雲が立ち込めるのではないか，公的な研究開発活動の強化が必要なのではないか――。こうした産

図表12-5 実質研究費（使用額）の対前年度増加率に対する組織別寄与度の推移

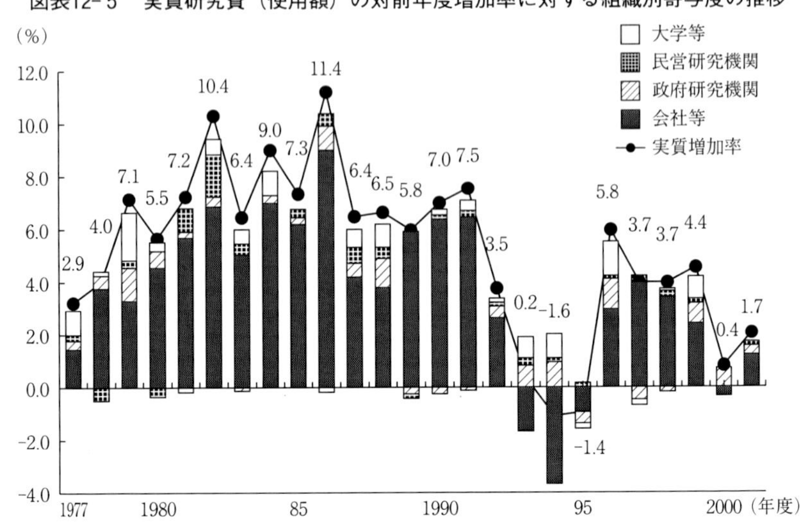

注：デフレータは1995年度を基準とし，組織別の値を用いている。1996年度よりソフトウェア業が新たに調査対象となっている。
出所：文部科学省『平成14年版　科学技術白書』。

業界の懸念を受けて，政府が科学技術振興に本格的に力を入れるようになったのは1992年のことである。この年，政府は1986年閣議決定の科学技術大綱を改めた。そしてその流れのなかで成立したのが，既出の科学技術基本法である。その骨子は，科学技術基本法の第3章に示されている。

①多様な研究開発の均衡のとれた推進と，特に振興を図るべき重要な科学技術の分野に関する研究開発の推進
②研究者等の確保，処遇の確保，養成および資質の向上
③研究施設等の整備，研究材料の円滑供給等，研究開発に係る支援機能の充実
④研究開発に係る情報化の促進
⑤研究開発機関または研究者等相互の間の交流により研究者等の多様な知識の融合等を図る
⑥研究開発に係る資金の効果的使用

⑦研究開発の成果の活用を図るために，研究開発の成果を公開し，研究開発に関する情報を提供する
⑧民間の自主的な努力を助長することによりその研究開発を促進する

さらに，2001年には，行政改革により科学技術庁が廃止され，科学技術政策の基本計画策定は内閣府に移管され，総合科学技術会議が担当することになった。バブル崩壊を受けた民間研究開発支出の低迷を政府が補う構図は，それまでの「国費支出なき高度成長」という戦後日本の科学技術政策の大きな転換を示すものであったと特徴づけることができる。

3　科学技術基本計画の展開：科学技術政策から科学技術イノベーション政策へ

科学技術基本法のもとで，2015年現在に至るまで4期の科学技術基本計画（以下，基本計画）が実施されている。すでに終了した第1期から第3期の実績ベースの科学技術関係経費は，第1期17.6兆円（1996～2000年度），第2期21.1兆円（2001～05年度），第3期21.7兆円（2006～10年度）であった。2011～15年度中に予定されている第4期基本計画は，25兆円の経費の支出が予定されている。

基本計画の特徴は，新規産業の創出を目的とした「実用化」に力点がおかれている点にある。このことは，旧通産省の産業技術審議会の政策動向と軌を一にしていた（沢井 2011）。以下，各期の特徴を整理しよう。

第1期基本計画では，「産官学全体の研究開発能力を引き上げる」ことを目的に，政府研究開発投資の拡充に加え，新たな研究開発システムを構築することをめざした。そのための施策として，①柔軟かつ競争的な研究開発環境の実現，②独創的人材の育成・発掘，③産官学の連携・交流，④国際的な連携・交流，⑤厳正な評価の実施，を提起していた。

第2期基本計画では，「科学技術の戦略的重点化」が提案され，ライフサイエンス，情報通信，環境，ナノテクノロジー・材料の4分野が特定された。また，「科学技術システム改革」が掲げられ，「研究開発システムの改革」，「産業技術の強化と産官学連携の仕組みの改革」，地域における「知的クラスター」の形成等が提案された。

第3期基本計画では，第2期で示された科学技術政策のめざすべき国の姿を

「3つの基本理念」として位置づけ，継承した。そのうえで，安全保障に関連する技術研究を重視した。また「戦略重点科学技術」の考え方が継承されるとともに，イノベーション創出が重要な政策課題として初めて位置づけられた。以後，その他の国の政策文書にも頻繁に「イノベーション」という用語が登場することになる（この点は，後藤邦夫「『イノベーション』は格差を超えるか―ポスト3.11日本の知識経済社会」吉岡斉編『新通史　日本の科学技術―正規転換期の社会史1995年～2011年』別巻，2012年所収，を参照）。

第4期基本計画では，前期までの重点分野別の考え方を改め「課題解決型」の政策展開を強調した。すなわち，第4期は社会的課題の解決に寄与する「課題解決型イノベーション」を前面に掲げた。科学技術政策ではなく「科学技術イノベーション政策」という概念の登場も，第4期の重要な特徴である（以上，細井克彦「科学技術政策と大学のオートノミー（自治・自律）」『経済』第127号〔2006年4月〕，兵藤友博「『科学技術イノベーション総合戦略』のゆくえ」『経済』第219号〔2013年12月〕を参照）。

§Ⅳ 「イノベーション」と科学者・知識人

1　イノベーション重視の背景

前節でみたように，現在の日本の科学技術政策の特徴は，新規産業の創出を意図した「課題解決型」のイノベーションを重視する点にある。なぜ日本の科学技術政策はそのような特徴を帯びるに至ったのだろうか。その直接的な理由は民間研究開発費の低迷であるが（図表12-5参照），これをより大きな視点からみると，TFP（全要素生産性）と呼ばれる成長要因が経済政策においてこれまでになく重視されるようになったからである（★コラム12-2参照）。

例えば『平成18年版　科学技術白書』は，科学技術を経済活性化のためのテコとして位置づけている。すなわち，労働力人口が減少するもとで経済成長を実現するにはTFPの成長が欠かせず，「その大きな要素である科学技術の向上とイノベーションの実現が，今後一層重要になる」と論じている。

このようなイノベーション政策を重視する国家活動のあり方を，ボブ・ジェソップは「シュンペーター主義的競争国家」と呼び，以下のように特徴づけて

★コラム12-2　TFP（全要素生産性）とイノベーション活動

経済学における「成長会計分析」は，GDP（経済全体の産出量）の伸びを，資本や労働といった生産要素の伸びと，そうした生産要素の用いられ方がどの程度効率的かということを示すTFP（全要素生産性）とに分解して分析を行う。TFPの向上には景気の変動や労働の質の上昇なども影響を与えるが，技術や組織のイノベーションが大きな影響を与えるといわれている。

日本の平均的な経済成長率は，1980年代から90年代にかけて4.4％から0.9％へと，3.5％ポイント程度低下した。この低下には，TFP，資本，労働の寄与がそれぞれ1.5，0.9，1.1％ポイント低下したことによるもので，TFP上昇率の低迷が成長率の低下に最も影響を与えていた（内閣府編『経済財政白書　平成27年版』日経印刷，2015年，119頁）。

また，本文でも触れたように，少子高齢化が進むもとでは労働力人口の伸びは期待できない。つまり労働投入の大幅な上昇は考えにくく，経済成長におけるTFPの役割が増しているのである。政府が「科学技術イノベーション」をさかんに宣伝するのは，このためである。イノベーションを重視する経済政策の特質については，拙稿「ピケティ・企業過剰貯蓄・『イノベーション』」（『唯物論研究年誌　第20号　生活を〈守る〉思想』大月書店，2015年）も参照されたい。

いる。「国家は，……『未発達の』ないし『新興の』諸部門を育てるとともに，成熟（外見的には『斜陽』）部門を再編する」「国家活動には，経済拡大の原動力や牽引力となりうる新しいコア技術の開発を導き，その適用を広げることで競争力の強化を期すことが求められる」（ジェソップ 2005）。

ところで，学術研究――科学技術研究――の拠点は大学であるが，大学等の研究機関に対して「課題解決型」イノベーションを重視する科学技術政策はどのような影響を与えるのだろうか。

2　大学等研究機関に対する負担の転嫁

基礎研究から応用・開発研究をへて製品設計，製造，販売へと一歩一歩進んでいくというイノベーションの発生論理を「リニア・モデル」という。しかし，最近では，これらのステップの間で繰り返しアイデアが往復し，その結果として新しい製品・技術，またその基礎をなす理論が形づくられていくという認識から，イノベーションの「連鎖モデル」が提唱されるようになっている。

日本を含めた多くの先進国で産学連携が科学技術政策の大きな柱として位置づけられるようになったのは，このためである。こうしたなかで，大学は基礎研究のみならず，製品やサービスの開発においても主体的に貢献することが求められるようになっている（以上，原山優子「シリコンバレーの産業発展とスタンフォード大学のカリキュラム変遷」青木昌彦ほか『通産研究レビュー』編集委員会編『大学改革―課題と争点』東洋経済新報社，2001年を参照）。

しかしながら，第１に，大学は公共の利益に資すべき存在だが，産業や企業は私的利益を追求する主体である。そのあいだに深刻な利益相反が生じる可能性は高い。第２に，利潤追求と公共財の創出に関わる学術研究に齟齬があることも明白である。学術研究は利潤原理によっては規律されない。そして，第３に，文部科学省は国立大学等に産学連携を推進させるために運営費交付金による締め付けを行っている。それに関連する膨大な事務処理も含めて大学等の研究者の負担は増大している（細井 2006）。

この結果，本章冒頭で紹介したように，政府による「イノベーション」の喧伝にもかかわらず，研究力の低下が止まらないのである。

3 イノベーション政策と科学者のあり方

また，政府は「課題解決型」のイノベーションに貢献すべき主体を産業や大学に限定しているが，イノベーションの本質はまだ明らかになっていない潜在的価値を顕在化させることにあるのだから，その担い手も従来的な組織に限定することはできない。慈道（2007）は産業や大学に加えて広く市民も含めたイノベーションのあり方を「社会的イノベーションシステム」と呼び，「市民参加による技術の事前予測や事前評価のシステム」の必要性を訴えている。

これを言い換えると，市民社会の科学技術政策への参画が今まで以上に必要になっているということである。それには「経済合理性」や「技術的合理性」だけでなく公正を基調とする民主主義の発達が不可欠であるだろう。「技術には市場と同様，限界も倫理性もない」からである（ピケティ 2014）。

この点では，科学者（や知識人）自身のあり方が問われる。しばしば科学者は，科学や技術がもたらす負の側面を，その「非合理性」を追求することで解決できると考えてしまう。「テクノクラート的な論法を用いて，政府の従来の政策の誤りを立証し，それと異なる政策の採用を提唱」（吉岡 2000）しさえすれば，問題を解決できると考えてしまう。

しかしながら，「技術，社会そして環境についての論争では，極端に狭い観点に立つ概念が，人々の受け入れうる議論の領域を制限することが多い。たいていの目的にとって，効率とリスク（またはこれらの変形）という問題だけが，十分に耳を傾けてもらえるものなのだ。より広く，より深い，またはより込み入った疑問はすぐ影の部分に押し込まれ，消え去るままにされる」。私たちがそれに安んじれば「想像力の減退がもたらされる」だろう（ウィナー 2000）。

つまり，科学者（や知識人）が「合理性」を追求すればするほど，科学技術や科学技術政策から市民社会を遠ざけてしまうのである。その意味で科学者（や知識人）は，「効率とリスク」の陰に隠れた問題群を意識して取り上げる責務がある。真に市民生活に寄与する「イノベーション」の実現を望むなら，人びと（パブリック）が技術的な問題に参加する権利が保障されなければならない。

【文献ガイド】

アンドリュー・フィーンバーグ（直江清隆訳）『技術への問い』岩波書店，2004年（原著は，Feenberg, Andrew, *Questioning Technology*, Routledge, 1999）

「技術」への市民的関与を構想するうえで考えるべき論点をもれなく押さえている。

鈴木淳『科学技術政策』山川出版社，2010年

本章では取り扱わなかった戦前日本の科学技術政策を平易に解説。

中山茂『科学技術の国際競争力―アメリカと日本　相克の半世紀』朝日新聞社，2006年

日米科学技術政策の戦後史。これ１冊で両国の科学技術政策のアウトラインがつかめる。

◀問題――さらに考えてみよう▶

Q１　科学技術政策が政府の活動において重要な位置を占めるようになった背景について，考えてみよう。

Q２　日本の科学技術政策が「イノベーション」重視に転換した背景について，考えてみよう。

Q３　技術や科学技術政策への市民の関与を図るうえで，科学者に求められる姿勢について考えてみよう。

【森原康仁】

第Ⅴ部　グローバル化と経済政策

Chap. 13

通商政策を考える

▶グローバル化する貿易・投資と日米関係

★グローバル化の浸透

経済のグローバル化が進んでいる。経済のグローバル化とはいったい，どのようなことを指すのだろうか。

私たちは日常的に膨大な量の商品やサービスを消費している。現代社会の生活必需品のなかには，国内で生産・調達できないものも多数存在する。食料品，衣料品，家電製品などの輸入品があふれ，日本経済を支えているだけでなく，映像や音楽，書籍のダウンロードサービスによって，各種コンテンツも海外から購入できるようになっている。このような社会的・経済的変化は，貿易や投資の拡大によってもたらされ，それはしばしば経済のグローバル化が進展している根拠であるとされる。

だが経済のグローバル化は，自然に進展するものではなく，各国間の国際的な交渉によって政治的にも進められてきた。本章では，第二次世界大戦後の世界，あるいは日本において，どのように貿易・投資が拡大していったのかを，日米関係を中心としながら考察する。

§Ⅰ　戦後日本の通商政策と日米貿易摩擦

1　管理貿易からの再出発と自由貿易への道

(1)　GHQによる占領と貿易の再開

(a)　国際貿易や投資を行うことの意味　　国境を越える商品・サービスの取引や投資を行うには，相手国との国交や通商航海条約（通商条約）の締結が必要不可欠となる。通商航海条約には，最恵国待遇（通商条約において第三国に与えている待遇と同等の待遇を約束すること）に加えて，内国民待遇（自国内において相手国の国民・企業に自国民と同等の権利を与えること）についての規定が存在し，戦後の国際通商体制の基本をなしている。第二次世界大戦以前，日本は，44か国と通商航海条約を結んでいた。だが日本の通商体制は，第二次世界大戦後，米国を中心とした連合国の統治下で再編成されることになる。

(b)　占領下における貿易　　米国を中心とした連合国（GHQ：連合国軍総司令部）による日本占領期間中，日本は独自に外交・通商交渉を行うことができず，貿易は米国の直接管理下におかれた。

米国政府は，占領直後の1945年９月に「降伏後の日本に対する米国の初期の政策」を発表し，占領下における貿易政策の方針を明確にした。日本政府は，貿易を管理するため，貿易庁の設置（1945年11月）や，「貿易決算のための資金設置に関する法律」（1945年12月），「貿易資金特別会計法」（1946年11月）を整備することとなった。これにより日本は，自国にとって必要不可欠と思われる物品の貿易が可能となったが，GHQの事前承認が必要であり，民間貿易はおろか日本政府にも裁量権は与えられていなかった。また，貿易は輸入超過が続き，決済に必要な外貨（米ドル）は，恒常的に不足していた。

このように，戦後日本の通商政策は対米関係を中心としており，その基本構造はこの時期に形成されたといえる。

(2)　占領政策の転換と講和条約の締結

(a)　東西冷戦と朝鮮戦争の勃発　　米ソ対立の深まりと1947年７月のトルーマン米大統領の「マーシャル・プラン」発表は，対日占領政策に転換をもたらした。

対日政策に関する文書であるストライク報告（1948年３月）では，対日賠償を緩和し，一定の経済成長を認めることで，日本は西側資本主義陣営の一員として経済的･軍事的役割を担うことが期待された。さらにジョンソン報告（1948年４月），ドレーパー報告（1948年５月）が相次ぎ発表され，輸出拡大や経済力の集中排除緩和などが勧告されていった。また当初から，アジア地域の経済成長に日本が寄与することも企図されていた。

この流れのなかで，これまで厳しく管理されていた貿易の一部が民間に開放されるようになる。1947年８月15日には，限定的ながら民間貿易が再開されると，48年には綿製品，生糸，茶などが民間貿易へと移行するなど，各種制限が撤廃されていった。

1948年12月には，米国政府から「経済安定九原則」が発表され，貿易の拡大やインフレ抑制方針が明確化された。これを受け，日本政府は，1949年に通商産業省を発足させ，１ドル＝360円の為替レートが確定し，日本の戦後通商体制が整備されていった。

このように，対日通商政策は，米ソ対立が深まるなかで，大きく軌道修正されていった。米国は，日本が経済成長を実現し，アジアの経済発展や資本主義化に貢献するとともに，経済的・軍事的に西側資本主義陣営の一角を担うことを期待していたのである。

(b)　講和条約と日米安全保障条約の締結　　朝鮮戦争の勃発は，日本の早期独立機運を高めた。1950年からは，講和条約締結に向けた具体的な協議が行われ，51年１月の吉田－ダレス会談によって日米経済協力体制が確認された。この会談は，日本が，軍備拡張によって不足する消費財や資本財を西側諸国に供給し，アジア各国の経済成長を支援するのに対して，米国は対日投資の促進と日本の国際金融体制への参加に協力するという内容であった。しかし，それは東アジアにおける日米共同防衛体制の確立をともなうものであった。

結果として，サンフランシスコ講和条約（1951年９月）は，西側資本主義陣営を中心とした52か国との部分講和となった。また講和条約締結直後，日米安全保障条約が締結されたほか，1952年には日米行政協定（現・日米地位協定），54年には日米相互防衛援助協定が締結され，日本は米国の安全保障体制に包摂されることになる。

(3)　国際社会への復帰と自由貿易体制の確立

サンフランシスコ講和条約の締結により，日本は西ドイツ，フランス，スウェーデン，スイス，アフガニスタン，タイ，フィンランドなどと国交および通商関係を回復した。しかし米国など多くの国々との通商関係の回復は実現していなかったことから，日本政府にとっての当面の課題は，主要国との通商関係の回復ならびに国交正常化であった。

主要国との通商航海条約（通商条約）締結交渉は，1950・60年代にかけて行われ，米国(1953年)，カナダ(1954年)，ソビエト連邦(1958年)，ポーランド(1959年)，フィリピン（1960年)，英国とインドネシア（1962年)，韓国（1965年）等の国々との国交が回復している（現在195か国)。

また，この間日本は，1952年に国際連合（国連）およびIMF（国際通貨基金）に加盟し，55年にはGATT（関税および貿易に関する一般協定)，64年にはOECD

(経済協力開発機構)への加盟が実現し，国際社会に本格復帰することになった。だが，1950年代初頭の日本はまだ高度経済成長を実現しておらず，貿易自由化や国際的な決済にはまだ多くの規制が残されていた。GATT協定11条で定められた貿易数量制限の撤廃（例外品目を除く）を実現したのは1963年２月，貿易決済を含めた経常取引の自由化を実現したのは64年４月であり，これをもって日本は，IMF８条国・GATT11条国となり，ここに自由な通商体制が確立したといえる。

2　対米貿易の拡大と日米貿易摩擦の発生

(1)　日本経済の高度化と日米貿易摩擦の発生

（a）日米繊維摩擦と米国経済の「揺らぎ」　1951年のサンフランシスコ講和会議によって日本は西側資本主義陣営との国交を回復したが，それは，日米安全保障条約をともなった，対米依存による通商関係の再構築であった。そして1950年代には，早くも日米間で貿易摩擦が発生することになる。

当初，日米貿易摩擦は，軽工業品などの労働集約的な製品で発生したが，日本の経済成長と国内産業の高度化によって，資本集約型・技術集約型産業へと波及した。そして貿易摩擦は，米国の国内政治や世界経済情勢を巻き込みながら広域化することになる。

図表13-１は，1960年代以降の日米間における通商摩擦と多角的通商交渉の流れを示したものである。この図表をみると，日米貿易摩擦は1950年代初頭から存在し，55年には綿製品輸出に関する協定交渉が開始され，本格的な貿易摩擦時代が始まっていることがわかる。

1955～72年の17年間にわたった日米繊維交渉では，57年に最初の日米綿製品協定が締結され，日本側に一方的な輸出自主規制が求められ，５年ごとに協定の見直しが行われた。1972年１月には日米繊維協定が締結され，76年まで輸出自主規制が続いた。この日米繊維交渉は，GATTの多角的通商交渉ではなく，２国間交渉によって行われたものであった。相手国に対して一方的な輸出自主規制を求めるこの手法は，これ以降の日米通商交渉における一種の見本となった。

また，この摩擦の背景には，日本の経済成長と輸出拡大だけでなく，米国の

図表13-1　日米間における通商摩擦と多角的通商交渉の流れ

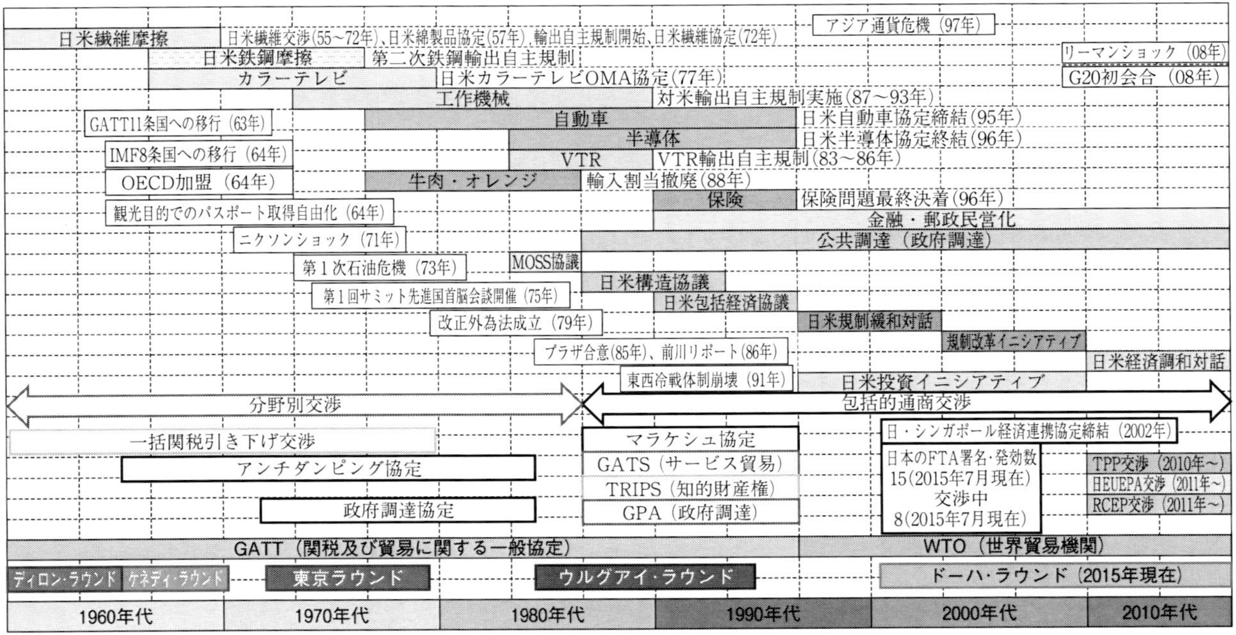

出所：World Bank, *World Development Indicators Database*, July 1, 2014, および外務省「日米経済関係年表」(http://www.mofa.go.jp/mofaj/area/usa/keizai/nenpyo.html アクセス日：2015年6月15日）より作成。

★コラム13-1　米国の通商政策とUSTR（米国通商代表部）

米国との通商交渉によって，日本の輸入自由化，規制緩和や外資系企業への市場開放が進んでいる。30年以上にもわたる日米間の２国間通商交渉では，往々にして米国が「攻勢」側，日本が「守勢」側に立っている。

もちろん，米国に統一的な目的や意思が存在しているわけではなく，政治･経済･軍事等の複合的な要因が絡むなかで，通商政策が構築されている。米国の通商政策の決定に重要な役割を担っているのがUSTR（米国通商代表部）である。これは大統領府直轄の機関であり，1964年に設立された特別代表部を74年通商法により拡充した組織である。

1980年代以降のコメ・牛肉・オレンジの市場開放，半導体，自動車等の輸出自主規制，保険市場・公共事業の市場開放等の分野別交渉や日米構造協議の最前線には，常にUSTR日本部があった。2010年代になり，日米通商摩擦はメディアで報道される機会が少なくなっているが，日米間における通商摩擦は今なお存在しており，TPP交渉はその代表例といえる。

またUSTRは，各国の関税・非関税障壁や通商政策についての報告書を毎年発表しており，報告書は以下のホームページから，誰でも閲覧が可能となっている。

USTRホームページ（https://ustr.gov/about-us/policy-offices/press-office/reports-and-publications）

国内事情も密接に関わっている。1960年に勃発したベトナム戦争，ドル危機と金準備の減少，米国企業の直接投資の増加が，財政や国際収支を圧迫し，米国経済に「揺らぎ」が生まれていたのである。加えて日米繊維交渉は，貿易のみならず沖縄返還（1972年５月）における日米協議とも深い関わりがあることを忘れてはならない。

(b)　世界経済情勢の変化と貿易摩擦　　1970年代の世界経済は，「変化の時代」であった。米国は，対外援助や輸入増加（ドル散布），米国企業の海外進出により，固定相場制を維持することが困難となったのである。これを受け，ニクソン米大統領は，1971年８月15日，金・ドル交換停止を発表（ニクソンショック）し，ここに戦後の通商体制を支えたブレトン・ウッズ（IMF・GATT）体制は崩壊し，73年には固定相場制から変動相場制へと移行することになった。さらに1973年と79年に発生した２度のオイルショックは，中東産石油の価格高騰を招き，先進各国の高度経済成長は終焉を迎えるとともに，先進国と産油国との国際収支構造を逆転させることになった。

日本経済は，円高と石油価格の高騰に対して，合理化や産業構造の転換を行い，欧米各国より早期に景気を回復させたが，内需の停滞を輸出によって補ったことから，北米・欧州への「集中豪雨型輸出」と称される事態が発生した。このため，米国や欧州各国との貿易摩擦は，繊維産業から鉄鋼，カラーテレビ，自動車，工作機械など広域的な分野へと拡大した。これに対し，日本政府が当該品目の輸出を自主規制したことから，日本企業の海外進出が加速することとなった。

図表13-２で日本の貿易収支の推移を確認すると，日本の貿易収支が恒常的な黒字へと転換するのは，1970年代以降のことであり，80年代から90年代にかけて巨額の貿易収支黒字を計上していた。その後，2000年代半ばには，所得収支黒字が貿易収支黒字を上回るようになり，東日本大震災が発生した11年以降，貿易収支は赤字となっている。

東西冷戦体制に「雪解け」がみられたのも，この時期である。ニクソン米大統領が1971年に中国を訪問すると，72年９月に田中角栄首相が中国を訪問し，日中共同声明への調印が行われた。この後，1978年８月には，日中平和友好条約が締結され，日中の国交が正常化し，翌年には米中国交正常化が行われた。また1975年には第１回サミット（先進国首脳会談）が行われ，現在の国際協調体制の枠組みが整えられた。

⑵　日米貿易摩擦の深化と包括的通商交渉

日米貿易摩擦は，一方では日本の産業高度化による技術集約型産業での輸出増加，他方では米国経済における「双子の赤字（財政赤字と貿易赤字）」の拡大により，広域化あるいは先鋭化することになった。

まず貿易摩擦では，自動車，工作機械に加え，VTRや半導体など電気・電子部品へと裾野が広がり，日本政府は従来どおり輸出自主規制を行うことで対応した。しかし米国の貿易収支赤字が拡大すると，単なる輸出数量規制だけでなく，日本への市場開放要求が高まり，コメ，牛肉・オレンジ，医薬品をはじめ，政府調達，金融・保険分野に至る領域まで自由化交渉が行われている。

図表13-2　日本の輸出入額と貿易収支の推移　（単位：10億円）

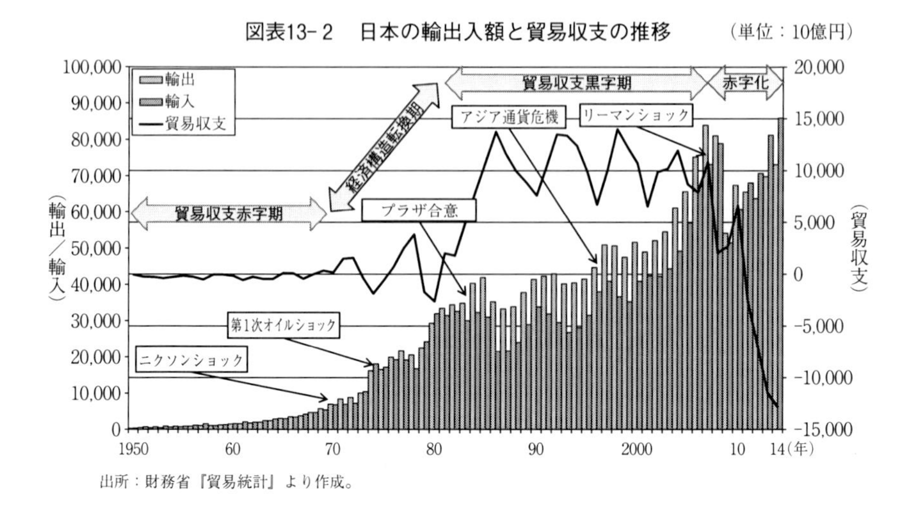

出所：財務省『貿易統計』より作成。

1985年は，日本の通商関係や経済の先行き，さらには日米関係を占ううえでの画期となった。まず1985年9月のG5（先進5か国蔵相･中央銀行総裁会議）で「プラザ合意」がなされた。この合意は，ドル高是正のため各国の金融当局が協調することを約束した合意であり，日本円の対ドル為替レートは，2年半の間に240円台から120円台へと，円高ドル安が急速に進んだ。1986年4月には，『前川リポート』が発表され，今後の日本経済のあり方が提言された。そこには，①内需拡大（外需依存からの脱却），②消費生活の充実，③産業構造の転換，④直接投資の促進，⑤市場アクセスの改善等の提言が含まれ，国内市場の開放を含めた自由化・規制緩和の流れが加速することになる。

米国との通商交渉においても，1985年1月のMOSS協議（市場指向型分野別協議）によって，①電気通信，②エレクトロニクス，③医薬品・医療機器等について，外資系企業の市場アクセスの改善が議論されたほか，86年7月には大型公共事業への外資系企業の参入問題が協議されている。

また米国の通商政策の根拠法である通商法が強化され，「スーパー301条」を含む包括通商・競争力強化法が1988年に成立すると，翌89年には日米構造協議が開始された。この日米構造協議では，両国の産業・経済・社会の構造問題に踏み込んだ協議が行われ，米国は日本側に対して，①高貯蓄率の是正と内需拡大，②排他的取引慣行の是正，③流通制度改革等を提言することにより，輸入拡大や市場開放を要求した。この日米構造協議は1990年6月に決着したが，同様の枠組みは93年に開始された日米包括経済協議などに継承されていく。

日米交渉では，貿易摩擦が発生すると，日本側が一方的な輸出自主規制（GATT協定11条では原則禁止）を実施してきたが，1980年代後半には，国内市場開放が重要な協議項目となり，通商政策の範囲は，貿易から投資，規制緩和，市場開放へと拡大していった。これは日米間の2国間協議だけでなく，GATTによる多角的通商交渉とも密接に関連し，同時進行によって進められた。日本の通商交渉は，米国を中心軸に展開し，それはもっぱら受け身的であり，従属的であるともいえる（★コラム13-1）。

日本独自の通商政策の方針としては，大平内閣時代に発表された『環太平洋構想』（1980年）が注目される。この構想では，先進国や産油国との関係構築だけでなく，アジア各国と貿易や投資のみならず，学術，文化，観光といった広い分野での関係強化が説かれており，アジア・太平洋地域における経済的可能性が強調されている。

(3) 多角的通商交渉の妥結とWTOの発足

2国間交渉とあわせて，GATTによる多国間交渉によっても，関税の引き下げや市場開放が行われている。このGATTによる多角的通商交渉は，一般的に「ラウンド交渉」と呼ばれている。

ケネディ・ラウンド（1964～67年）では，工業製品に関する関税の一括引き下げが実現したほか，東京ラウンド（1973～79年）では，ダンピング防止策や公共調達についても協議され，1981年には初の政府調達協定（旧政府調達協定）が発効している。

さらにウルグアイ・ラウンド（1986～95年）交渉では，農産物の自由化やサービス貿易，知的財産権についても新たに協議されるようになり，1994年4月には「世界貿易機関を設立するマラケシュ協定（マラケシュ協定）」が採択され，翌年の95年1月1日，WTO（世界貿易機関）が発足している。この協定の付属文書には，GATS（サービス貿易に関する一般協定），TRIPS（知的所有権の貿易関連の側面に関する協定），GPA（政府調達に関する協定）が含まれている。WTOの発足により通商交渉の枠組みが整備されたが，交渉項目は金融取引やデータ通信，旅行を含むサービス貿易，著作権・特許，新薬の保護期間等にまで拡大し，多角的通商交渉はひとつの転機を迎えることになる。

§Ⅱ　多国籍企業の事業拡大と新たな通商政策

1　通商拡大を求める経済主体：多国籍企業

(1)　経済のグローバル化と多国籍企業

第二次世界大戦後，貿易や投資の自由化が制度的に進むことで，先進国間のみならず，新興国・発展途上地域においても，貿易や投資が拡大した。これら一連の現象は「経済のグローバル化」と呼ばれている。

だが通商政策は，それを求める経済主体が存在しなければ実現するものではなく，グローバル化を推し進める中心的な主体を明らかにする必要がある。ここでは，中心的なアクターである多国籍企業に着目し，世界的影響力について考えてみよう。

多国籍企業とは，「海外に子会社や工場，支店，事業所を保有している企業(事業体)」のことを指し，全世界には約８万社以上存在しているとされる。例えば米国系多国籍企業は，2012年に５兆1560億ドルもの売上を海外で計上しているが，このうち１兆2929億ドルはサービス取引となっている。さらに海外での被雇用者は，全世界で1200万人以上に達している。また日本企業の海外現地法人の売上高は，2013年時点で約242兆円に，従業者数は550万人以上に達している。

多国籍企業の利益の源泉は，海外における商品の販売やサービスの提供だけではない。海外から知的財産権による多額のロイヤリティやライセンス収入を得ている。また多国籍企業の業種は，製造業から卸・小売業，ITサービス業，メディア，金融・保険業にまで及んでいる。これら多国籍企業が全世界で自由な経済活動を行うには，関税が撤廃され，制度が統一された自由な投資環境が保障される必要がある。

これが，現代世界経済で進展する経済のグローバル化の実態であり，自由化や規制緩和を推し進める原動力なのである。

(2)　巨大多国籍企業と世界経済への影響力

図表13-3は，多国籍企業の世界経済における影響力を象徴している。ここには多国籍企業の売上高と各国・地域のGNI（国民総所得）が記載されている。上位には主要国が名を連ねているが，27位にはウォルマート・ストアーズという企業名が登場している。この企業は米国に本社をおく世界最大の小売業者であり，売上高はイランのGNIを超える水準にある。もちろん，「売上高」とGNIはまったく別の統計だが，民間企業の売上高が各国の経済規模に匹敵する水準にあることは，多国籍企業が世界経済において政治的・経済的に強大な影響力をもっていることを表している。このことは日本企業においても同様であり，図表13-3の中には，トヨタ自動車と日本郵政株式会社が名を連ねていることからもうかがえる。

多国籍企業は，全世界に海外子会社をもち，グローバルに生産や販売，あるいは戦略提携，M&A（合併と買収）を行う中心主体である。これらの企業が国境を越えて，自由な経済活動を展開するとき，各国間・地域間で規制等が多く存在すると，円滑な経済活動が妨げられる可能性がある。そのため多国籍企業は，政治的活動によって貿易や投資の自由化を求める存在でもある。

2　国内外における多国籍企業による政策への関与

(1)　巨大企業（多国籍企業）による通商政策への関与

海外事業活動を展開する多国籍企業は，国内経済・通商政策について積極的な発言を続けている。例えば，日本のIMF・GATT加盟後，早期の貿易自由化（GATT11条国化），経常取引の自由化（IMF 8条国化）を求めて，経済同友会が『貿易為替自由化への提言』（1959年10月），経団連（経済団体連合会）が『為替貿易の早期自由化についての決意』（1959年11月）と題した提言を発表しているほか，1986年に発表された『前川リポート』の作成についても実業家が参加している。

さらに1990年代以降も積極的な提言活動が，国内の多国籍企業が多く所属している経済団体を通じて行われており，日本経団連（日本経済団体連合会）が2003年に発表した『活力と魅力溢れる日本をめざして――日本経済団体連合会新ビジョン』は，日本企業の海外進出を促進し，アジア各国とのFTA（自由貿易協定）の締結を進めるよう提言するものとなっている。

図表13-3　2013年度における各国・地域のGNIと多国籍企業売上高（単位：百万ドル）

順位	国・地域名	GNI・売上高	順位	国・地域名	GNI・売上高
1	米国	16,967,740	51	フィンランド	256,254
2	中国	8,905,336	52	パキスタン	250,981
3	日本	5,875,019	53	ギリシャ	248,597
4	ドイツ	3,716,838	54	グレンコア（瑞）	232,694
5	フランス	2,789,619	55	トタル（仏）	227,883
6	英国	2,506,906	56	イラク	224,177
7	ブラジル	2,342,552	57	シェブロン（米）	220,356
8	イタリア	2,058,172	58	ポルトガル	216,185
9	ロシア	1,988,216	59	サムスン電子（韓）	208,938
10	インド	1,960,072	60	アルジェリア	207,535
11	カナダ	1,835,341	61	ペルー	194,084
12	オーストラリア	1,515,558	62	カザフスタン	193,810
13	スペイン	1,361,122	63	チェコ	189,976
14	韓国	1,301,575	64	カタール	185,521
15	メキシコ	1,216,087	65	バークシャー・ハサウェイ(米)	182,150
16	インドネシア	894,967	66	ルーマニア	180,846
17	トルコ	820,622	67	ウクライナ	179,944
18	オランダ	797,211	68	アイルランド	179,390
19	サウジアラビア	755,238	69	アップル（米）	170,910
20	スイス	647,341	70	AXA（仏）	165,894
21	スウェーデン	567,230	71	ガスプロム（ロ）	165,017
22	ノルウェー	521,713	72	E.ON（独）	162,560
23	ベルギー	506,080	73	フィリップス66（米）	161,175
24	ポーランド	499,481	74	ニュージーランド	157,463
25	ナイジェリア	478,482	75	ダイムラー（独）	156,628
26	台湾	477,188	76	GM（米）	155,427
27	ウォルマート・ストアーズ(米)	476,294	77	ベトナム	155,150
28	ロイヤル・ダッチ・シェル(蘭)	459,599	78	ENI（伊）	154,109
29	中国石油化工集団（中）	457,201	79	日本郵政株式会社（日）	152,126
30	イラン	447,534	80	エクソール・グループ（伊）	150,997
31	中国石油天然気集団（中）	432,008	81	中国工商銀行（中）	148,803
32	オーストリア	411,731	82	フォード（米）	146,917
33	エクソン・モービル（米）	407,666	83	GE（米）	146,231
34	BP（英）	396,217	84	ペトロブラス（ブラジル）	141,462
35	ベネズエラ	381,592	85	バングラデシュ	140,440
36	南アフリカ	380,700	86	クウェート	140,425
37	コロンビア	365,099	87	マッケソン（米）	138,030
38	タイ	359,938	88	ヴァレロ・エナジー（米）	137,758
39	アラブ首長国連邦	355,500	89	アリアンツ（独）	134,636
40	デンマーク	343,057	90	鴻海精密工業（台）	133,162
41	国家電網公司（中）	333,387	91	ソシエテ・ジェネラル（仏）	132,711
42	フィリピン	321,296	92	AT&T（米）	128,752
43	マレーシア	309,047	93	CVS ケアマーク（米）	126,761
44	シンガポール	291,788	94	PEMEX（メキシコ）	125,944
45	香港	276,148	95	ファニーメイ（米）	125,696
46	イスラエル	275,024	96	中国建設銀行（中）	125,398
47	チリ	268,296	97	ハンガリー	123,100
48	フォルクス・ワーゲン（独）	261,539	98	ユナイテッドヘルス・グループ(米)	122,489
49	エジプト	258,955	99	BNPパリバ（仏）	121,939
50	トヨタ自動車（日）	256,455	100	PDVSA（ベネズエラ）	120,979

注：図表の網かけは，多国籍企業を示している。台湾については，2011年のGNP額を使用。

出所：World Bank, *World Development Indicators Database*, July 1, 2014, *Fortune*, Volume 170, No. 1, July 21, 2014 and *Taiwan Economic Forum*, Volume 11, No. 2, Council for Economic Planning and Development Executive Yuan, Republic of China, February, 2013より作成。

米国においても，多国籍企業が通商政策に与える影響は大きく，上下両院で行われる公聴会では，通商政策等の意見聴取が行われているほか，議員に対するロビー活動を展開することで，多国籍企業は通商政策にコミットしている。また，各国に存在する米国商工会議所も，政策提言の「場」として活用されている。1948年に設立されたACCJ（在日米国商工会議所）は，2010年に『成長に向けた新たな航路への舵取り』を発表し，対日直接投資の促進や法制度の透明性の確保，教育，競争政策等の幅広い分野にわたって政策提言を行っている。

(2)　貿易・投資の自由化と企業の活動領域の拡大

貿易･投資の自由化や国際政策協調は，グローバルな「ヒト」「モノ」「カネ」「情報」の動きを活発化し，経済はグローバル化したといえる。しかし，国際的な貿易・投資の自由化は，同時に国内法を改正し，市場開放することによって初めて実現することを忘れてはならない。

多国籍企業は1980年代以降の規制緩和により，金融・保険，農業，卸・小売業，サービス業へと，その活動領域を飛躍的に広げている。近年では国民生活になくてはならない上下水道事業などの公営事業や公共事業等への参入も行われ，先進国から発展途上国・地域へと面的にも質的にも広がっている。

確かに，多国籍企業の海外進出やグローバル化の進展は，私たちの生活を豊かにしているようにみえるが，その背後にある多国籍企業の政治的側面やグローバル化による弊害についても知る必要がある。

§Ⅲ　世界経済構造の「変容」と通商政策の実態および影響

1　グローバル化の進展と通商政策の新展開

(1)　多極化時代の日米関係

1990年代以降の経済のグローバル化の進展は，世界経済を変容させ，各国の通商政策にも新しい動向を生んでいる。

まず1991年の冷戦体制の終焉により，東欧諸国，ロシア等の国々が移行経済地域となり，市場経済化・資本主義化の道を歩むことになった。次いで，発展途上国・地域が経済発展し，中間財貿易が活発に行われると同時に，巨大市場が形成されようとしている。また2001年に中国がWTOへの加盟を果たすと，中国の経済発展が加速し，経済的にも政治的にも大きな影響力を世界経済のなかでもつようになったのである。

新興国や発展途上国・地域の経済成長は，貿易・投資の自由化の進展や先進国多国籍企業の海外事業活動の展開が起爆剤になるとともに，これまでの先進国を中心とした国際協調体制に「揺らぎ」を生み出し，世界経済は地域経済統合による「多極化」された世界へと変容を遂げている。

このような世界経済情勢のなかで，日本を取り巻く通商環境も大きく変転している。アジア地域における経済圏の形成が進むなかで，FTAの締結を進め，地域経済統合に積極的に関与する姿勢がみられる。日本は，2015年7月現在で15の国・地域と同協定を締結し，8か国・地域との協定について交渉中となっており，協定は2国間から多国間へと広がっている。

とはいえ，これまでの日米による2国間交渉の役割や枠組みの存在意義が薄れたというわけではない。1993年以降の日米包括経済協議の枠組みは，2001年6月の「日米規制改革及び競争政策イニシアティブ」へと継承され，貿易・投資の自由化についてより踏み込んだ議論が行われている。2011年2月には「日米経済調和対話」，12年4月には「日米協力イニシアティブ」など，包括的な協議の場が設定されるとともに，15年10月に大筋合意がなされたTPP（環太平洋連携協定）の個別協議が継続的に実施され，日本の通商・外交交渉の中心をなしている。

⑵　WTO交渉の停滞と加速する地域経済統合

ところで，1995年1月にWTOが発足したが，99年のシアトル閣僚会議では反グローバリゼーションに関する大規模デモもあって，新ラウンド（ドーハ開発アジェンダ）の立ち上げおよびその交渉は難航している。

WTOによる多角的通商交渉の枠組みに「揺らぎ」が生じるなかで，2国間あるいは複数国間でのFTAの締結が急増し，1990年代半ば以降，地域経済統合が進むことになる。WTOの報告では，2015年4月現在，全世界で612のFTAが締結されている。これらのFTAは，各国の経済事情に合わせているため，自由化する項目が異なるものの，WTO協定と同等あるいはそれ以上の自由化が志向されている。

図表13-4は，日本が締結した協定とTPPとの条文比較であるが，どの協定

図表13-4　日本が締結している自由貿易協定の協定書章立てとTPPにおける交渉項目

	日・シンガポールEPA	日・オーストラリアEPA
	2002年11月発効	2015年1月発効
協定書本文の章立て	第1章　総則	第1章　総則
	第2章　物品の貿易	第2章　物品の貿易
	第3章　原産地規則	第3章　原産地規則
	第4章　税関手続	第4章　税関手続
	第5章　貿易取引文書の電子化	第5章　衛生植物検疫に係る協力
	第6章　相互承認	第6章　強制規格，任意規格及び適合性評価手続
	第7章　サービスの貿易	第7章　食料供給
	第8章　投資	第8章　エネルギー及び鉱物資源
	第9章　自然人の移動	第9章　サービスの貿易
	第10章　知的財産権	第10章　電気通信サービス
	第11章　政府調達	第11章　金融サービス
	第12章　競争	第12章　自然人の移動
	第13章　金融サービスに関する協力	第13章　電子商取引
	第14章　情報通信技術	第14章　投資
	第15章　科学技術	第15章　競争及び消費者の保護
	第16章　人材養成	第16章　知的財産
	第17章　貿易及び投資の促進	第17章　政府調達
	第18章　中小企業	第18章　経済関係の緊密化
	第19章　放送	第19章　紛争解決
	第20章　観光	第20章　最終規定
	第21章　紛争の回避及び解決	
	第22章　最終規定	

	TPP（環太平洋連携協定）【大筋合意】	
	原協定の章立て	交渉項目
交渉分野	序文	物品市場アクセス（農業，繊維・衣料品・工業）
	第1章　設立条項	原産地規則
	第2章　一般的定義	貿易円滑化
	第3章　物品の貿易	SPS（衛生植物検疫）
	第4章　原産地規制	TBT（貿易の技術的障壁）
	第5章　関税手続	貿易救済（セーフガード）
	第6章　貿易救済措置	政府調達
	第7章　衛生植物検疫措置	知的財産
	第8章　貿易の技術的障壁	競争政策
	第9章　競争政策	越境サービス
	第10章　知的財産	商用関係者の移動
	第11章　政府調達	金融サービス
	第12章　サービス貿易	電気通信サービス
	第13章　一時的入国	電子商取引
	第14章　透明性	投資
	第15章　紛争解決	環境
	第16章　戦略的連携	労働
	第17章　行政及び制度条項	制度的事項
	第18章　一般的条項	紛争解決
	第19章　一般的例外	協力
	第20章　最終規定	分野横断的事項

注：各協定は，協定書本文と付属文書から構成されている。
出所：日・シンガポール，日・オーストラリア経済連携協定本文および外務省データ（http://www.mofa.go.jp/mofaj/gaiko/fta/index.html　アクセス日：2015年6月9日）より作成。

も章立てが類似している。特に，同表掲載の全協定に含まれている「投資家対国家の紛争解決手続（ISDS条項）」は，多国籍企業に対して，進出国政府を国際司法の場に提訴することを認める条項である。またTPPでは，政府調達，知的財産権の保護，国有企業改革などで，他の協定よりも高い自由度が求められており，国民生活への影響が懸念されている。加えて，日－EU EPA（日EU経済連携協定）やRCEP（東アジア包括経済連携）の交渉も，同時に進められている。

さらにWTOドーハ・ラウンドにおいても，2013年６月「新たなサービス貿易協定（TiSA）」の交渉が開始され，14年11月に貿易円滑化協定の一般理事会での採択，15年７月にはITA（情報技術協定）の合意など，物品・サービス・投資に関するグローバルな自由化の流れは，着実に進みつつある。

2　現代通商政策がもたらす諸問題

⑴　過度な自由化とグローバル競争の激化

本章で採り上げた通商政策や日米交渉は，私たちの生活と関係ない出来事として捉えがちであるが，本当にそうであろうか。

日米交渉やGATT・WTOでの多角的通商交渉によって，日本企業の経済活動や私たちの日常生活は大きな影響を受けてきたといえる。例えば，1960年代を通じて行われてきた日米繊維交渉では，日本側の譲歩による輸出自主規制の実施により，国内の生産地は輸出先を失うことになった。そのため海外進出ができない中小企業は，大きな打撃を受けることになっている。

また，プラザ合意による円高の進展は，日本企業の海外進出を加速させ，国内の生産基盤が海外に移転された結果，1980年代以降，産業空洞化と国内工場の撤退が進み，地域の産業基盤が失われつつある。日米構造協議を背景とした内需拡大要求についても，10年間で430兆円（後に630兆円に増額）の公共事業が実施されたことで，日本国債の発行残高を劇的に増加させる結果となり，深刻な財政悪化を生み出しているのである。

⑵　さらなる市場開放と国民生活への弊害

確かに，私たちの生活は，多国籍企業の海外事業活動や海外からの物品・サービスの輸入によって維持されているといえるが，通商政策が日常生活に与える「負」の影響も大きい。

経済のグローバル化が政治的に進められることで，過度の自由化や規制緩和が行われ，若年層の就職難や所得格差の拡大による社会の不安定化をもたらすとともに，地域経済の基盤を支える中小企業の経営を圧迫し，自然環境の破壊をもたらしていることも忘れてはならない。

特にTPP交渉では，第7章でも述べられた医療制度改革ならびに新薬や著作権の保護期間の延長，政府調達の市場開放，国有企業改革など，日常生活や中小企業経営，地域経済に直結する課題が協議されている。新薬の保護（データ保護）をWTO協定よりも強化（新薬特許保護期間の長期化）することや，公共事業を外資系企業に開放することで，地域内経済循環や持続的な地域の発展を脅かすことにはならないだろうか。企業が経済活動によって適正利益を確保することに，何ら問題はない。しかし巨大多国籍企業のグローバルな利益の集中と集積は，中小企業や地域経済，さらには住民生活に大きな負担を強いることになりかねないのである。過度なグローバル化は，社会を不安定化させ，「豊かな社会」の実現とはほど遠い，巨大多国籍企業のための市場環境のみを整備するための政策となりかねず，それはいわば「人間の破壊」と同義であろう。通商政策でも，生活の安定や持続可能性が考慮される必要がある。

§Ⅳ　転換期の世界経済と日本の通商政策

戦後日本の通商政策は，日米関係を基軸としており，経済関係のみならず，安全保障を含めた従属的な関係が構築されてきた。日米貿易摩擦は，1950年代から発生しており，市場開放を含めた包括的な協議が行われ，交渉分野はサービス，政府調達，金融・保険分野へと広がっている。現代世界経済は，米国をはじめ先進国の相対的な経済力低下と新興国の台頭によって「多極化」しつつあり，日本の通商政策は岐路に立っているといえる。

また多国籍企業は，グローバル化の中心主体として国際政策協調の進展や貿易･投資の自由化，市場開放，民営化･規制緩和に大きな役割を果たしており，通商政策を実施する国家とグローバルに経済活動を行う多国籍企業は，コインの「表と裏」の関係にあるといえる。過度な規制緩和や国内市場の開放は，国民生活や中小企業経営，地域経済に大きな弊害をもたらし，ひいては産業の空洞化や所得格差の拡大，若者の就職難等の諸問題を引き起こし，社会全体を不安定化させることにもつながる。この点からもTPPが国民生活に与える影響は計り知れない。

そもそも通商政策は，貿易や投資の制限を撤廃し，自由な経済活動を双方向で実現することを目的としているが，国民生活や国内経済への弊害が大きい場合はこれを是正し，必要な措置を講じる役割も担っている。環境を保護し，人間や社会の発展を促すためにも，持続可能性を最重要課題とした通商政策の実現が求められている。

【文献ガイド】

ロバート・ギルピン（古城佳子訳）『グローバル資本主義 危機か繁栄か』東洋経済新報社，2001年（原著は，Gilpin, Robert, *The Challenge of Global Capitalism: The World Economy In The 21ST Century*, Princeton University Press, 2000）

戦後の世界経済を包括的に捉え，多国籍企業の役割についても言及している。グローバル化と国際政治との関係をより詳しく知ることができる著書である。

石田修・板木雅彦・櫻井公人・中本悟編『現代世界経済をとらえる　Ver.５』東洋経済新報社，2010年

世界経済論，国際経済学，国際政策，国際関係に関する学部ゼミならびに修士課程１年向けテキストであり，経済のグローバル化についての歴史的背景，基礎的理論を網羅。

梶田朗・安田啓編『FTAガイドブック2014』JETRO（日本貿易振興機構），2014年

世界および日本のFTA締結動向が示されている。通商政策の動向や各国・地域のFTA締結状況を知ることができる。

阿部武司編『通商産業政策史1980-2000　２　通商・貿易政策』経済産業調査会，2013年

1980年代以降の日本の通商政策史をより詳しく学ぶことができる。日本の通商政策を研究するための参考書。

◀問題――さらに考えてみよう▶

Q１　第二次世界大戦後の日米関係について整理してみよう。日本と米国は経済的にも政治的にも密接な関係を築いているが，より深く多様な視点から日米関係を考察してみよう。

Q２　日米構造協議や日米包括経済協議によって私たちの生活がどのように変わったのか考えてみよう。その交渉項目を調べてみよう。

Q３　多国籍企業とはどのような企業か，日本企業はどれだけ海外に進出しているのか調べてみよう。

Q 4　経済のグローバル化と国内地域経済との関係を考えてみよう。例えば，FTAの締結によって国内の地域にどのような影響があるのか。国内産業や中小企業など，テーマを絞って検討してみよう。

【小山大介】

Chap. 14

開発援助政策を考える

▶誰のための開発援助か？

★これからの途上国支援

2000年の国連総会では，飢餓人口を半減することなどを掲げたMDGs（Millennium Development Goals：国連ミレニアム開発目標）が採択された。このMDGsは開発分野における国際社会共通の目標であり，2015年を目標達成期限として一定の成果をあげつつも，まだ十分ではない状況にある。そのため，MDGsで残された課題に引き続き取り組みつつ，新たに生じてきた課題にも対処していくために，ポスト2015年開発アジェンダの策定に向けた国際的な議論が進められている。まさに今，これからの途上国支援をどのように進めていくべきか再考する時期にある。

途上国に対する支援は食料や医薬品の提供，インフラや教育・医療機関の整備，さらには人材育成など多岐にわたるが，そのうち，国家政府が一定の目的をもって実施する活動は開発援助政策と呼ばれる。その代表例がODA（Official Development Assistance：政府開発援助）である。

本章では，開発援助政策の枠組みや歴史的経緯を整理しながら，その政治経済的役割を概観するとともに，開発援助政策の新たな潮流について論じ，現代の開発援助政策の意義や限界を理解することを目的とする。

§Ⅰ　開発援助政策の枠組み

1　なぜ援助が必要なのか

そもそもなぜ他国を援助する必要があるのだろうか。もちろん，日本が先進国であり，経済的に裕福な国であることはその理由となるだろう。しかし，毎日の生活や産業にとって欠かせないエネルギーを考えると，日本では石油・天然ガスなどはほぼ輸入に依存しており，また，食料自給率が40％を下回っているように，穀物，水産物，果実，加工品などの多くを輸入に頼っている。日本は世界各国に資源・食料を依存しており，毎日の生活・産業も日本一国だけではもはや成り立たない構造にある。身近な工業製品や衣料品の製品タグを見れば，中国，インドネシア，タイ，ベトナムなどで生産されている安価な商品が身の回りにあふれていることに改めて気づくだろう。これらはODAによる援助が実施されている国々である。したがって，これらの国々への援助は回りまわって，日本の生活を支えているのかもしれない。

開発援助政策では日本政府や政府機関が中心であるものの，NGO（非政府組織）・NPO（非営利組織），教育機関，自治体，公益法人，市民団体，企業など，多様な組織，団体，機関，市民が途上国開発に携わっており，政府機関以外による途上国への支援を含める際には「国際協力」と表現されている。

2　政策としての枠組み

日本の場合，開発援助政策は平和構築のための安全保障政策や国際的な通商交渉のような経済外交などの分野と並び，外交政策の1つとして位置づけられている。ODAは途上国の経済・社会の発展や福祉の向上のために，途上国政府や国際機関を通じて提供される公的な資金・技術のことであり，開発援助政策の中心的な役割を担っている。ODAには，途上国を直接支援する2国間援助と国際機関を通じて支援する多国間援助がある。そのうち，2国間援助は「贈与」と「政府貸付」に分けられる。贈与は無償で提供される協力を意味しており，「無償資金協力」と「技術協力」がある。政府貸付は返済を前提とする協力を意味し，「有償資金協力（円借款）」がある。多国間援助には，UNDP（国連開発計画）やWHO（世界保健機関）など国連機関への拠出，世界銀行への出資などが含められている。

日本のODAは，その政策体系として，政府の開発援助の理念や原則等を定める開発協力大綱を頂点に，中期政策，国別および分野別政策，さらには年度ごとの重点方針から構成されている。近年，人道支援・テロ対策，海上交通路の安全確保，インフラシステム輸出支援などが重視されている。それを反映して，海上輸送網上に位置する諸国，テロ対策を含む地域の安定化が必要な諸国，資源エネルギー産出諸国，インフラシステムの輸出諸国として，アジア・太洋州，中東・中央アジア，アフリカ，中南米に多くの予算が振り分けられている。

3　開発援助政策の組織体制と援助手法

では，こうした政策を実施するための組織体制はどのように整備されているのだろうか。ODA自体は外務省の管轄であるものの，実際には，１府12省庁が立案・実施に携わっている。海外経済協力会議（議長：内閣総理大臣）で審議される基本戦略のもと，外務省は援助政策の企画立案および調整を担い，関係府省庁との連携によって効果的なODAの実施を図っている。また，省庁間の調整をへて立案されたODAは，JICA（独立行政法人国際協力機構）や日本政策金融公庫などの援助実施機関を通じて，実際の現地での援助活動へ具体化されている。JICAは2008年に組織統合され，円借款などの有償資金協力を担当していたJBIC（旧国際協力銀行）の業務や無償資金協力を担当していた外務省の業務を引き継ぎ，技術協力，有償資金協力，無償資金協力という３つの援助手法を活用できるようになり，日本の主要な援助実施機関となっている。日本政策金融公庫は，旧JBICが担っていた日本企業の輸出入や海外投資などを支援する国際金融業務を継承している。

ODAを供与する先進国の中で，日本のグラント・エレメント（借款条件の緩やかさを示す指数で，数値が高いほど途上国によって有利である。贈与の場合は100%となる）は88.8%（2012～13年平均）であり，援助国の中では低い水準にある。これは日本の開発援助政策の基本方針でもある「自助努力の支援」に基づいた結果である。つまり，贈与ではなく借款をすることで，被援助国は将来返済しなければならないため，経済社会の開発・発展を効率的に実現するよう努力を進めると考えられている。また，国連ではODA支出額について，対GNI（国民総所得）比0.7%を目標としているが，日本のODA対GNI比は0.23%（2013年実績）であり，経済規模に比べて援助額が低い。

円借款では，アジアを中心にこれまで世界103か国を対象に供与されており，陸運（道路，鉄道，橋の建設・整備），海運（港湾，船舶），電力（発電所や送電施設等）などのいわゆる「経済インフラ」に対するプロジェクト借款が多くを占めている。他の援助国に比べ，経済インフラへの支出が多いことも日本の援助の特質とされている。ただ，近年では，MDGsへの対応として，上下水道，保険・医療，教育等の「社会インフラ」をはじめ，貧困対策，環境改善・保全への支援も積極的に行われている。

§Ⅱ 開発援助政策の歴史的展開

1 1950〜60年代：ODAの開始と戦後賠償

1954年にビルマ（現ミャンマー）と賠償・経済協力協定を締結したことが，日本のODAの開始とされ，それ以降，フィリピン，インドネシア，ベトナム（南ベトナム）との間でも賠償協定が結ばれた。戦後日本の経済状況を考慮して，金銭ではなく，ダム，高速道路，上下水道，発電所，さらには農業機械，トラック，船舶の供与など，技術をもった日本人・企業が建設を支援したり，生産物を無償で提供したりする形態で戦後賠償が進められた。また，カンボジア，ラオス，タイ，マレーシア，シンガポール，韓国などに対しては，無償で経済協力が進められた。つまり，日本の開発援助政策は太平洋戦争の戦後処理の一環として開始されたという経緯がある。ただし，コロンボ・プラン（アジア太平洋地域の発展を支援する協力機構）を通じた技術協力や，インドへの円借款供与など戦後賠償とは異なる形での経済協力も，1950年代に始まっている。

しかし，その一方で，日本自体も被援助国であった。米国からのガリオア・エロア資金を受けて戦後復興は進み，1950・60年代においては世界銀行からの資金を受けて，東名高速道路，東海道新幹線，黒部川第四発電所などの経済インフラを建設した。こうした援助の受け入れによって，日本の高度経済成長の基盤が整備されていったのである。したがって，日本の経済復興過程とともに，開発援助政策は並走していたのである。

1960年代は，現JICAの当初組織である海外技術協力事業団（1962年）や旧JBICの前身である海外経済協力基金（1961年）が設立され，政策実施体制が整備された時期でもあった。ただし，巨額の資金が絡む賠償・ODAに，役務・生産物供与という援助形態が相まって，受入国政府と日系受注企業との間に汚職・腐敗が横行していたとの指摘もあり，留意する必要がある。

2 1970〜80年代：ODAの拡充と政治経済的利害

日本が高度経済成長を遂げるなかで，必要とされるエネルギー資源の確保に向けて，インドネシアをはじめとした資源産出国へのODAも拡充された。ダム，港湾，道路など大型のインフラ整備や石油，ガス，電力などの資源開発プロジェクトが進められ，被援助国の経済開発とともに日本企業にとっての市場創出へとつながる効果を果たした。1960年代のベトナム戦争を通じた輸出の拡大，70年代初頭の海外直接投資の自由化などによって，日本企業の輸出振興や海外進出が進展し，ODAの増額を可能にする財政状況が生まれていた。一方，この時期は戦後の冷戦構造が影響しており，援助対象は反共産主義国に重点がおかれた。また，オイルショック時には，産油国である中東地域への援助が増大されるなど，政治経済的利害と連動しながら，ODAはその外交手段として用いられていた側面が色濃く浮かび上がる。

1976年に戦後賠償が終了したことにより，この時期から開発援助政策が主体的に取り組まれだした。1977年に約14億ドルだった日本のODAは，計画的な増額や円高の影響により，85年以降は急激に拡大し，89年には約90億ドルとなり，米国を抜いて日本は世界最大のODA供与国となった（図表14-1）。1980年代をへて，ODAは急激に増大しているが，これは日本経済の好況を背景に，国際貢献の有効な手段としてODAの量的拡大が図られたとともに，自動車・家電に代表される輸出産業の台頭により生じた，米国をはじめとする他国との貿易摩擦や経済摩擦の激化を背景に，「黒字削減」や「資金還流」という位置づけによって，積極的にODAを拡大させてきた結果でもある。戦後の約45年間で日本は被援助国としての立場を「卒業」して，援助国側になるだけでなく，世界一の援助大国となった。こうしたユニークな歴史を経験した日本だが，開発援助政策は途上国支援を目的としてきたことに間違いはないものの，援助をする日本自身の政治経済的動機と密接に結び付いてきた点も忘れてはならない。

また，ODAが地域住民との軋轢を生み出した事例も少なくない。例えば，1979年に開始されたインドネシアのコトパンジャンダム事業においては，水力発電用のダム建設に対して，２万3000人が移住を余儀なくされ，生計手段の喪失と不十分な補償金によって生活の維持が困難になるとともに，多くの野生動物が死滅し，自然破壊が深刻化するなど，大きな被害をもたらした。しかし，今なおインドネシア・日本政府および事業実施企業からの救済は十分なされていないままである。

図表14-1 主要援助国のODA実績の推移

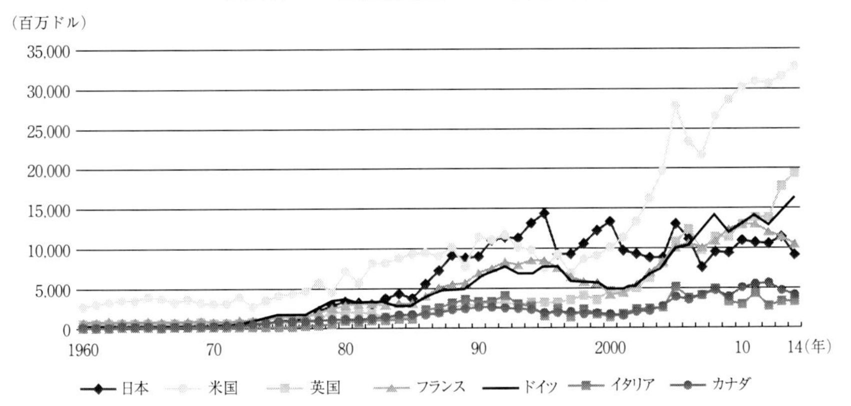

注:支出純額ベース。
出所:OECD, *Query Wizard for International Development Statistics*より作成。

3 1990~2000年代:冷戦終結とテロによる影響

対米協調のもとで反共産主義としての役割も担ってきたODAは,1989年の東西冷戦体制の崩壊にともなって,旧社会主義国の市場経済への移行を支援するという新たな役割を見出すとともに,91年の湾岸戦争を含めた中東情勢の悪化を背景に,被援助国の民主化や人権,軍事政策への対応が求められた。また,1992年の地球サミットの影響を受け,環境保全と開発との両立が国際的な援助潮流となったこともあり,ODAによる開発事業に対しても環境への配慮が求められるようになった。

こうした国際社会の大きな変化に対応していくために,1992年に日本政府は「ODA大綱」を閣議決定した。ODA大綱では,①環境と開発の両立,②軍事的用途および国際紛争助長への使用の回避,③軍事支出,大量破壊兵器の動向への注意,④民主化,市場経済導入の努力,基本的人権や自由の保障状況への注意が4原則として規定され,この原則に反する行動を被援助国がとった場合には,ODAは中止された。

1990年代は日本が世界の援助大国として多額のODAを拠出する一方で,欧米諸国は「援助疲れ」によってODAの増額には消極的であった。図表14-1からもわかるように,日本の援助額が1995年頃まで拡大している反面,主要先進援助国は横ばいに推移している。先進国の財政難に加え，多額のODA供与にもかかわらず，途上国に十分な成果がみられないといった状況から，欧米諸国では援助額の停滞・削減が生じた。日本も1990年代後半にはバブル経済後の経済停滞と緊縮財政により，徐々にODAの量的拡大は鈍化していった。

2001年9月11日に発生した同時多発テロは，開発援助政策にも大きな影響を与えた。テロ防止のためには途上国の貧困問題に取り組むべきという認識が高まり，国家ではなく，人間一人ひとりの生存・生活・尊厳を重視する「人間の安全保障」の重要性が国際的に広まった。そうした動向を受けて，日本は2003年に新ODA大綱を閣議決定した。9.11を踏まえて，国際社会の平和構築が日本の安全と繁栄に貢献するという立場から，ODAを紛争予防，平和の定着，復興支援などの平和構築のために用いるようになったのである。しかし，新ODA大綱の決定にもかかわらず，日本のODA予算は年々減額され，2014年時点では，米国，英国，ドイツ，フランスに次ぐ世界第5位（91億8800万ドル）である。国際的にはMDGs達成に向けて援助拡大が求められ，主要先進国がそれに応えてODA予算を増額してきたが，日本の開発援助政策はその流れからはやや取り残されている。

4　開発協力大綱とODAの転換

2015年2月に日本政府はODAの基本方針を定めた「開発協力大綱」を閣議決定した。ODA大綱見直しの理由としては，ODAの政治経済的役割を明確にし，より政策的手段としての効果を高めようとする意図があると考えられている。つまり，積極的平和主義に基づいて国際平和協力等を遂行するための「国家安全保障戦略」（2013年12月閣議決定）と，途上国の開発に貢献すると同時にその成長を取り込んで日本経済の活性化に資するための『日本再興戦略』（2013年6月閣議決定，2014年6月改訂）の観点から，ODAを積極的・戦略的に活用して「国益の確保に貢献する」ことが求められている。

この新大綱は「国家安全保障戦略」を反映して，これまで軍事転用が懸念され排除されてきた他国軍への活動支援を，災害救助や紛争からの復興などの非軍事目的に限って容認している。また，『日本再興戦略』を反映して，企業の経済活動を拡大するための触媒としてODAを活用することで，官民連携の推進を図っている。こうした見直しの背後には，災害救助などの非軍事分野での軍の関与が増加しているという国際情勢の変化や途上国に流入する非ODA資金がODA資金以上に増大しているという状況があるものの，官民連携の重視や予算配分への戦略性など，日本経団連（日本経済団体連合会）によるODA大綱見直しへの政策提言が開発協力大綱に多く盛り込まれている点に，途上国への市場創出に絡む企業利益が透けて見える。

また，他国軍への活動支援には，武器輸出を容認する防衛装備移転三原則の決定にともない，防衛産業にとっての経済的利益が結び付いているとも指摘されている。従来は貧困削減等の経済開発を開発援助政策の中心に位置づけていたが，この開発協力大綱は安全保障問題も開発援助政策の対象として捉え，国際社会の平和と安定を追求する外交手段へと転換を図ったことを意味している。60年の歴史を積み重ねてきたODAは，日本の国益を確保するための政策的手段へと名実ともに転化しつつある。

ただし，ここでいう「国益」が何を意味しているのか，検討が必要だろう。「日本の国益」＝「日本国民の利益」というよりは「日本企業の利益」と捉えられていないだろうか。被援助国の利益と援助国の利益が常に一致するとは限らないものの，途上国および先進国の政府，企業，国民それぞれの利益がどれくらい重視されているのか，誰のための開発援助政策なのか意識しておく必要があるだろう。

§Ⅲ　開発援助政策の新潮流

1　民間部門による途上国開発へ

2002年にモンテレーで開催された国連開発資金国際会議において，MDGs達成に向けて，各国の援助総額を500億ドル増やすことが議論された。**図表14-1**にも表れているように，主要援助国はODAの増額に取り組んできた。しかし，MDGs達成のみならず，途上国でのインフラ整備なども考慮すると，依然として援助資金は不足している。こうした状況を背景に，途上国開発に向けて，ODAのみならず，FDI（海外直接投資）や民間財団からの寄付を含め，あらゆる資金を動員することが重要になっている。

図表14-2　途上国に流入する資金の推移

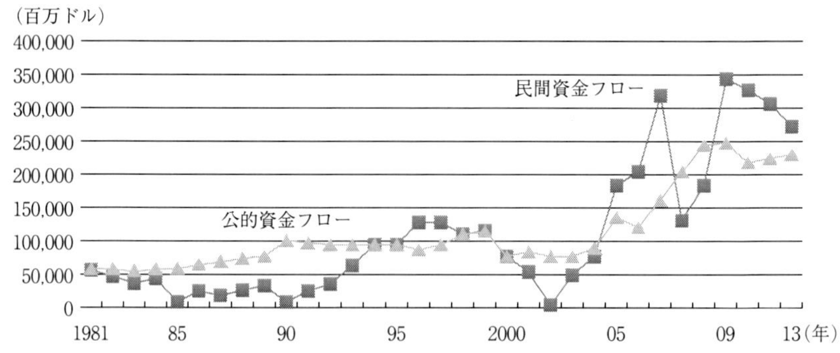

注：公的資金フローには，ODAとOOF（ODAに該当しない政府資金）が含まれる。
出所：OECD, *Query Wizard for International Development Statistics*より作成。

図表14-2で示されるように，1980年代までは，途上国への資金流入は先進国や国際機関からの公的資金が多くを占めていたが，90年代の「援助疲れ」あたりから民間資金の流入量は大きく増加しだし，2000年代には，世界的な経済危機が生じた時期（2008～09年）を除いて，民間資金が公的資金を大きく上回るようになっている。それだけ，民間部門による途上国開発が進行している。確かに，1980年代後半以降にFDIと貿易の活性化によって，「東アジアの奇跡」と呼ばれるほどに経済成長を達成した東アジアの例もあり，企業活動による開発効果に対する期待は国際社会でも高まりつつある。しかし，植民地時代やこれまでの経験から，途上国には外国籍企業に対する猜疑心も根強くある。民間企業による途上国開発に期待が寄せられるなかで，どのような企業活動が実際に途上国のために貢献できるのだろうか。

2　官民連携による開発への企業参入

企業が海外進出する動機には，利潤獲得が根底にある。しかし，途上国の場合，政情不安，法制度やインフラの未整備，知的財産権の侵害など投資のリスクも高い。そのため，企業の途上国進出には，リスク保証や投資環境の整備を図るしくみが必要とされる。その1つの手法として，PPP（Public Private Partnership：官民連携）がある。PPPの取り組み方は分野によって様々だが，一

★コラム14-1 南南協力・三角協力の一環としてのプロサバンナ事業

ブラジル，インド，ロシア，中国などの新興諸国の経済発展が著しい近年，先進国が途上国に援助するという従来の枠組み以外にも，途上国間による援助も台頭しつつあり，国際的にも注目を集めている。

南南協力とは，途上国同士による技術協力や経済協力を意味しており，三角協力は2つ以上の途上国と先進国もしくは国際機関の3つのアクターによって形成される南南協力を意味する。日本は2国間協力の成果を他の途上国に普及する三角協力に以前から携わってきており，その具体的事例として，モザンビークの持続可能な農業開発支援の取り組みであるプロサバンナ事業がある。

日本政府の支援を受けて，ブラジル政府が広大な農地を開拓したセラード農業開発の経験を，モザンビークに活用しようという事業であり，ブラジルは技術協力を，日本は資金協力やインフラ整備を担当している。このプロサバンナ事業は2011年から小規模農家の貧困削減，食料安全保障の確保，民間投資を活用した経済発展に貢献する事業として，政府支援のみならず，民間企業による農業投資を積極的に促進している。しかし，外資企業による国有地に対する深刻な土地収奪，企業からの融資を通じた契約栽培による農民の負担増大などをはじめ，現地の農民からの反発は大きく，事業を主導する日本政府に対して現地住民やNGOからも事業停止が強く求められている。

般に，公的資金によって民間部門の行動を支援したり，公的部門の事業に民間企業が参入したりする協力関係を意味している。

開発援助政策においては，援助国政府と先進国企業とのPPPが主流ではあるものの，途上国政府と先進国企業，先進国企業と途上国企業との連携も取り組まれている。また，ODAでは「施設建設・整備」が援助活動の中心であったものの，PPPによって施設の「運営・サービス」を重視する活動に重心がシフトしつつある。つまり，施設の建設自体を目的とするのではなく，その施設の運営から得られる「便益」を目的とする援助に転換してきている。

日本における途上国でのPPP事業は，民間企業によるFDIを念頭においており，企業が参入しやすい投資環境を整備することを官（政府）はめざしている。事業対象分野は途上国で需要の高いインフラ整備が中心である。途上国の経済成長や生活水準の向上に貢献することが期待されているが，当然ながら，こうしたインフラの建設技術に加え，運営システムに競争力があるとされる日本企業のための「システム輸出」支援の側面もある。インフラ整備が進めば，現地における投資・消費の拡大によって，日本企業の途上国進出がさらに進展する好循環が期待されている。

JICAでは，民間企業からの提案に基づき，PPPインフラ事業の計画の妥当性や効率性の確認を進めるしくみを導入している。この調査を踏まえて，ODAを活用したPPPインフラ事業が実施されている。図表14-3には，この調査を実施した対象国，対象事業，提案代表企業名が記載されている。ベトナムやインドネシアを中心とした16か国にて，2010～14年の5年間で61件の調査が実施されている。対象事業としては，空港，港湾，高速道路，鉄道，電源開発，水道といったインフラをはじめ，都市開発や廃棄物処理場，工業団地の造成など多岐にわたる。ひとつの調査に複数の企業が参加しており，100社を超える企業がPPPインフラ事業に携わっている。

もともとインフラ整備は大型かつ長期間の事業であり，民間企業のみでの参入は採算性において厳しい場合が多い。そのため，収益性が高い運用面を民間企業が担い，収益性に乏しいそれ以外の部分を，円借款を通じて公共事業として建設するという役割分担が多く採用されている。今後も需要が見込まれる海外でのインフラ事業に対して，ODAを活用したPPPは増大していくと考えられる。しかし，図表14-3にも含まれているミャンマーにおける物流運営基地の運営は「ティラワ経済特別区開発事業」と称され，大規模な工業団地造成や電力，港湾，道路等の整備を進めるパッケージ型インフラ事業がPPPによって進められているものの，大規模な住民移転・移転先住環境の劣化や深刻な環境的社会的影響が生じていると懸念されている。このように，開発現場における現地住民との対話が不十分なままに進められる事業が今なお生じていることも，指摘せざるをえないだろう。

3　BOP市場の創出

途上国市場に進出する企業の多くが新興国の経済成長をビジネスチャンスとして捉えてきた一方で，その直接的な対象は中産階級であり，貧困層は市場から疎外されていた。しかし，世界最大規模の人口を擁する途上国の低所得者層

図表14-3　JICA協力準備調査の採択案件（2010～14年）

国　名	代表企業名	調査対象	採択件数
イラク	ユニコインターナショナル	肥料工場建設，物流ターミナル	1
インド	豊田通商，オリエンタルコンサルタンツ	国際空港建設，都市鉄道	2
インドネシア	日本空港ビルディング，日本工営，住友林業，千代田化工建設，三菱重工業，インダストリアルデシジョンズ，双日，日建設計シビル，豊田通商，パデコ	国際空港改修，拡張，小水力発電，植林・林産加工業，研究開発クラスター，駅前開発，ITS開発，下水処理場整備，鉄道輸送力増強，交通・都市構造設備，再生水利用，廃棄物中間処理施設・最終処分場運営	12
カンボジア	日本高速道路インターナショナル，三井物産	国道改良，新港経済特別区・関連施設建設	2
タイ	富士電機	工業団地スマートコミュニティ運営	1
トルコ	前田建設工業，伊藤忠商事	国立総合病院設備，海峡大橋・自動車道	2
ネパール	三菱商事	国際空港運営及び拡張・改修	1
バングラデシュ	住友商事	輸入石炭ターミナル建設・運営	1
フィリピン	長大，三菱商事，日本工営，オリエンタルコンサルタンツ	小水力発電，外来手術センター・病院開発，上下水道設備，高速道路	4
ベトナム	エスイー，東急電鉄，東洋エンジニアリング，神鋼環境ソリューション，フォーバル，大新東，三菱商事，日立製作所，鹿島建設，住友商事，日本高速道路インターナショナル，エックス都市研究所，日本工営，海外鉄道技術協力協会，片平エンジニアリング・インターナショナル，ワールド・リンク・ジャパン，日本空港コンサルタンツ，メタウォーター，日建設計シビル	道路・橋設備，都市開発・バスラピッドトランジット，水道改善，固形廃棄物処理，中小企業向けレンタル工場，国際空港開発・旅客ターミナル運営，上下水道，輸入石炭中継基地，高速道路，環境インフラ設備，道路設備，水インフラ総合開発，処理場設備，工業団地ユーティリティ運営，石炭火力発電，駅周辺総合開発	23
ボスニア・ヘルツェゴビナ	日立製作所	石炭火力発電	1
マレーシア	パナソニック，住友商事	太陽光発電，上下水道	2
ミャンマー	三菱商事，日揮，上組，豊田通商	都市鉄道整備，駅／駅周辺一体開発，国際空港開発・運営，港・物流基地運営	4
モザンビーク	住友商事	尿素肥料工場設備	1
モンゴル	SBエナジー，バリュープランニング・インターナショナル	風力発電，メトロ	2
ラオス	日本通運，関西電力	ロジスティクスパーク開発，水力発電	2

出所：JICAホームページ（2015年6月3日閲覧）より作成。

を市場と位置づけ，貧困削減と同時に利益創出を達成するBOP（Bottom [Base] of the Pyramid）ビジネスが近年注目を集めている。貧困層が所得階層別人口ピラミッドの最底辺に位置するために，BOPと表現されている。BOPビジネスは政府や国際機関との連携を通じて事業展開している場合も少なくなく，PPPの一部として捉えられるが，近年では，公的支援を受けずに企業独自に事業を展開する傾向にある。

このBOP市場では，年間所得が3000ドル未満の約40億人が経済活動を行っており，約5兆ドル規模を有するといわれている。そのため，これまでは購買力がないために商品にアクセスできなかった低所得者層を「消費者」として認識し，この新たな消費者が購入できるビジネスモデルを創出すれば，世界最大規模の市場にアクセスできると考えられている。具体的には，貧困層でも購入できるような小さな個別包装が施された洗剤，シャンプー，調味料，栄養ドリンク，水を浄化する粉末といった生活用品のほか，マラリア防除用蚊帳やプリペイド式の携帯電話，さらには，小口融資で有名なマイクロファイナンスなど多岐にわたる。いずれにしても，単に安価であるだけでなく，これらの商品を利用することで，低所得者層の衛生状況や栄養価の改善や利便性の向上が図られ，さらに，その商品販売・普及活動を低所得者層自身が担うことによって，雇用創出・所得向上や女性の自立支援などの社会的な発展の契機が生じている。したがって，BOPビジネスは生産から流通，販売，消費などの過程で，生産者，労働力，事業パートナーとして包括的に低所得者層を巻き込むため，「インクルーシブ・ビジネス」とも呼ばれており，途上国開発に企業が貢献する手法として注目されている。

こうした商品を提供する主体は，途上国企業も含まれているものの，主に先進国系の多国籍企業であるが，先進国の事業モデルを途上国に適用するだけで成功するほどBOPビジネスは容易ではないため，政府機関・国際機関や大学・研究機関との協力はもちろんのこと，現地のNGO・NPOやコミュニティとの連携を進めている例が多い。USAID（米国国際開発庁）では，2001年に「グローバル開発アライアンス」においてPPPの取り組みを開始している。インフラ事業を中心とする日本とは異なり，主に，BOPビジネスに関連するプロジェクトが進められている。例えば，インテル，ヒューレッド・パッカード，マイクロソフトなどによるITスキル研修やネット環境の提供，スターバックスによる途上国でのフェアトレード製品開発の支援などに対して，開発事業の一部経費をUSAIDが負担している。

他方，日本企業の場合，海外企業に比べるとBOPビジネスへの参入に後れをとっているが，2010年以降，企業に対する公的支援メニューが用意されている。米国と異なり，大企業だけに限らず，中小企業によるBOPビジネスへの参入が実現している点に日本の特徴がある。雪国まいたけ（緑豆生産体制の構築），会宝産業（自動車リサイクル体制の構築），サラヤ（消毒剤・石鹸の普及），ポリグル（水質浄化剤の普及）をはじめとする多数の中小企業がJICAの調査支援を受けつつ，途上国への事業進出を具体化させている。

BOP市場を単なる「消費市場」とみなすのか，低所得者層を「生産・販売・経営の担い手」とみなすのか，さらには，BOPビジネスの目的を「貧困層の課題解決・所得増加」とするのか，「低所得層の市場開拓・収益化」とするのかなど，BOPビジネスに対する多様な見解が提示されてきている。いずれにせよ，民間企業によるBOP市場への参入を，公的な援助資金が支援している状況は，企業による途上国開発が開発援助政策の一環として位置づけられている証左でもある。PPPもBOPビジネスも公的部門と民間部門との連携のあり方は各国で異なっているものの，途上国開発への民間企業参入，すなわち，「開発の民営化」は，現在の開発援助政策の主要な潮流となっている。

§Ⅳ　これからの開発援助政策――課題と展望

自らの経験を踏まえつつ，巨額のODA供与を通じて，アジアを中心とした多くの途上国において，貧困削減や経済的発展の基盤が整備されてきた点は，いうまでもなく日本の開発援助政策の意義だろう。しかし，日本の開発援助政策には，日本側にとっての政治経済的利益の追求や日本企業の市場獲得機会を目的として活用されてきた点が，政策の歴史的経過や現在の政策的潮流からも確認できた。ODA開始後60年が経過した今，安全保障や経済的利益の点で日本の国益追求をさらに重視する姿勢に変化しつつある。こうした点からも，日本の開発援助政策はあくまでも日本の国益に資すると考えられる対象や範囲でのみ実施されるという限界がある。

また，国際的にも「開発の民営化」が開発援助政策の主流になるにつれ，「市場の失敗」を是正するための手段として機能してきた開発援助政策が，市場メカニズムにその役割を委ねていけば，途上国間格差や国内地域間格差が拡大する懸念もある。こうした懸念を含め，NGOは開発協力大綱に対して，緊急声明を発表し，非軍事原則の徹底や計画策定プロセスでの住民参加，基本的人権の確保，日本と被援助国双方の専門家による客観的評価等の必要性を提言しており，より途上国住民が恩恵を受けられるような国際協力が求められている。

2011年の東日本大震災では，最貧国30か国を含む163か国・地域および43国際機関から支援の申し出があったが，これらの国々の多くは，これまで日本からの開発援助や災害支援を受けたことへの恩返しを支援の理由として表明していた。こうした支援自体は被災地住民を対象としているものの，日本に生きる住民一人ひとりがこうした世界各国の支援や励ましのメッセージを感じる稀有な例だったといえよう。「情けは人のためならず（人に親切にすれば，その相手のためになるだけでなく，やがてはよい報いとなって自分にもどってくる）」という言葉にあるように，直接に日本の「国益」確保を前提にするのではなく，途上国の人々のための開発援助政策を進めることによってこそ，結果的に，日本の住民一人ひとりにとって望ましい結果がもたらされるのではないだろうか。

【文献ガイド】

戸川正人・友松篤信『日本のODAの国際評価―途上国新聞報道にみる日米英独仏』福村出版，2011年

被援助国の新聞報道から日本のODAがどのように評価されているのかを分析した研究書である。

西垣昭・下村恭民・辻一人『開発援助の経済学―「共生の世界」と日本のODA〔第四版〕』有斐閣，2009年

日本を含め，世界各国の開発援助政策の動向や国際機関の役割などを手際よくまとめた著作である。

村井吉敬編著『徹底検証ニッポンのODA』コモンズ，2006年

ODAの現場の声を踏まえつつ，日本のODAのあり方を批判的に検証している。

◀問題——さらに考えてみよう▶

Q1　開発援助政策が必要とされる理由を，被援助国側および援助国側の立場から考えてみよう。

Q2　日本における開発援助政策の目的を，1950～60年代，70～80年代，90～2000年代，現在の4つの時代区分に応じて整理してみよう。

Q3　開発援助政策における「開発の民営化」の特徴を，具体的な取り組みを踏まえながら論じてみよう。

【池島祥文】

主要参考文献

（文献ガイド記載分を除く）

植村幸生『科学技術政策論』労働旬報社，1989年
大西勝明・大橋英五『日立・東芝』大月書店，1990年
唐鎌直義『脱貧困の社会保障』旬報社，2012年
坂井昭夫「憂愁の様相―1980年代米国経済の回顧（1）」Discussion Paper，京都大学経済研究所，No.0403，2004年
沢井実『通商産業政策史1980-2000　9　産業技術政策』経済産業研究所，2011年
塩崎賢明編『住宅政策の再生―豊かな居住をめざして』日本経済評論社，2006年
慈道裕治「科学技術政策とイノベーション―社会開発型科学技術政策を求めて」立命館大学政策科学部紀要『政策科学』第14巻第3号，2007年5月
白石孝『戦後日本通商政策史―経済発展30年の軌跡』税務経理協会，1983年
杉本昭七・藤原貞雄編『日本貿易読本』東洋経済新報社，1992年
高橋悌二『農林水産物・飲食品の地理的表示―地域の産物の価値を高める制度利用の手引』農文協，2015年
出河雅彦『混合診療―「市場原理」が医療を破壊する』医薬経済社，2013年
中田哲雄編『通商産業政策史 12　中小企業政策』経済産業研究所，2013年
中山茂「戦後日本の科学技術」中山茂編『日本の技術力―戦後史と展望』朝日新聞社，1986年
二木立『地域包括ケアと地域医療連携』勁草書房，2015年
西山卯三記念すまい・まちづくり文庫編『幻の住宅営団―戦時・戦後復興期住宅政策資料目録・解題集』日本経済評論社，2001年
藤田敬三・竹内正巳編『中小企業論〔第4版〕』，2001年
松井清編『日本貿易読本』東洋経済新報社，1964年
三宅順一郎『中小企業政策史論』時潮社，2000年
森岡清志『地域の社会学』有斐閣，2008年
森岡孝二『過労死は何を告発しているか―現代日本の企業と労働』岩波現代文庫，2013年
森岡孝二『雇用身分社会』岩波新書，2015年
山崎亮『コミュニティデザインの時代』講談社文庫，2012年
吉岡斉「訳者あとがき」ラングドン・ウィナー（吉岡斉・若松征男訳）『鯨と原子炉』紀伊国屋書店，2000年
Barratt Brown, Michael, *Fair Trade: Reform and Realities in the International Trading System*, Zed Books, 1993（青山薫・市橋秀夫訳『フェア・トレード―公正なる貿易を求めて』新評論，1998年）
Edgerton, David, *Warfare State: Britain, 1920-1970*, Cambridge University Press, 2006.

Jessop, Bob, *The Future of the Capitalist State*, Polity Press, 2002.（中谷義和監訳『資本主義国家の未来』御茶の水書房，2005年）

Kenny, Martin and Florida, Richard, "Beyond Mass Production: Production and the Labor Process in Japan," *Politics & Society*, 16（1）, March, 1988.

Morris-Suzuki, Tessa, *The Technological Transformation of Japan: From the Seventeenth to the Twenty-first Century*, Cambridge University Press, 1994.

Piketty, Thomas, *Le Capital au XXIe Siècle,* Éditions du Seuil, 2013.（山形浩生ほか訳『21世紀の資本』みすず書房，2014年）

UNCTAD, *World Investment Report 2009: Transnational Corporations, Agricultural Production and Development*, United Nations Publication, 2009.

Winner, Langdon, *The Whale and the Reactor: A Search for Limits in an Age of High Technology*, University of Chicago Press, 1986.（吉岡斉・若松征男訳『鯨と原子炉』紀伊国屋書店，2000年）

関連年表

	国内の動き／国外の動き	日本経済一般／対外関係
1945年	ポツダム宣言受諾・敗戦，国際連合成立，IMF・世界銀行発足	GHQ「五大改革指令」，貿易庁設置，貿易決算のための資金設置に関する法律
1946年	冷戦開始(チャーチル「鉄のカーテン」演説)，日本国憲法公布（47年施行）	経済安定本部設置，傾斜生産方式(～49年)，金融緊急措置令（新円発行），物価統制令，貿易資金特別会計法
1947年	トルーマン・ドクトリン，マーシャル・プラン，戦後初の衆・参議院選挙	財政法制定（赤字国債禁止），民間貿易一部再開
1948年	ロイヤル声明（「日本は反共の防壁」），ストライク報告，ジョンソン報告，ドレーパー報告，平和問題談話会「戦争と平和に関する日本の科学者の声明」	GHQ「経済安定九原則」，在日米国商工会議所設立
1949年	ポイントⅣ計画	ドッジ・ライン，シャウプ税制勧告，外為法制定，1ドル＝360円の単一為替レート実施
1950年	朝鮮戦争勃発（～53年）	朝鮮特需，外資法制定
1951年	吉田－ダレス会談，サンフランシスコ講和条約・日米安全保障条約締結（52年発効）	
1952年	日米行政協定（現・日米地位協定）締結	IMF・世界銀行加盟
1953年	奄美諸島・日本復帰	GATT仮加盟
1954年	日米相互防衛援助(MSA)協定締結，防衛庁・自衛隊発足，ビキニ環礁で第五福竜丸被爆，原水爆禁止運動	神武景気(～57年6月)，日本・ビルマ平和条約および賠償・経済協力協定（ODAの開始）
1955年	アジア・アフリカ会議（バンドン10原則），55年体制確立	GATT正式加盟，経済自立5カ年計画
1956年	日ソ国交回復交渉妥結，（日本）国連加盟	経済白書「もはや戦後ではない」
1957年		日米綿製品協定締結，なべ底不況（～58年下期）
1958年		岩戸景気(～61年12月)

（1945～2015年）

産業／開発	労働・生活・社会保障／地域・コミュニティ
財閥解体（～52年），第一次農地改革	労働組合法制定，部落会町内会等整備要領廃止
第二次農地改革（農地調整法改正・自作農創設特別措置法），経済同友会・経団連・日本商工会議所設立	食糧メーデー（戦後初），旧生活保護法制定
中小企業振興対策要綱，独占禁止法制定	2.1ゼネスト・マッカーサーのスト中止命令，労働省設置，労働基準法・失業保険法・職業安定法制定，医療法制定，児童福祉法制定，地方自治法制定，東京都制・府県制・市町村制改正（首長公選，議会権限拡張），町内会・隣組廃止指示
中小企業庁設立，日経連設立	政令201号（公務員スト権剥奪）
通商産業省設置	身体障害者福祉法制定
国土総合開発法，農地改革完了，電気事業再編成令・公益事業令 ＊鉱工業生産指数，戦前水準突破	生活保護法改正（無差別平等の原則），医療法人制度創設，住宅金融公庫設立，社会保障制度審議会「1950年勧告」
電力再編成（９電力体制）	公営住宅法制定
農地法制定，食糧増産５カ年計画，企業合理化促進法，電源開発促進法	地方自治法大幅改正（中央集権化等）
独禁法改正（不況合理化カルテル認可等）	スト規制法制定，町村合併促進法制定
科学技術行政協議会「航空技術審議会」設置	近江絹糸争議，第一次地方財政危機，地方交付税交付金制度創設
原子力基本法制定，総理府航空技術研究所設置	「春闘」開始，日本住宅公団創設
中小企業振興資金助成法制定，機械工業振興臨時措置法制定，繊維工業設備臨時措置法制定，日本道路公団設立，水俣病公式確認，総理府原子力局設置，科学技術庁設置　原子力三法制定 ＊造船世界一	
電子工業振興臨時措置法制定	
エネルギー革命，千里ニュータウン着工	国民健康保険法全面改正（61年施行）

	国内の動き／国外の動き	日本経済一般／対外関係
1959年	キューバ革命	経済同友会『貿易為替自由化への提言』，経団連『為替・貿易の自由化についての決意』
1960年	ベトナム戦争勃発（～75年），安保闘争・日米新安保条約改定	国民所得倍増計画，貿易・為替自由化計画大綱
1961年		海外経済協力基金設立
1962年	キューバ危機	230品目の輸入自由化，海外技術協力事業団設立
1963年		GATT11条国移行
1964年	GATTケネディ・ラウンド（～67年6月） 東京オリンピック	IMF 8条国移行，OECD加盟
1965年	米軍，北ベトナムへの空爆開始，日韓基本条約調印	戦後初の赤字国債発行，いざなぎ景気(～70年7月)
1966年		
1967年	美濃部革新都政誕生，ASEAN結成 ＊日本の人口1億人突破	資本取引自由化基本方針
1968年	中国文化大革命，大学紛争	＊GNP世界第2位
1969年		第二次資本自由化 ＊国際収支黒字定着化
1970年	大阪万博開催，日米安保自動延長	第三次資本自由化
1971年	ニクソンショック（金－ドル交換停止）	
1972年	札幌オリンピック，沖縄・日本復帰，米中共同声明，日中共同声明・国交樹立	日米繊維協定締結
1973年	第四次中東戦争，GATT東京ラウンド（～79年11月）	変動相場制へ移行，第一次オイルショック，スタグフレーション
1974年		国際協力事業団（JICA）設立 ＊戦後初のマイナス成長
1975年	ベトナム戦争終結，第1回サミット（先進国首脳会談）	財政特例法制定（赤字国債発行恒常化）
1976年	ロッキード事件	戦後賠償終了

産業／開発	労働・生活・社会保障／地域・コミュニティ
科学技術会議設置	最低賃金法制定，国民年金法制定（61年施行），三井・三池争議（～60年）
太平洋ベルト地帯構想，石油化学コンビナート建設	朝日訴訟一審判決（生存権訴訟），自治省設置，医療金融公庫設立
農業基本法制定，愛知用水完成	国民皆保険・皆年金制度達成
全国総合開発計画	
新産業都市・工業整備特別地域指定，中小企業近代化促進法制定，中小企業基本法制定，流通革命 ＊鉄鋼生産量世界一，電力の「火主水従」確立	新住宅市街地開発法制定
東海道新幹線開業，三島・沼津コンビナート誘致反対運動，多摩ニュータウン計画 ＊公害問題顕在化	神戸市・住民参加による公害防止協定の締結
山陽特殊製鋼事件（戦後最大の倒産），山一証券事件（日銀特融）	地方住宅供給公社法制定
	雇用対策法制定，住宅建設計画法制定
四日市大気汚染訴訟，公害対策基本法	
自民党『都市政策大綱』，新都市計画法制定，建築基準法制定，大気汚染防止法公布，水俣病・阿賀野川水銀中毒，公害病に認定	消費者保護基本法制定
コメ減反政策開始，中小企業近代化促進法改正東名高速道路開通，新全国総合開発計画，都市再開発法制定	国民生活審議会『コミュニティー生活の場における人間性回復』（戦後コミュニティ政策の原点），東京都議会・老人医療無料化条例
農地法改正，「総合農政」開始　過疎地域対策緊急措置法，「公害国会」・関係14法成立	
イタイイタイ病訴訟で住民側勝訴，環境庁設置	日本医師会「保険医総辞退宣言」
山陽新幹線開通，田中角栄『日本列島改造論』（土地ブーム），『70年代中小企業政策ビジョン』，四日市訴訟で患者側勝訴	老人福祉法改正（老人医療費無料化，73年施行）
中小小売商業振興法制定，大規模小売店舗法制定（74年施行），水俣病訴訟で患者側勝訴，公害健康被害補償法	老人医療費無料化，「福祉元年」表明
電源三法制定，公害健康被害補償法制定	雇用保険法制定（失業保険法廃止）
山陽新幹線・岡山～博多間開業	第二次地方財政危機
中小企業事業転換対策臨時措置法制定	第３期住宅建設５カ年計画開始

	国内の動き／国外の動き	日本経済一般／対外関係
1977年	＊平均寿命世界一	日本製カラーテレビ，輸出自主規制
1978年	日中平和友好条約	
1979年	米中国交正常化，（米国）スリーマイル島原発事故	第二次オイルショック
1980年	イラン・イラク戦争	環太平洋構想
1981年		第二次臨時行政調査会設置，政府調達協定（旧政府調達協定）発効
1982年		
1983年		日米円ドル委員会合意
1984年		
1985年	G５・プラザ合意	日米MOSS協議 ＊急激な円高
1986年	ソ連・チェルノブイリ原発事故，GATTウルグアイ・ラウンド開始（～93年12月）	『前川リポート』（経済構造調整政策），バブル景気（～91年２月），東京オフショア市場開設
1987年	ブラック·マンデー（ニューヨーク株価暴落）	日銀公定歩合史上最低の2.5％
1988年	（米国）包括通商・競争力強化法制定	新『経済運営５カ年計画』，日米農産物交渉決着，小額貯蓄非課税制度の原則廃止・利子源泉分離課税の導入
1989年	（中国）天安門事件，ベルリンの壁撤去，冷戦終結	日米構造協議開始（～90年），消費税導入（３％） ＊日経平均株価　最高記録３万8915円，日本が世界最大のODA供与国に
1990年	東西ドイツ統一	円・株・債券のトリプル安，公共投資基本計画（10カ年で430兆円の公共投資計画），不動産関連融資の総量規制
1991年	湾岸戦争勃発，ソ連崩壊	バブル崩壊，「失われた20年」開始，牛肉・オレンジ輸入自由化
1992年	PKO法制定・自衛隊カンボジア出動（PKO活動），地球サミット	宮澤内閣「総合経済対策」，金融制度改革関連法制定（銀行と証券の相互参入解禁），ODA大綱

産業／開発	労働・生活・社会保障／地域・コミュニティ
第三次全国総合開発計画	
成田空港開港，円高法，旧城下町法	
産地法	
『80年代中小企業ビジョン』 ＊自動車生産台数世界一	地区計画創設（都市計画法及び建築基準法の一部改正）
高知県窪川町で原発推進派町長リコール	生活保護「適正化」の123号通知，薬価基準大幅引き下げ，日本住宅公団と宅地開発公団の合併（住宅・都市整備公団），神戸市地区計画およびまちづくり協定に関する条例
	東京都世田谷区「街づくり条例」，高知県窪川町全国初の住民投票条例
JAPIC法人化，テクノポリス法，建設省・都市計画・建築規制緩和通達（アーバン・ルネッサンス） 東北新幹線・上越新幹線開通	老人保健法施行（老人医療費無料化の廃止）
初の第三セクター・三陸鉄道開業	
中小企業技術開発促進臨時措置法，民営化でJT・NTT発足	男女雇用機会均等法制定，労働者派遣法制定，医療法改正（病床規制，医療計画の導入）
民活法，新事業転換法，特定地域法，科学技術大綱	将来の医師及び歯科医師の需給に関する検討委員会（医師・歯科医師数の抑制主張）
第四次全国総合開発計画，リゾート法制定，社会資本整備特別措置法制定，国鉄分割・民営化	労働基準法改正（週40時間制，変形労働時間制拡大，裁量労働制の導入）
青函トンネル開業，瀬戸大橋開通，融合化法制定 都市再開発法・建築基準法改正	「過労死110番」開設
	高齢者保健福祉推進10カ年戦略（ゴールドプラン），連合・全労連設立
『90年代の中小企業ビジョン』	老人福祉法等八法改正，1.57ショック ＊外国人労働者急増
	育児・介護休業法制定
特定中小企業集積活性化法，新しい食料・農業・農村政策の方向（新政策） ＊公示地価，17年ぶりに下落	

	国内の動き／国外の動き	日本経済一般／対外関係
1993年	政権交代で細川非自民連立政権誕生，EU統合市場発足，GATTウルグアイ・ラウンド妥結	日米包括経済協議（～97年），凶作でコメ緊急輸入，ウルグアイ・ラウンドでコメ部分自由化
1994年	村山自社さ政権誕生	日銀ガイドライン廃止
1995年	WTO発足，阪神・淡路大震災，地下鉄サリン事件	＊1ドル＝79円75銭の超円高
1996年	沖縄普天間基地返還合意，小選挙区制で初の衆議院選挙，橋本自民単独政権誕生	住専処理法，金融四法制定
1997年	香港・中国に返還，タイ・バーツ暴落（アジア金融危機）（～98年），COP 3 京都議定書，日米安保新ガイドライン合意	橋本首相施政方針演説（「六大改革」），日銀法・独占禁止法改正（持株会社解禁），消費税5％に引き上げ，日米規制緩和対話（～2001年）
1998年	長野オリンピック	外為法改正・金融システム改革法制定，金融監督庁設置，金融再生関連法制定
1999年	EU統一通貨（ユーロ）発足，WTOシアトル閣僚会議決裂・抗議デモ，ガイドライン関連法制定（周辺事態法）	官民人事交流法，日本版金融ビッグバン開始，日銀ゼロ金利政策導入，コメ輸入関税化
2000年	国連ミレニアム開発目標（MDGs）採択	金融庁設立
2001年	小泉内閣誕生，米国同時多発テロ（9.11），米英軍によるアフガニスタン空爆，WTOドーハ・ラウンド開始，（中国）WTO加盟	中央省庁再編（1府12省），「聖域なき構造改革」，経済財政諮問会議『骨太の方針』，日米規制改革及び競争政策イニシアティブ ＊日経平均　17年ぶりに1万円割れ
2002年	国連開発資金国際会議	
2003年	米英軍によるイラク攻撃（イラク戦争），イラク特措法制定	国立大学法人法制定，新ODA大綱
2004年	自衛隊初の海外派遣（イラク）	

産業／開発	労働・生活・社会保障／地域・コミュニティ
新分野進出円滑化法制定，農業経営基盤強化促進法制定，環境基本法制定	パート労働法制定
関西国際空港開港，PL法制定	
日経連『新時代の「日本的経営」』，中小企業創造事業促進法制定，新食糧法施行，科学技術基本法制定，高速増殖炉もんじゅナトリウム漏れ事故	地方分権推進法制定 ＊ボランティア元年
経団連『経団連ビジョン2020』，新潟県巻町・原発建設に関わる全国初の住民投票(反対派圧勝)，大阪・西淀川大気汚染公害訴訟，和解金の一部で「あおぞら財団」発足	労働者派遣法改正（対象業務の拡大），公営住宅法改正，社会保障構造改革開始，第３分野保険販売解禁
北海道拓殖銀行経営破綻，山一證券自主廃業	男女雇用機会均等法改正（女子保護規定撤廃）
第五次全国総合開発計画，大店法廃止・大店立地法等まちづくり三法制定，新事業創出法制定，長銀・日債銀経営破綻	労働基準法改正（裁量労働制のホワイトカラーへの拡大，変形労働時間制の要件緩和） NPO法制定，被災者生活再建支援法制定 ＊「ホームレス問題」への注目高まる，自殺者３万人を超える
日産とルノー資本提携・日産５工場閉鎖，食料・農業・農村基本法制定，中小企業経営革新法制定，中小企業基本法改正，東海村JCO臨界事故	男女共同参画基本法制定，労働者派遣法改正（原則自由化），職業安定法改正（民間職業紹介事業の自由化），合併特例法制定，地方分権一括法制定（翌年施行，機関委任事務の廃止）
中山間地域等直接支払制度開始，食料・農業・農村基本計画策定，農地法改正（農業生産法人形態として株式会社容認），循環型社会形成推進基本法制定	介護保険制度開始，労働契約承継法制定（分割会社への強制的転籍容認）
	認定NPO法人制度創設
経団連と日経連が合併（日本経団連），産業再生機構創設，構造改革特別区域法	＊失業率５％台突入
日本経団連『活力と魅力溢れる日本をめざして』食品安全基本法制定	労働基準法改正（企画業務型裁量労働制の要件緩和，有期契約の期間延長），労働者派遣法改正(製造業務への派遣解禁)
	マクロ経済スライド導入（年金改革），三位一体の改革（～2006年度），合併新法制定

	国内の動き／国外の動き	日本経済一般／対外関係
2005年		郵政民営化法制定
2006年		
2007年	サブプライム・ローン問題	
2008年	世界金融危機（リーマンショック），世界食料危機	
2009年	政権交代で鳩山民主党政権誕生	政府がデフレ宣言
2010年	ギリシャ国家破産危機・ユーロ危機	日銀ゼロ金利・追加緩和策，在日米国商工会議所『成長に向けた新たな航路への舵取り』 ＊GDPで中国が日本を上回り，世界第3位に転落
2011年	ウォール街デモ 東日本大震災・福島原発事故	日米経済調和対話 ＊貿易収支，赤字転落
2012年	政権交代で安倍自公政権誕生，日米協力イニシアティブ	
2013年	TiSA交渉開始，国家安全保障戦略，特定秘密保護法制定（14年施行），和食が世界遺産登録	アベノミクス開始，日銀「異次元の金融緩和政策」導入，『日本再興戦略』，TPP交渉正式参加
2014年	WTO貿易円滑化協定採択，国連国際家族農業年	消費税8％へ引き上げ
2015年	安保法制関連法・安保法案反対デモ ＊国勢調査で初の人口減少 国連持続可能な開発目標（SDGｓ）採択	「開発協力大綱」閣議決定，TPP大筋合意，情報技術協定（ITA)合意，「新三本の矢」（一億総活躍社会）
2016年	熊本地震，イギリスEU離脱決定，パリ協定発効，米トランプ政権発足・TPP離脱	第5期科学技術基本計画（Society 5.0），日銀マイナス金利導入
2017年	「共謀罪」法成立，森友・加計問題，九州北部豪雨，核兵器禁止条約採択	
2018年	西日本豪雨，北海道地震，米中貿易摩擦，GAFA規制論議	TPP11発効
2019年	沖縄・辺野古米軍基地建設の県民投票で反対多数，COP25	日EU EPA発効，消費税10％へ引き上げ

産業／開発	労働・生活・社会保障／地域・コミュニティ
農業経営基盤強化促進法改正（農地リース方式による農業参入），中小企業新事業活動促進法制定	公的賃貸住宅特措法制定，国土形成計画法制定，市町村の合併の特例等に関する法律制定（平成の大合併）
まちづくり三法改正，有機農業推進法制定	住生活基本法制定 ＊「ワーキングプア」「ネットカフェ難民」が流行語に
＊トヨタ，自動車生産台数でGMを抜き世界一	住宅金融公庫廃止・住宅金融支援機構創設，夕張市破綻
農商工連携法制定	後期高齢者医療制度，「年越し派遣村」，国土形成計画・全国計画策定
農地法改正	国土形成計画・広域地方計画策定 ＊失業率，過去最悪の5.7%
「中小企業憲章」閣議決定，戸別所得補償モデル対策実施	
六次産業化法制定，再生可能エネルギー特別措置法制定（14年施行）	
	労働者派遣法改正（日雇い派遣の原則禁止），社会保障制度改革推進法制定
国家戦略特別区域法制定，小規模企業活性化法制定，中小企業基本法改正	改正労働契約法施行（「限定正社員制度」の導入），生活保護法改正（就労自立の強化），生活困窮者自立支援法（15年施行），社会保障改革プログラム法制定
国家戦略特別区域基本方針（岩盤規制改革），小規模企業振興基本法，小規模支援法制定	過労死等防止対策推進法制定，医療介護総合確保推進法制定，『国土のグランドデザイン 2050』，『増田レポート』，地方創生関連二法成立，総務省『今後の都市部におけるコミュニティのあり方に関する研究会報告書』
農協法等改正，地理的表示法施行 大阪都構想住民投票（第1回）否決	女性活躍推進法制定，子ども・子育て支援新制度，労働者派遣法改正（期間制限見直し），国民健康保険法改正，国土形成計画（全国計画）
鴻海精密工業（台湾）シャープ買収，IR推進法制定	「ニッポン一億総活躍プラン」，外国人技能実習法制定
主要農産物種子法廃止，築地市場 豊洲移転，自治体戦略2040構想，改正水道法	働き方改革関連法成立，入管法改正（外国人労働者受入）
デジタルファースト法制定	幼児教育無償化

索　引

〈欧文略記〉

あ　行

さ 行

な　行

は　行

ま　行

や　行

ら　行

わ　行

Horitsu Bunka Sha

入門 現代日本の経済政策

2016年8月5日 初版第1刷発行
2020年12月5日 初版第2刷発行

編 者 岡田知弘（おかだ ともひろ）・岩佐和幸（いわさ かずゆき）

発行者 田靡純子

発行所 株式会社 法律文化社

〒603-8053
京都市北区上賀茂岩ヶ垣内町71
電話 075(791)7131 FAX 075(721)8400
https://www.hou-bun.com/

印刷：西濃印刷㈱／製本：㈱藤沢製本
装幀：奥野 章

ISBN978-4-589-03753-4